普通话训练考级专用教材

编著 普通话水平测试研究中心
主编 白云松 王文娟 何炜

中国人民大学出版社
·北京·

前言

习近平总书记指出："语言相通是人与人相通的重要环节。语言不通就难以沟通，不沟通就难以形成认同。"

我国是一个多民族、多语言、多文种的国家，大多数民族都有自己的语言，各地又有不同的方言。如果各讲各的，谁也听不懂，就难以形成民族凝聚力和向心力，中华民族伟大复兴也无从谈起。只有语言相通才能相互沟通、相互理解，形成高度认同，凝聚起实现民族复兴的磅礴力量。

学习使用国家通用语言文字，既是各民族交往、交流、交融的需要，也是经济社会发展的必然趋势。它为各族人民打开了一扇窗户，有助于了解外部世界，实现对美好生活的向往；架起了一座桥梁，有助于提升综合素质，助力个人成长；插上了一双翅膀，有助于掌握文化知识，增强就业创业能力。

《中华人民共和国宪法》规定：国家推广全国通用的普通话。《中华人民共和国国家通用语言文字法》规定：国家推广普通话，推行规范汉字。

为了推广和普及普通话，帮助大家快速提高普通话水平，我们严格依据《普通话水平测试大纲》和《普通话水平测试实施纲要》，从普通话学习及测试的实际出发，深入研究普通话水平测试的特点和规律，精心编写了《普通话训练考级专用教材》。

在内容编排上，本书具有很强的实用性和针对性。本书从普通话水平测试的实际出发，全面讲解了普通话水平测试相关的法律法规和政策，普通话语音系统中声母、韵母、声调、音变、音节等基础知识，并且针对测试的各个部分，专门编写了单音节字词、多音节词语、朗读短文、命题说话四部分的专项训练以及 30 套普通话水平测试的全真模拟试卷。此外，还精心编写了普通话发声训练内容，希望大家普通话不仅说得标准，而且说得动听。

普通话的学习应注重实践，普通话课程的教学更应注重实践。为此，本教材配有主要训练内容示范录音，由国家级普通话水平测试员录制。相信本书的出版，能为各行各业学习普通话的人员提供切实有效的帮助。

本书在编写过程中得到了全国众多省市语委、普通话水平测试专家和学者的大力支持，在此一并表示衷心的感谢！

我们诚请广大读者提出继续完善本书的意见和建议。

编　者

二〇二三年三月

目 录

第一部分 普通话水平测试简介

第二部分 普通话语音

第四部分　普通话水平测试专项训练

第一部分 普通话水平测试简介

第一章

普通话水平测试简介

普通话水平测试（PSC: PUTONGHUA SHUIPING CESHI，缩写为 PSC）是对应试人运用普通话的规范程度、熟练程度进行测查的口语考试。考试形式为口试。普通话水平等级分为三级六等，即一、二、三级，每个级别再分出甲、乙两个等次；一级甲等为最高，三级乙等为最低。普通话水平测试不是口才的评定，而是对应试人掌握和运用普通话所达到的规范程度的测查和评定，是应试人的汉语标准语测试。应试人在运用普通话口语进行表达过程中所表现的语音、词汇、语法规范程度，是评定其所达到的水平等级的重要依据。

普通话水平测试等级证书是证明应试人普通话水平的有效凭证，证书由国家语言文字工作委员会统一印制。普通话一级乙等以下成绩的证书由省（直辖市）级语言文字工作委员会加盖印章后颁发，普通话一级甲等的证书须经国家普通话水平测试中心审核并加盖国家普通话水平测试中心印章后方为有效。有效的普通话水平测试等级证书全国通用。

普通话是以北京语音为标准音，以北方话为基础方言，以典范的现代白话文著作为语法规范的现代汉民族共同语。普通话是中华人民共和国通用语言。

普通话是以汉语授课的各级各类学校的教学用语；是以汉语传送的各级广播电台、电视台和汉语电影、电视剧、话剧必须使用的规范用语；是我国党政机关、社会团体、企事业单位必须使用的公务活动用语；是不同方言区以及国内不同民族之间人们的交际用语。

《中华人民共和国宪法》第十九条规定：国家推广全国通用的普通话。

2000 年 10 月 31 日，第九届全国人民代表大会常务委员会第十八次会议通过的《中华人民共和国国家通用语言文字法》第十九条规定："凡以普通话作为工作语言的岗位，其工作人员应当具备说普通话的能力。以普通话作为工作语言的播音员、节目主持人和影视话剧演员、教师、国家机关工作人员的普通话水平，应当分别达到国家规定的等级标准；对尚未达到国家规定的普通话等级标准的，分别情况进行培训。"

第二十四条规定："国务院语言文字工作部门颁布普通话水平测试等级标准。"

掌握和使用一定水平的普通话，是进行现代化建设的各行各业人员，特别是播音员、节目主持人、教师、影视话剧演员以及国家机关工作人员必备的职业素质。因此，有必要对上述岗位的从业人员进行普通话水平测试，并逐步实行持等级证书上岗制度。

普通话是汉民族的共同语，是规范化的现代汉语，是全国通用的语言。共同的语言和规范化的语言是不可分割的，没有一定的规范就不可能做到真正的共同。普通话的规范指的是现代汉语在语音、词汇、语法各方面的标准。普通话水平测试是推广普通话工作的组成部分，是使推广普通话工作逐步走向制度化、科学化、规范化的重要举措。

第二章

普通话水平测试大纲

（教育部 国家语委发教语用 [2003] 2 号文件）

根据教育部、国家语言文字工作委员会发布的《普通话水平测试管理规定》《普通话水平测试等级标准》，制定本大纲。

一、测试的名称、性质、方式

本测试定名为“普通话水平测试”（PUTONGHUA SHUIPING CESHI，缩写为 PSC）。

普通话水平测试测查应试人的普通话规范程度、熟练程度，认定其普通话水平等级，属于标准参照性考试。本大纲规定测试的内容、范围、题型及评分系统。

普通话水平测试以口试方式进行。

二、测试内容和范围

普通话水平测试的内容包括普通话语音、词汇和语法。

普通话水平测试的范围是国家测试机构编制的《普通话水平测试用普通话词语表》《普通话水平测试用普通话与方言词语对照表》《普通话水平测试用普通话与方言常见语法差异对照表》《普通话水平测试用朗读作品》《普通话水平测试用话题》。

三、试卷构成和评分

试卷包括 5 个组成部分，满分为 100 分。

（一）读单音节字词（100 个音节，不含轻声、儿化音节），限时 3.5 分钟，共 10 分。

1. **目的**：测查应试人声母、韵母、声调读音的标准程度。

2. **要求**：

（1）100 个音节中，70% 选自《普通话水平测试用普通话词语表》“表一”，30% 选自“表二”。

（2）100 个音节中，每个声母出现次数一般不少于 3 次，每个韵母出现次数一般不少于 2 次，4 个声调出现次数大致均衡。

（3）音节的排列要避免同一测试要素连续出现。

3. **评分**：

（1）语音错误，每个音节扣 0.1 分。

（2）语音缺陷，每个音节扣 0.05 分。

（3）超时 1 分钟以内，扣 0.5 分；超时 1 分钟以上（含 1 分钟），扣 1 分。

（二）读多音节词语（100 个音节），限时 2.5 分钟，共 20 分。

1. **目的：**测查应试人声母、韵母、声调和变调、轻声、儿化读音的标准程度。

2. **要求：**

（1）词语的 70% 选自《普通话水平测试用普通话词语表》“表一”，30% 选自“表二”。

（2）声母、韵母、声调出现的次数与读单音节字词的要求相同。

（3）上声与上声相连的词语不少于 3 个，上声与非上声相连的词语不少于 4 个，轻声不少于 3 个，儿化不少于 4 个（应为不同的儿化韵母）。

（4）词语的排列要避免同一测试要素连续出现。

3. **评分：**

（1）语音错误，每个音节扣 0.2 分。

（2）语音缺陷，每个音节扣 0.1 分。

（3）超时 1 分钟以内，扣 0.5 分；超时 1 分钟以上（含 1 分钟），扣 1 分。

（三）选择判断 *，限时 3 分钟，共 10 分。

1. 词语判断（10 组）

（1）**目的：**测查应试人掌握普通话词语的规范程度。

（2）**要求：**根据《普通话水平测试用普通话与方言词语对照表》，列举 10 组普通话与方言意义相对应但说法不同的词语，由应试人判断并读出普通话的词语。

（3）**评分：**判断错误，每组扣 0.25 分。

2. 量词、名词搭配（10 组）

（1）**目的：**测查应试人掌握普通话量词和名词搭配的规范程度。

（2）**要求：**根据《普通话水平测试用普通话与方言常见语法差异对照表》，列举 10 个名词和若干量词，由应试人搭配并读出符合普通话规范的 10 组名量短语。

（3）**评分：**搭配错误，每组扣 0.5 分。

3. 语序或表达形式判断（5 组）

（1）**目的：**测查应试人掌握普通话语法的规范程度。

（2）**要求：**根据《普通话水平测试用普通话与方言常见语法差异对照表》，列举 5 组普通话和方言意义相对应，但语序或表达习惯不同的短语或短句，由应试人判断并读出符合普通话语法规范的表达形式。

（3）**评分：**判断错误，每组扣 0.5 分。

选择判断合计超时 1 分钟以内，扣 0.5 分；超时 1 分钟以上（含 1 分钟），扣 1 分。答题时语音错误，每个音节扣 0.1 分，如判断错误已经扣分，不重复扣分。

（四）朗读短文（1 篇，400 个音节），限时 4 分钟，共 30 分。

1. **目的：**测查应试人使用普通话朗读书面作品的水平。在测查声母、韵母、声调读音标准程度的同时，重点测查连读音变、停连、语调以及流畅程度。

2. 要求：

（1）短文从《普通话水平测试用朗读作品》中选取。

（2）评分以朗读作品的前 400 个音节（不含标点符号和括注的音节）为限。

3. 评分：

（1）每错 1 个音节，扣 0.1 分；漏读或增读 1 个音节，扣 0.1 分。

（2）声母或韵母的系统性语音缺陷，视程度扣 0.5 分、1 分。

（3）语调偏误，视程度扣 0.5 分、1 分、2 分。

（4）停连不当，视程度扣 0.5 分、1 分、2 分。

（5）朗读不流畅（包括回读），视程度扣 0.5 分、1 分、2 分。

（6）超时扣 1 分。

（五）命题说话，限时 3 分钟，共 30 分。

1. 目的：测查应试人在无文字凭借的情况下说普通话的水平，重点测查语音标准程度、词汇语法规范程度和自然流畅程度。

2. 要求：

（1）说话话题从《普通话水平测试用话题》中选取，由应试人从给定的两个话题中选定 1 个话题，连续说一段话。

（2）应试人单向说话。如发现应试人有明显背稿、离题、说话难以继续等表现时，主试人应及时提示或引导。

3. 评分：

（1）语音标准程度，共 20 分。分六档：

一档：语音标准，或极少有失误。扣 0 分、0.5 分、1 分。

二档：语音错误在 10 次以下，有方音但不明显。扣 1.5 分、2 分。

三档：语音错误在 10 次以下，但方音比较明显；或语音错误在 10 次～15 次之间，有方音但不明显。扣 3 分、4 分。

四档：语音错误在 10 次～15 次之间，方音比较明显。扣 5 分、6 分。

五档：语音错误超过 15 次，方音明显。扣 7 分、8 分、9 分。

六档：语音错误多，方音重。扣 10 分、11 分、12 分。

（2）词汇语法规范程度，共 5 分。分三档：

一档：词汇、语法规范。扣 0 分。

二档：词汇、语法偶有不规范的情况。扣 0.5 分、1 分。

三档：词汇、语法屡有不规范的情况。扣 2 分、3 分。

（3）自然流畅程度，共 5 分。分三档：

一档：语言自然流畅。扣 0 分。

二档：语言基本流畅，口语化较差，有背稿子的表现。扣 0.5 分、1 分。

三档：语言不连贯，语调生硬。扣 2 分、3 分。

说话不足 3 分钟，酌情扣分：缺时 1 分钟以内（含 1 分钟），扣 1 分、2 分、3 分；缺时 1 分钟以上，扣 4 分、5 分、6 分；说话不满 30 秒（含 30 秒），本测试项成绩计为 0 分。

四、应试人普通话水平等级的确定

国家语言文字工作部门发布的《普通话水平测试等级标准》是确定应试人普通话水平等级的依据。测试机构根据应试人的测试成绩确定其普通话水平等级，由省、自治区、直辖市以上语言文字工作部门颁发相应的普通话水平测试等级证书。

普通话水平划分为三个级别，每个级别内划分两个等次。其中：

97 分及其以上，为一级甲等；

92 分及其以上但不足 97 分，为一级乙等；

87 分及其以上但不足 92 分，为二级甲等；

80 分及其以上但不足 87 分，为二级乙等；

70 分及其以上但不足 80 分，为三级甲等；

60 分及其以上但不足 70 分，为三级乙等。

* **说明：**各省、自治区、直辖市语言文字工作部门可以根据测试对象或本地区的实际情况，决定是否免测“选择判断”测试项。如免测此项，“命题说话”测试项的分值由 30 分调整为 40 分。评分档次不变，具体分值调整如下：

（1）语音标准程度的分值，由 20 分调整为 25 分。

一档：扣 0 分、1 分、2 分。

二档：扣 3 分、4 分。

三档：扣 5 分、6 分。

四档：扣 7 分、8 分。

五档：扣 9 分、10 分、11 分。

六档：扣 12 分、13 分、14 分。

（2）词汇语法规范程度的分值，由 5 分调整为 10 分。

一档：扣 0 分。

二档：扣 1 分、2 分。

三档：扣 3 分、4 分。

（3）自然流畅程度，仍为 5 分，各档分值不变。

第三章

普通话水平测试样卷

（一）读 100 个单音节字词

昼	*八	迷	*先	毡	*皮	幕	*美	彻	*飞
鸣	*破	捶	*风	豆	*蹲	霞	*掉	桃	*定
宫	*铁	翁	*念	劳	*天	旬	*沟	狼	*口
靴	*娘	嫩	*机	蕊	*家	跪	*绝	趣	*全
瓜	*穷	屡	*知	狂	*正	裘	*中	恒	*社
槐	*事	轰	*竹	掠	*茶	肩	*常	概	*虫
皇	*水	君	*人	伙	*自	滑	*早	绢	*足
炒	*次	渴	*酸	勤	*鱼	筛	*院	腔	*爱
鳖	袖	滨	竖	搏	刷	瞟	帆	彩	愤
司	滕	寸	峦	岸	勒	歪	尔	熊	妥

（标 * 的是“表一”里频度在 1 ～ 4000 之间的字词。正式试卷不必标出。）

覆盖声母情况：

b：4，p：3，m：4，f：4，d：4，t：5，n：3，l：6，g：5，k：3，h：6，j：6，q：6，x：6，zh：6，ch：6，sh：6，r：2，z：3，c：3，s：2，零声母：7。

总计：100 次。未出现声母：0。

覆盖韵母情况：

a：2，e：4，-i（前）：3，-i（后）：2，ai：4，ei：2，ao：4，ou：4，an：3，en：3，ang：3，eng：4，i：3，ia：2，ie：2，iao：2，iou：2，ian：4，in：2，iang：2，ing：2，u：4，ua：3，uo/o：4，uai：2，uei：4，uan：2，uen：2，uang：2，ong：4，ueng：1，ü：3，üe：3，üan：2，ün：2，iong：2，er：1。

总计：100 次。未出现韵母：0。

覆盖声调情况：

阴平：28；阳平：31；上声：14；去声：27。

总计：100。

（二）读多音节词语 (100 个音节；其中含双音节词语 45 个，三音节词语 2 个，四音节词语 1 个）

*取得　阳台　*儿童　夹缝儿　混淆　衰落　*分析　防御

沙丘	*管理	*此外	便宜	光环	*塑料	扭转	加油
*队伍	挖潜	女士	*科学	*手指	策略	抢劫	*森林
侨眷	模特儿	港口	没准儿	*干净	日用	*紧张	炽热
*群众	名牌儿	沉醉	*快乐	窗户	*财富	*应当	生字
奔跑	*晚上	卑劣	包装	洒脱	*现代化	*委员会	轻描淡写

覆盖声母情况：

b：3，p：3，m：4，f：4，d：5，t：4，n：2，l：7，g：4，k：3，h：5，j：6，q：7，x：5，zh：6，ch：3，sh：6，r：2，z：2，c：3，s：3，零声母：13。

总计：100 次。未出现声母：0。

覆盖韵母情况：

a：2，e：6，-i（前）：2，-i（后）：4，ai：4，ei：2，ao：2，ou：2，an：2，en：4，ang：5，eng：2，i：3，ia：2，ie：3，iao：4，iou：3，ian：3，in：2，iang：2，ing：4，u：4，ua：2，uo/o：3，uai：3，uei：4，uan：4，uen：2，uang：3，ong：2，ü：3，üe：2，üan：2，ün：1，iong：1，er：1。

总计：100 次。未出现韵母：ueng。

其中儿化韵母 4 个：-engr（夹缝儿），-uenr（没准儿），-er（模特儿），-air（名牌儿）。

覆盖声调情况：

阴平：23；阳平：24；上声：19；去声：30；轻声：4。

其中上声和上声相连的词语 4 条：管理，扭转，手指，港口。

总计：100。

（三）朗读短文：请朗读第 12 号短文。

（四）命题说话：请按照话题“我的业余生活”或“我熟悉的地方”说一段话（3 分钟）。

***说明：** 各省、自治区、直辖市语言文字工作部门可以根据测试对象或本地区的实际情况，决定是否免测“选择判断”测试项。如免测此项，“命题说话”测试项的分值由 30 分调整为 40 分。评分档次不变，具体分值调整如下：

（1）语音标准程度的分值，由 20 分调整为 25 分。

一档：扣 0 分、1 分、2 分。

二档：扣 3 分、4 分。

三档：扣 5 分、6 分。

四档：扣 7 分、8 分。

五档：扣 9 分、10 分、11 分。

六档：扣 12 分、13 分、14 分。

（2）词汇语法规范程度的分值，由 5 分调整为 10 分。

一档：扣 0 分。

二档：扣 1 分、2 分。

三档：扣 3 分、4 分。

（3）自然流畅程度，仍为 5 分，各档分值不变。

第四章

普通话水平测试等级标准（试行）

（国家语言文字工作委员会 1997 年 12 月 5 日颁布，国语 [1997] 64 号）

一级

甲等 朗读和自由交谈时，语音标准，词语、语法正确无误，语调自然，表达流畅。测试总失分率在 3% 以内。

乙等 朗读和自由交谈时，语音标准，词语、语法正确无误，语调自然，表达流畅。偶然有字音、字调失误。测试总失分率在 8% 以内。

二级

甲等 朗读和自由交谈时，声韵调发音基本标准，语调自然，表达流畅。少数难点音（平翘舌音、前后鼻尾音等）有时出现失误。词语、语法极少有误。测试总失分率在 13% 以内。

乙等 朗读和自由交谈时，个别调值不准，声韵母发音有不到位现象。难点音（平翘舌音、前后鼻尾音、边鼻音、fu–hu、z–zh–j、送气不送气、i–ü 不分，保留浊塞音和浊塞擦音、丢介音、复韵母单音化等）失误较多。方言语调不明显。有使用方言词、方言语法的情况。测试总失分率在 20% 以内。

三级

甲等 朗读和自由交谈时，声韵调发音失误较多，难点音超出常见范围，声调调值多不准。方言语调较明显。词语、语法有失误。测试总失分率在 30% 以内。

乙等 朗读和自由交谈时，声韵调发音失误较多，方言特征突出。方言语调明显。词语、语法失误较多。外地人听其谈话有听不懂情况。测试总失分率在 40% 以内。

第五章

普通话水平测试管理规定

第一条 为规范普通话水平测试管理，促进国家通用语言文字的推广普及和应用，根据《中华人民共和国国家通用语言文字法》，制定本规定。

第二条 普通话水平测试（以下简称测试）是考查应试人运用国家通用语言的规范、熟练程度的专业测评。

第三条 国务院语言文字工作部门主管全国的测试工作，制定测试政策和规划，发布测试等级标准和测试大纲，制定测试规程，实施证书管理。

省、自治区、直辖市人民政府语言文字工作部门主管本行政区域内的测试工作。

第四条 国务院语言文字工作部门设立或者指定国家测试机构，负责全国测试工作的组织实施、质量监管和测试工作队伍建设，开展科学研究、信息化建设等，对地方测试机构进行业务指导、监督、检查。

第五条 省级语言文字工作部门可根据需要设立或者指定省级及以下测试机构。省级测试机构在省级语言文字工作部门领导下，负责本行政区域内测试工作的组织实施、质量监管，设置测试站点，开展科学研究和测试工作队伍建设，对省级以下测试机构和测试站点进行管理、监督、检查。

第六条 各级测试机构和测试站点依据测试规程组织开展测试工作，根据需要合理配备测试员和考务人员。

测试员和考务人员应当遵守测试工作纪律，按照测试机构和测试站点的组织和安排完成测试任务，保证测试质量。

第七条 测试机构和测试站点要为测试员和考务人员开展测试提供必要的条件，合理支付其因测试工作产生的通信、交通、食宿、劳务等费用。

第八条 测试机构和测试站点应当健全财务管理制度，按照标准收取测试费用。

第九条 测试员分为省级测试员和国家级测试员，具体条件和产生办法由国家测试机构另行规定。

第十条 以普通话为工作语言的下列人员，在取得相应职业资格或者从事相应岗位工作前，应当根据法律规定或者职业准入条件的要求接受测试：

（一）教师；

（二）广播电台、电视台的播音员、节目主持人；

（三）影视话剧演员；

（四）国家机关工作人员；

（五）行业主管部门规定的其他应该接受测试的人员。

第十一条 师范类专业、播音与主持艺术专业、影视话剧表演专业以及其他与口语表达密切相关专业的学生应当接受测试。

高等学校、职业学校应当为本校师生接受测试提供支持和便利。

第十二条 社会其他人员可自愿申请参加测试。

在境内学习、工作或生活 3 个月及以上的港澳台人员和外籍人员可自愿申请参加测试。

第十三条 应试人可根据实际需要，就近就便选择测试机构报名参加测试。

视障、听障人员申请参加测试的，省级测试机构应积极组织测试，并为其提供必要的便利。视障、听障人员测试办法由国务院语言文字工作部门另行制定。

第十四条 普通话水平等级分为三级，每级分为甲、乙两等。一级甲等须经国家测试机构认定，一级乙等及以下由省级测试机构认定。

应试人测试成绩达到等级标准，由国家测试机构颁发相应的普通话水平测试等级证书。

普通话水平测试等级证书全国通用。

第十五条 普通话水平测试等级证书分为纸质证书和电子证书，二者具有同等效力。纸质证书由国务院语言文字工作部门统一印制，电子证书执行《国家政务服务平台标准》中关于普通话水平测试等级证书电子证照的行业标准。

纸质证书遗失的，不予补发，可以通过国家政务服务平台查询测试成绩，查询结果与证书具有同等效力。

第十六条 应试人对测试成绩有异议的，可以在测试成绩发布后 15 个工作日内向原测试机构提出复核申请。

测试机构接到申请后，应当在 15 个工作日内作出是否受理的决定。如受理，须在受理后 15 个工作日内作出复核决定。

具体受理条件和复核办法由国家测试机构制定。

第十七条 测试机构徇私舞弊或者疏于管理，造成测试秩序混乱、作弊情况严重的，由主管的语言文字工作部门给予警告、暂停测试资格直至撤销测试机构的处理，并由主管部门依法依规对直接负责的主管人员或者其他直接责任人员给予处分；构成犯罪的，依法追究刑事责任。

第十八条 测试工作人员徇私舞弊、违反测试规定的，可以暂停其参与测试工作或者取消测试工作资格，并通报其所在单位予以处理；构成犯罪的，依法追究刑事责任。

第十九条 应试人在测试期间作弊或者实施其他严重违反考场纪律行为的，组织测试的测试机构或者测试站点应当取消其考试资格或者考试成绩，并报送国家测试机构记入全国普通话水平测试违纪人员档案。测试机构认为有必要的，还可以通报应试人就读学校或者所在单位。

第二十条 本规定自 2022 年 1 月 1 日起施行。2003 年 5 月 21 日发布的《普通话水平测试管理规定》（教育部令第 16 号）同时废止。

第六章

普通话水平测试规程

为有效保障普通话水平测试实施，保证普通话水平测试的公正性、科学性、权威性和严肃性，依据《普通话水平测试管理规定》（教育部令第 51 号），制定本规程。

第一章　统筹管理

第一条　国务院语言文字工作部门设立或指定的国家测试机构负责全国测试工作的组织实施和质量监管。

省级语言文字工作部门设立或指定的省级测试机构负责本行政区域内测试工作的组织实施和质量监管。

第二条　省级测试机构应于每年 10 月底前明确本行政区域内下一年度测试计划总量及实施安排。

省级测试机构应按季度或月份制订测试计划安排，并于测试开始报名前 10 个工作日向社会公布。

第三条　省级测试机构应于每年 1 月底前向国家测试机构和省级语言文字工作部门报送上一年度测试工作总结。国家测试机构应于每年 2 月底前向国务院语言文字工作部门报送全国测试工作情况。

第二章　测试站点

第四条　省级测试机构在省级语言文字工作部门领导下负责设置测试站点。测试站点的设立要充分考虑社会需求，合理布局，满足实施测试所需人员、场地及设施设备等条件。测试站点建设要求由国家测试机构另行制定。

测试站点不得设立在社会培训机构、中介机构或其他营利性机构或组织。

第五条　省级测试机构应将测试站点设置情况报省级语言文字工作部门，并报国家测试机构备案。本规程发布后新设立或撤销的测试站点，须在设立或撤销的 1 个月内报国家测试机构备案。

第六条　在国务院语言文字工作部门的指导下，国家测试机构可根据工作需要设立测试站点。

第七条　测试站点设立和撤销信息应及时向社会公开。

第三章 考场设置

第八条 测试站点负责安排考场，考场应配备管理人员、测试员、技术人员以及其他考务人员。

第九条 考场应设有候测室和测试室，总体要求布局合理、整洁肃静、标识清晰，严格落实防疫、防传染病要求，做好通风消毒等预防性工作，加强考点卫生安全保障。

候测室供应试人报到、采集信息、等候测试。候测室需张贴或播放应试须知、测试流程等。

测试室每个机位应为封闭的独立空间，每次只允许 1 人应试；暂时不具备条件需利用教室或其他共用空间开展测试的，各测试机位间隔应不少于 1.8 米。

第十条 普通话水平测试采用计算机辅助测试（简称机辅测试）。用于测试的计算机应安装全国统一的测试系统，并配备话筒、耳机、摄像头等必要的设施设备。

经国家测试机构同意，特殊情况下可采用人工测试并配备相应设施设备。

第四章 报名办法

第十一条 参加测试的人员通过官方平台在线报名。测试站点暂时无法提供网上报名服务的，报名人员可持有效身份证件原件在测试站点现场报名。

第十二条 非首次报名参加测试人员，须在最近一次测试成绩发布之后方可再次报名。

第五章 测试试卷

第十三条 测试试卷由国家测试机构统一编制和提供，各级测试机构和测试站点不得擅自更改、调换试卷内容。

第十四条 测试试卷由测试系统随机分配，应避免短期内集中重复使用。

第十五条 测试试卷仅限测试时使用，属于工作秘密，测试站点须按照国家有关工作秘密相关要求做好试卷保管工作，任何人不得泄露或外传。

第六章 测试流程

第十六条 应试人应持准考证和有效身份证件原件按时到指定考场报到。迟到 30 分钟以上者，原则上应取消当次测试资格。

第十七条 测试站点应认真核对确认应试人报名信息。因应试人个人原因导致信息不一致的，取消当次测试资格。

第十八条 应试人报到后应服从现场考务人员安排。进入测试室时，不得携带手机等各类具有无线通讯、拍摄、录音、查询等功能的设备，不得携带任何参考资料。

第十九条 测试过程应全程录像。暂不具备条件的，应采集应试人在测试开始、测试进行、测试结束等不同时段的照片或视频，并保存不少于 3 个月。

第二十条 测试结束后，经考务人员确认无异常情况，应试人方可离开。

第七章　成绩评定

第二十一条　测试成绩评定的基本依据是《普通话水平测试大纲》和《计算机辅助普通话水平测试评分试行办法》。

第二十二条　“读单音节字词”“读多音节词语”“朗读短文”测试项由测试系统评分。

“选择判断”和“命题说话”，由2位测试员评分；或报国家测试机构同意后试行测试系统加1位测试员评分。

测试最终成绩保留小数点后1位小数。

第二十三条　测试成绩由省级测试机构或国家测试机构认定发布。

测试成绩在一级乙等及以下的，由省级测试机构认定，具体实施办法由国家测试机构另行规定。

测试成绩达到一级甲等的，由省级测试机构复审后提交国家测试机构认定。

未经认定的成绩不得对外发布。

第二十四条　一级乙等及以下的成绩认定原则上在当次测试结束后30个工作日内完成。一级甲等的成绩认定顺延15个工作日。

第二十五条　应试人对测试成绩有异议的，可以在测试成绩发布后15个工作日内向其参加测试的站点提出复核申请。具体按照《普通话水平测试成绩申请复核暂行办法》执行。

第八章　等级证书

第二十六条　等级证书的管理按照《普通话水平测试等级证书管理办法》执行。

第二十七条　符合更补证书条件的，按以下程序办理证书更补：

（一）应试人向其参加测试的站点提交书面申请以及本人有效身份证复印件、等级证书原件或国家政务服务平台的查询结果等相关材料。

（二）省级语言文字工作部门或省级测试机构每月底审核汇总更补申请，加盖公章后提交国家测试机构。国家测试机构自受理之日起15个工作日内予以更补。

（三）纸质证书更补时效为自成绩发布之日起1年内，逾期不予受理。

第二十八条　应试人应及时领取纸质证书。自成绩发布之日起1年后未领取的纸质证书，由测试机构按照内部资料予以清理销毁。

第九章　数据档案

第二十九条　测试数据档案包括测试数据和工作档案。

第三十条　测试数据包括报名信息、成绩信息、测试录音、测试试卷、现场采集的应试人照片等电子档案。测试数据通过测试系统归档，长期保存。调取和使用已归档保存的测试数据，需经省级测试机构或国家测试机构同意。

第三十一条　数据档案管理者及使用人员应采取数据分类、重要数据备份和加密等措施，维护数据档案的完整性、保密性和可用性，防止数据档案泄露或者被盗窃、篡改。

第三十二条　测试工作档案包括测试计划和工作总结、考场现场情况记录、证书签收单据、成绩复核资料等，由各级测试机构和测试站点自行妥善保管，不得擅自公开或外传。

第十章　监督检查

第三十三条　国家测试机构对各级测试机构和测试站点进行业务指导、监督、检查。省级测试机构对省级以下测试机构和测试站点进行管理、监督、检查。

第三十四条　监督检查的范围主要包括计划完成情况、测试实施流程、试卷管理、成绩评定、证书管理、数据档案管理等。监督检查可采用现场视导、查阅资料、测试录音复审、测试数据分析等方式。

第十一章　违规处理

第三十五条　未按要求开展工作的测试机构和测试工作人员，按照《普通话水平测试管理规定》（教育部令第 51 号）有关规定处理。省级测试机构须在处理完成后 10 个工作日内将相关情况报省级语言文字工作部门，并报国家测试机构备案。

第三十六条　受到警告处理的测试站点，应在 1 个月内完成整改，经主管的语言文字工作部门验收合格后可撤销警告。再次受到警告处理的，暂停测试资格。

第三十七条　受到暂停测试资格处理的测试站点，应在 3 个月内完成整改，经主管的语言文字工作部门验收合格后方可重新开展测试。再次受到暂停测试资格处理的，永久取消其测试资格。

第三十八条　非不可抗拒的因素连续 2 年不开展测试业务的测试站点由省级测试机构予以撤销。

第三十九条　测试现场发现替考、违规携带设备、扰乱考场秩序等行为的，取消应试人当次测试资格。公布成绩后被认定为替考的，取消其当次测试成绩，已发放的证书予以作废，并记入全国普通话水平测试违纪人员档案，视情况通报应试人就读学校或所在单位。

第十二章　附则

第四十条　省级测试机构可根据实际情况在省级语言文字工作部门指导下制定实施细则，并报国家测试机构备案。

第四十一条　视障、听障人员参加测试的，按照专门办法组织实施。

第四十二条　如遇特殊情况，确有必要对常规测试流程做出适当调整的，由省级语言文字工作部门报国务院语言文字工作部门批准后实施。

第四十三条　本规程自 2023 年 4 月 1 日起施行。2003 年印发的《普通话水平测试规程》和 2008 年印发的《计算机辅助普通话水平测试操作规程（试行）》同时废止。

第七章

普通话水平智能测试系统操作流程

一、测试流程简介

1. 考生按照准考证的上要求按时到达指定地点后，向工作人员出示**身份证、准考证**。
2. 工作人员将分批**采集考生信息**（照片、指纹）等，并分配具体批次和测试室。
3. 前一批次测试结束，请在工作人员引导下**进入对应的测试室**。

二、测试流程视频版

扫码观看

三、测试流程图文详解

☞ 考生进入测试室后，戴上耳机，鼠标点击“**登录**”，进行人脸验证。

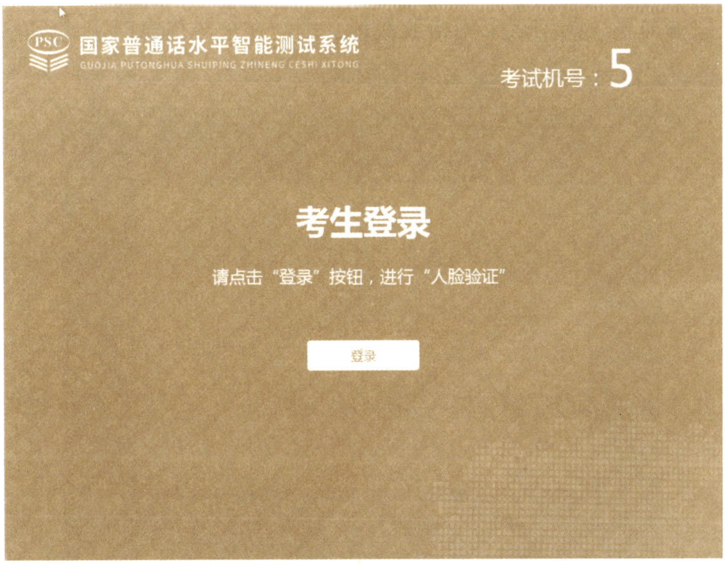

☞ 人脸验证时，面部正对屏幕中央，平视屏幕上方的摄像头。

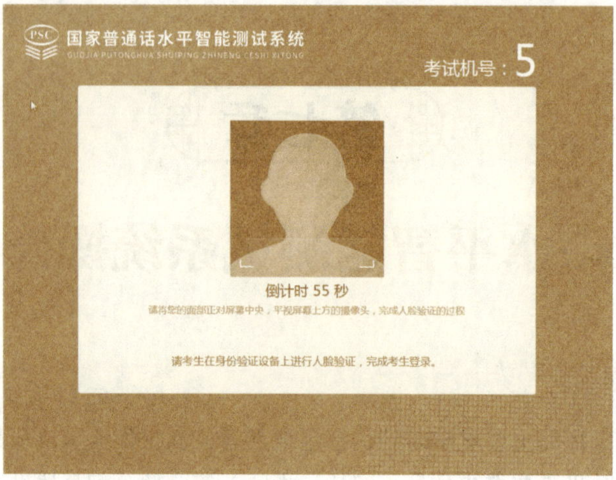

☞ 验证成功后，点击“**登录**”按钮。

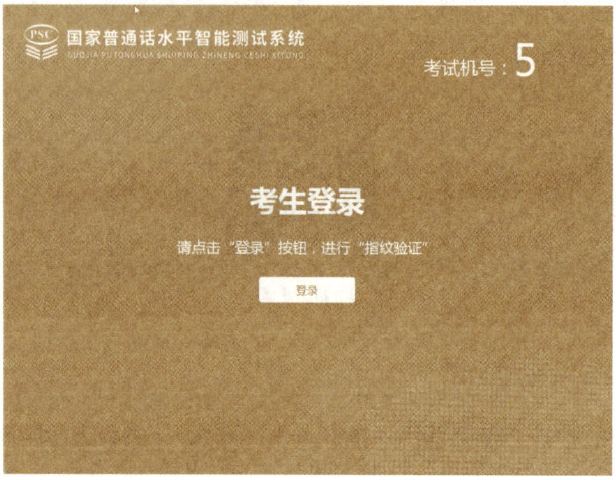

注：如果您参加测试的站点采用**指纹验证**，则会在采集信息时采集您的指纹，那么您进入测试室时将需要进行指纹验证。如下图所示：

☞ 验证通过后，系统将显示您的个人信息，点击“**确定**”。

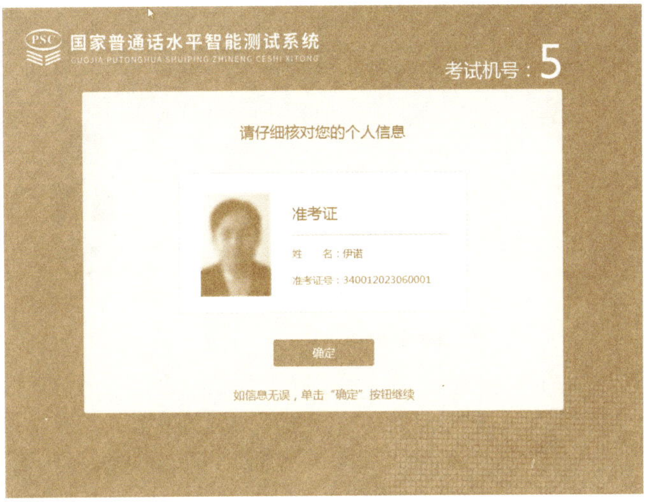

☞ 登录成功，系统提示“**等待试音指令**”。如果验证失败，请向现场工作人员反馈。

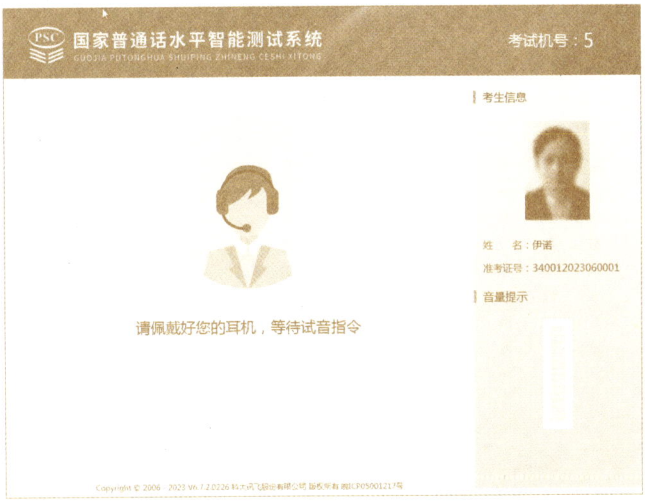

☞ 试音开始，系统会有提示音，请在“**嘟**”声提示后朗读界面上的文字。

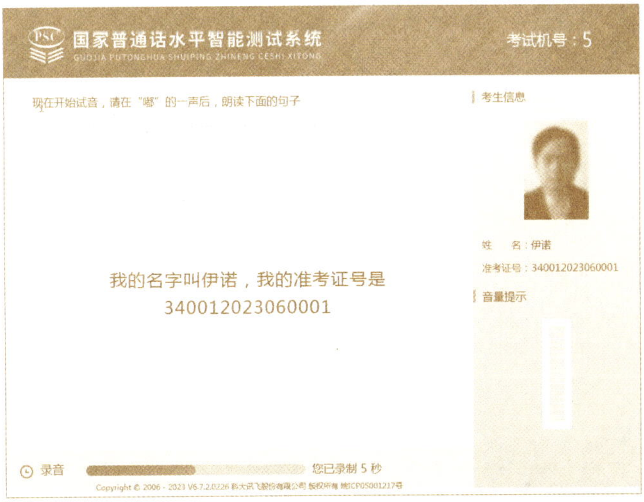

☞ 试音成功，等待考场指令。需同一批次所有考生都试音成功后一起开始正式考试。

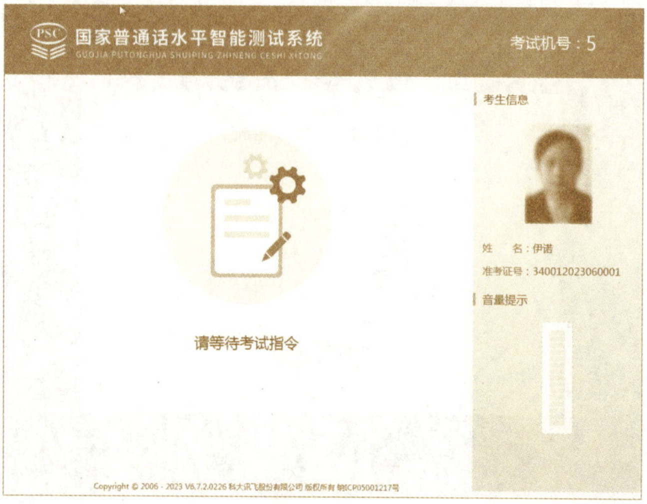

☞ 第一题测试时系统界面。请控制好音量和语速，显示的字词读完后点击“**下一题**”。

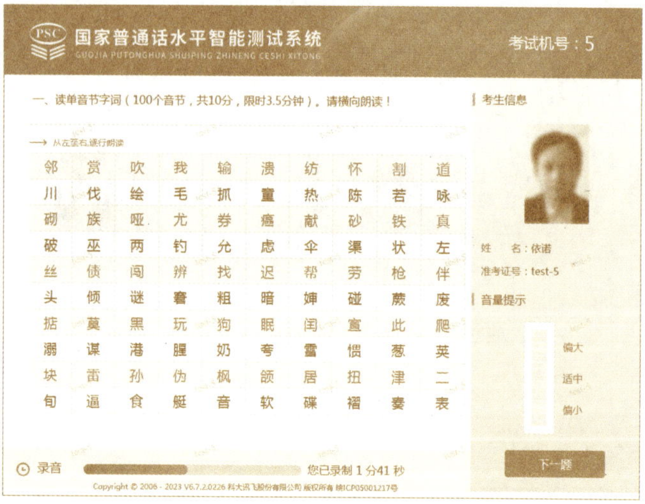

☞ 第二题测试时系统界面。请控制好音量和语速，显示的字词读完后点击“**下一题**”。

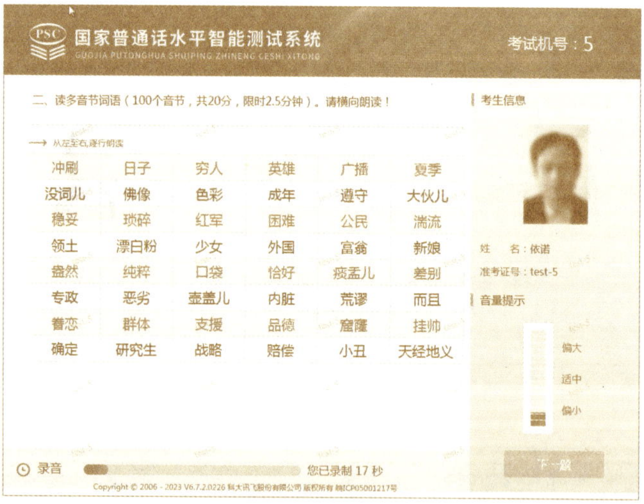

☞ 第三题测试时系统界面。请控制好音量和语速，显示的文章读完后点击“**下一题**”。

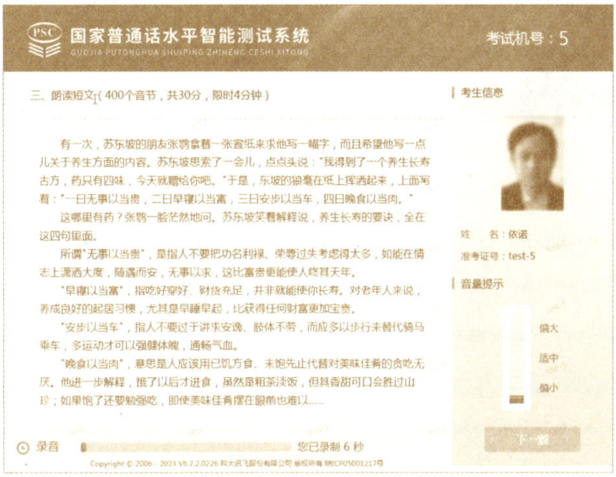

☞ 第四题测试时，系统会显示两个话题供您选择，考生需要**在 10 秒内用鼠标点选准备说的题目**。超过 10 秒未点击，**将默认第一个话题**。

☞ 选择话题后，系统会给 **30 秒的准备时间**。考生可以在这 30 秒里调整好状态，大致考虑下所说内容的框架。

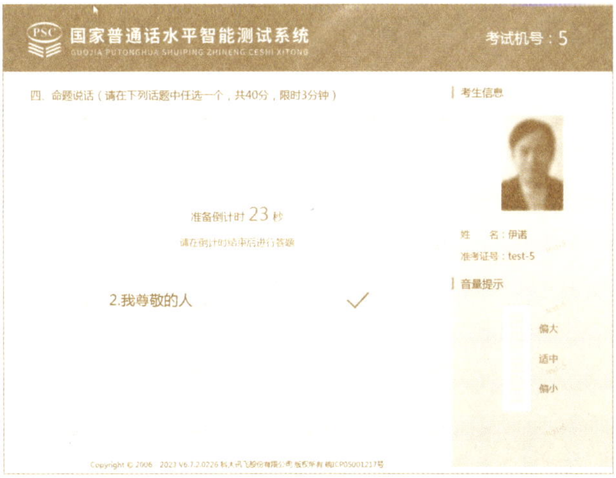

☞30 秒倒计时结束，请以“**我的说话题目是……**”开始答题。命题说话共 3 分钟，3 分钟后系统将自动结束。

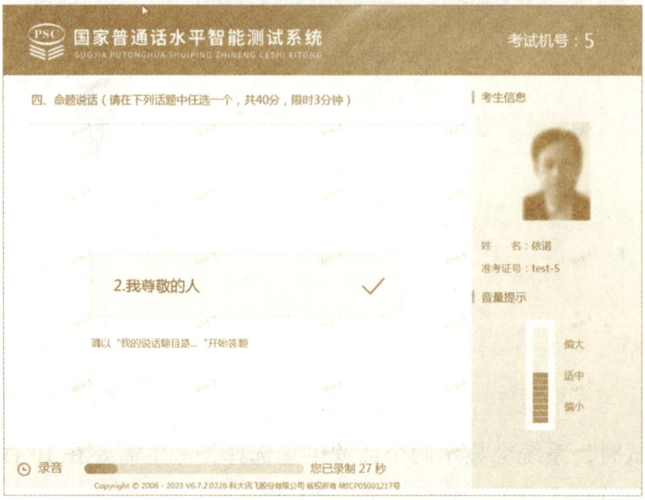

☞ 系统提示“**您已完成考试，请摘下耳机，安静离开**”。若提示其他信息，请及时向现场工作人员反映。

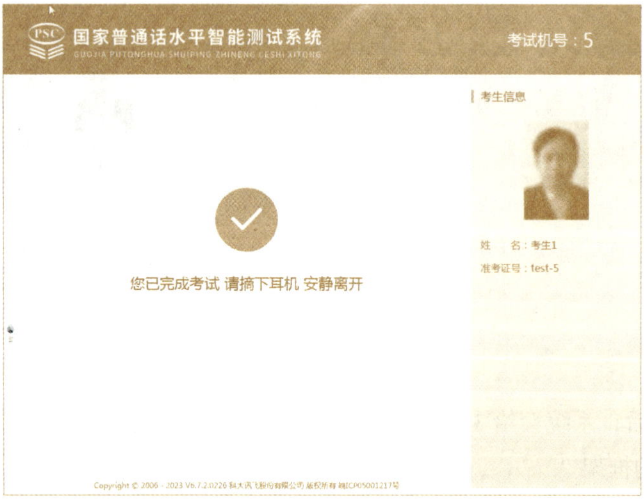

注意事项：取消备测后，考生需要在正式考试前多下功夫进行考试内容的练习，并提前熟悉测试全流程！

第八章

有关行业人员普通话合格标准

根据各行业的规定，有关从业人员的普通话水平达标要求如下：

中小学及幼儿园、校外教育单位的教师，普通话水平不低于二级，其中语文教师不低于二级甲等，普通话语音教师不低于一级。高等学校的教师，普通话水平不低于三级甲等，其中现代汉语教师不低于二级甲等，普通话语音教师不低于一级。对外汉语教学教师，普通话水平不低于二级甲等。

报考中小学、幼儿园教师资格的人员，普通话水平不低于二级。

师范类专业以及各级职业学校的与口语表达密切相关专业的学生，普通话水平不低于二级。

国家公务员，普通话水平不低于三级甲等。

国家级、省级广播电台和电视台的播音员或节目主持人，普通话水平应达到一级甲等；其他广播电台、电视台的播音员或节目主持人的普通话达标要求按国家广播电视总局的规定执行。

话剧、电影、电视剧、广播剧等表演或配音演员，播音、主持专业和影视表演专业的教师或学生，普通话水平不低于一级。

公共服务行业的特定岗位人员（如广播员、解说员、话务员等），普通话水平不低于二级甲等。

普通话水平应达标人员的年龄上限以有关行业的文件为准。

附录 1　全国普通话水平测试机构（站点）信息汇总表

为提供普通话水平测试便民查询服务，现将全国普通话水平测试机构（站点）相关信息公布如下。应试人可以扫描下方二维码或登录教育部网站（http://www.moe.gov.cn/）查询相关信息。

第二部分　普通话语音

第一章

普通话语音概述

第一节　什么是普通话

普通话是以北京语音为标准音，以北方话为基础方言，以典范的现代白话文著作为语法规范的现代汉民族通用语。普通话是中华人民共和国通用语言。

汉语是全世界历史最悠久、富有音乐性和表现力的语言之一，我国有 90% 以上的人口说汉语，各兄弟民族之间也大部分以汉语作为互相交际的语言。

普通话作为联合国工作语言之一，已成为中外文化交流的重要桥梁和外国人学习中文的首选语言。今天，我国国际地位不断提升，汉语在世界上的使用范围越来越广，各国学习汉语的朋友日益增多，汉语逐渐成为世界上最发达的语言之一。世界上越来越多的人认识到，掌握汉语，就意味着跟上了时代，拥有了未来。

以北京语音为标准音

普通话以北京语音作为标准音，是历史发展的结果。但是以北京语音作为标准音并不是以某一个北京人或某一些北京人的口语发音作为标准音，而是以北京音系的语音系统作为标准音。

什么叫北京音系？简单地说，《汉语拼音方案》就写出了北京音系。其中的声母、韵母、声调都是从北京语音的一般常用音节里分析出来的，它们或是北京语音音素，或是音节结构中的重要成分，都是必不可少的。它们与音节的构成都有明确的、固定的规律。这一套声母、韵母、声调、音节，都是普通话不可缺少的，不是可有可无，也不能用其他的来代替。这些内容，基本符合汉语历史发展的规律，和各个方言有较清楚的对应关系。北京语音系统中有 22 个声母、39 个韵母和 4 个声调，除此以外，北京语音中还有变调、轻声、儿化等现象，这些都属于北京语音系统的范围。

普通话和北京话不能画等号。普通话是规范化的汉民族共同语，而北京话不过是一种方言，只在北京地方使用，为这一地方的人所熟悉、所接受。例如：京剧里的“京白”、曲艺中的相声等就是方言色彩浓厚的北京话。

以北方方言为基础方言

汉语有七大方言区，即：北方方言区（以黄河流域为中心，分布于东北和长江流域中部以及西南各省）、吴方言区（分布于上海、江苏省东南部及浙江省大部分地区）、湘方言区（湖南省大部分地区）、赣方言区（江西省大部分地区及湖北省东南部地区）、客家方言区（广东、广西、福建和江西部分地区）、闽方言区（福建、台湾、广东潮汕一带及海南省部分地区）、粤方言区（广东中部及西南部地区、广西东南部地区）。普通话在词汇方面以北方方言作为基础方言，充分考虑了北方方言词汇使用人口众多和分布广泛的情况。在我国七大方言中，说北方方言的人约占汉族人数的 70%，其覆盖区域也很广，占汉语地区的 3/4，北方方言内部比较一致。另外普通话还从其他非基础方言里吸收了许多有特殊表现力的方言词来丰富自己的词库，继承了古代汉语中许多仍然有生命力的古词语，借用了一些交际必需的外来词，这都使得普通话的词汇更加丰富。

以典范的现代白话文著作为语法规范

普通话的语法是以经过提炼加工的书面语，即典范的现代白话文著作为语法规范。“典范的”是指典型的可以作为范本的，“现代”划定了时间范围，“白话文”是针对文言文而言的。普通话要遵循白话文的语法规范，这符合推广、普及普通话的要求。总之，普通话作为现代汉语标准语，是一种服务于全国的通用语，是现阶段汉民族语言统一的基础。普通话是语音、词汇和语法的统一体，我们在学习普通话时，要把它作为一个整体来把握，任何一个方面都不可缺少。

普通话语音的学习实践性很强，需要从发音和辨正两个方面去努力。需要掌握一定的语音学的理论知识，明确正确的部位、方法，发准每个音素、音节，要在语流中规范声母、韵母和声调。要凭借掌握的语音知识成系统地纠正受方言影响的语音习惯，以求达到事半功倍的效果。准确、熟练是语音学习的基本要求，学习中需要我们动脑，更需要我们动口，通过反复的实践以加深记忆，形成条件反射。

第二节　普通话语音概念

普通话：是以北京语音为标准音，以北方话为基础方言，以典范的现代白话文著作为语法规范的现代汉民族共同语。

语音：是人的发音器官发出的代表一定意义的声音。

音节：用听觉可以区分的语音结构基本单位。在汉语中一般来说一个汉字的读音即为一个音节。普通话常用基本无调音节为 400 个，加上四声变化及轻声、儿化韵，音节总数为 1 300 多个。

音素：语音的最小单位。普通话中有 32 个音素，其中元音音素 10 个，辅音音素 22 个。

音位：从语言的社会功能出发，不是把语音仅仅看成是物理或生理的差别，而是在某种语言中，把语音归纳为数目有限的具有辨义作用的语音单位。

元音：音素的一种。发音时呼出气流在口腔中不受明显阻碍，呼出气流较弱，发音器官肌肉均衡紧张，声带颤动，声音响亮清晰，都是元音。

单元音：即单纯元音。在发音过程中，音质始终不变的一个元音。在普通话中它包括一般单纯元音（舌面元音）以及特殊元音，一共有 10 个。

一般单纯元音：又叫舌面元音，发音过程中舌位的活动在舌面。

一般单纯元音的发音条件：决定一般单纯元音音色的条件，分别有舌位的高低（口腔的开闭）、舌位的前后以及唇形的圆展。

舌位：发元音时舌面隆起的最高点，即最接近上腭的一点，又叫近腭点。

舌面元音舌位图：是一种示意图。四个端点分别表示发音时舌位在口腔中上下前后四个极端位置。用直线将四个端点连接起来形成的一个四边形。四边形横面分为前、央、后，用以表示舌位的前后；竖面分为低、半低、半高、高，用以表示舌位的高低（口腔的开闭）。竖线的左侧标记不圆唇音，右侧标记圆唇音。这种示意方式是世界通用的。

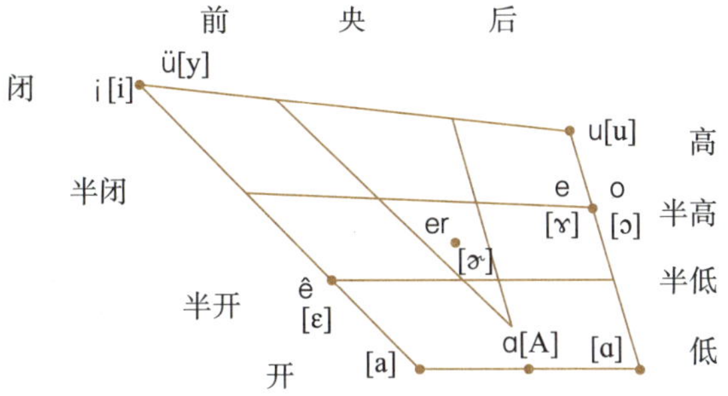

普通话舌面元音舌位图
（[ ] 号内是国际音标）

特殊元音：普通话语音中所包括的以舌尖运动或卷舌动作形成的元音音素。

舌尖元音：特殊元音的一种，靠舌尖运动形成的元音音素。普通话中一共有两个，分别是舌尖前元音 [ɿ] 和舌尖后元音 [ʅ]。

卷舌元音：特殊元音的一种，靠卷舌动作形成的元音音素。普通话中卷舌元音只有一个音素 [ɚ]。

复合音：两个或三个元音音素组成的音组或单元音、复合元音后面附带鼻尾音组成的音组统称为复合音。

复合元音：由两个或三个元音音素组成的音组。

舌位动程：复合元音的发音过程是由几个元音音素的舌位连续移动而形成的。舌位移动的过程叫舌位动程。

复合鼻尾音：单纯元音或复合元音的后面附带鼻辅音 [n] 或 [ng] 做尾音的复合音。

辅音：音素的一类。发辅音时呼出气流在口腔中明显受到阻碍，呼出气流较强，发音器官对气流构成阻碍的部位肌肉紧张，大部分辅音发音时声带不颤动。普通话中辅音音素有 22 个。

发音部位：发辅音时口腔对呼出气流构成阻碍的部位。普通话中 22 个辅音音素的发音部位共有七处，即双唇阻、唇齿阻、舌尖前阻、舌尖中阻、舌尖后阻、舌面阻、舌根阻。

发音方法：发辅音时呼出气流破除发音部位所构成阻碍的方法。普通话中 22 个辅音音素的发音方法可分为五种，即塞音、擦音、塞擦音、鼻音和边音。

送气与否：配合发音方法对辅音发音条件进行的区分。在塞音和塞擦音中按呼出气流的强弱区分为送气音和不送气音两组辅音音素。

清浊区分：配合发音方法对辅音发音条件进行的区分。清音指发辅音时声带不颤动，浊音指发辅音时声带颤动。普通话 22 个辅音音素中只有鼻音 m、n、ng、边音 l 和擦音 r 五个辅音音素为浊音，其余 17 个均为清辅音。

普通话辅音发音要领表

发音部位 / 发音方法			双唇（上唇下唇）	唇齿（上齿下唇内侧）	舌尖前（舌尖齿背）	舌尖中（舌尖上齿龈）	舌尖后（舌尖后硬腭前）	舌面前（舌面前硬腭前）	舌根（舌根软腭）
塞音	清	不送气	b			d			g
		送气	p			t			k
塞擦音	清	不送气			z		zh	j	
		送气			c		ch	q	
鼻音	浊		m			n			(ng)
边音	浊					l			
擦音	清			f	s		sh	x	h
	浊						r		

辅音发音过程：发辅音时，从准备发音到发音结束的过程一般可分为成阻、持阻、除阻三个阶段。不同的发音方法三个阶段的状态各有不同。

成阻：发辅音过程的开始阶段，即发音过程中阻碍作用开始形成，发音器官从静止或其他状态转到发一种辅音时所必须构成阻碍状态的过程。

持阻：发辅音过程的中间阶段，即发音过程中阻碍作用的持续，发音器官从开始成阻到最后除阻的一种中间过程。

除阻：发辅音过程的最后阶段，即发音过程中阻碍作用的解除，发音器官从某种阻碍状态转到原来静止或其他状态的一种过程。

声母：按汉语语音学的传统分析方法，把一个汉语音节起头的辅音叫作声母。普通话有 21 个辅音声母。

零声母：按汉语语音学的传统分析方法，把汉语音节中没有辅音声母的叫零声母。

韵母：按汉语语音学的传统分析方法，把汉语音节中声母以后的部分叫韵母。韵母由单元音或复合音充当。普通话中有 39 个韵母。

四呼：按汉语语音学的传统分析方法，根据韵母起头元音的唇形特点，将韵母分为开口呼、齐齿呼、合口呼、撮口呼四类。四呼即指开、齐、合、撮四类韵母。

声调：汉语音节所固有的，可以区别意义的声音的高低和升降。

调类：声调的种类。普通话有四个调类，即阴平、阳平、上声和去声。

调值：声调的实值，即声调的实际读法，也叫调型，指声音高低、升降、曲直、长短的形式。普通话有高平调、高升调、降升调、全降调四种调值形式，按五度标记法调值分别标记为55、35、214、51。

语流音变：在语流中由于受到相邻音节的相邻音素的影响，一些音节中的声母、韵母、声调会发生语音的变化，我们称之为语流音变。普通话中语流音变现象主要表现为轻声、儿化、语气词“啊”的变化和变调。其中变调包括上声变调、去声变调、“一”和“不”的变调以及重叠形容词变调。

轻声：普通话中每个音节都有自己的声调，可是在语流中有些音节常常失去原有的声调而被说成较轻、较短的调子，叫作轻声。

儿化：儿化又叫儿化韵，是普通话和某些汉语方言中的一种语音现象，即词的后缀“儿”不自成音节，而同前面的音节合在一起，使前一音节的韵母变为卷舌韵母。

附录2　发音器官示意图

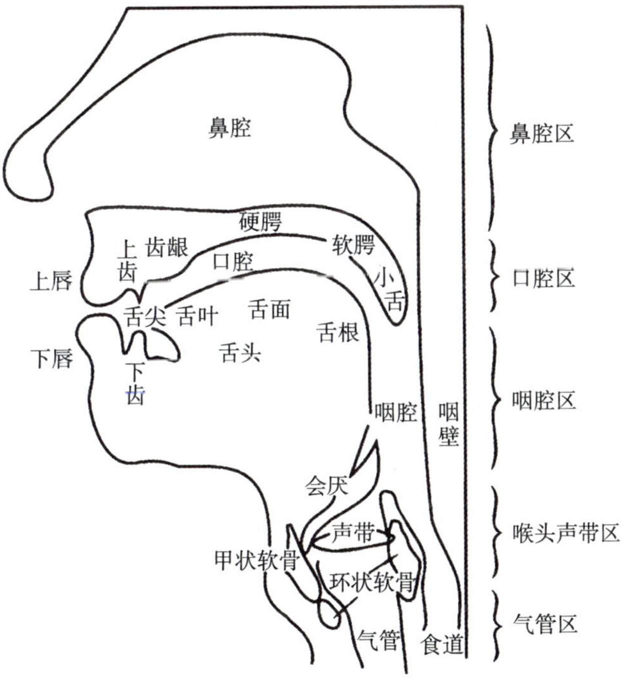

附录 3　普通话语音结构关系示意图

- 音节
  - 声母
    - 声母的分类
      - 发音部位
      - 发音方法
        - 阻碍的方式
        - 声带是否振动
        - 呼出气流的强弱
    - 零声母
  - 韵母
    - 按结构分
      - 单韵母
        - 舌面元音韵母
        - 特殊元音韵母
          - 舌尖元音韵母
            - 舌尖前元音韵母
            - 舌尖后元音韵母
          - 卷舌元音韵母
      - 复韵母
        - 二合复韵母
          - 前响二合复韵母
            - 韵腹
            - 韵尾
          - 后响二合复韵母
            - 韵头
            - 韵腹
        - 三合复韵母（中响）
          - 韵头
          - 韵腹
          - 韵尾
      - 鼻韵母
        - 带鼻尾音n韵母（前鼻音韵母）
        - 带鼻尾音ng韵母（后鼻音韵母）
    - 按口形分
      - 开口呼韵母
      - 齐齿呼韵母
      - 合口呼韵母
      - 撮口呼韵母
  - 声调
    - 调值（调型）
      - 高平调
      - 高升调
      - 降升调
      - 全降调
        - 五度标记法
          - 55（高平调）
          - 35（高升调）
          - 214（降升调）
          - 51（全降调）
    - 调类
      - 阴平
      - 阳平
      - 上声
      - 去声
- 语流音变
  - 轻声
  - 儿化
  - 语气词“啊”的变化
  - 变调
    - 上声变调
    - 去声变调
    - “一”“不”的变调
    - 重叠形容词变调

附录 4　普通话声韵配合表

声母＼韵母		开口呼														齐齿呼									合口呼										撮口呼				
		-i[前][后]	a	o	e	ê	er	ai	ei	ao	ou	an	en	ang	eng	i	ia	ie	iao	iou	ian	in	iang	ing	u	ua	uo	uai	uei	uan	uen	uang	ueng	ong	ü	üe	üan	ün	iong
双唇音	b		ba 巴	bo 玻				bai 白	bei 杯	bao 包		ban 般	ben 奔	bang 帮	beng 绷	bi 逼		bie 别	biao 标		bian 边	bin 宾		bing 兵	bu 布														
	p		pa 爬	po 坡				pai 拍	pei 胚	pao 抛	pou 剖	pan 潘	pen 喷	pang 旁	peng 烹	pi 批		pie 撇	piao 飘		pian 偏	pin 拼		ping 平	pu 铺														
	m		ma 妈	mo 摸	me 么			mai 买	mei 梅	mao 猫	mou 谋	man 瞒	men 闷	mang 忙	meng 蒙	mi 迷		mie 灭	miao 秒	miu 谬	mian 棉	min 民		ming 名	mu 木														
唇齿音	f		fa 发	fo 佛					fei 非		fǒu 否	fan 帆	fen 分	fang 方	feng 风										fu 夫														
舌尖中音	d		da 搭		de 德			dai 呆	dei 得①	dao 刀	dou 兜	dan 担		dang 当	deng 登	di 低		die 爹	diao 刁	diū 丢	dian 颠			ding 丁	du 都		duo 多		dui 对	duan 端	dun 敦			dong 东					
	t		ta 他		te 特			tai 胎		tao 掏	tou 偷	tan 摊		tang 汤	teng 腾	ti 梯		tie 贴	tiao 挑		tian 天			ting 听	tu 秃		tuo 托		tuǐ 腿	tuan 团	tun 吞			tong 通					
	n		na 拿		ne 讷			nai 奶	nei 内	nao 脑	nou 耨	nan 男	nen 嫩	nang 囊	neng 能	ni 泥		nie 捏	niao 鸟	niu 牛	nian 年	nin 您	niang 娘	ning 宁	nú 奴		nuo 挪			nuan 暖				nong 农	nü 女	nüe 虐			
	l		la 拉		le 勒			lai 来	lei 雷	lao 老	lou 楼	lan 兰		lang 郎	leng 冷	li 梨	lia 俩	lie 列	liao 撩	liu 溜	lian 连	lin 林	liang 良	ling 零	lú 炉		luo 罗			luan 乱	lun 论			long 龙	lü 吕	lüe 掠			
舌根音	g		ga 嘎		ge 哥			gai 该	gei 给	gao 高	gou 沟	gan 干	gen 根	gang 刚	geng 庚										gu 姑	gua 瓜	guo 郭	guai 乖	gui 规	guan 官	gun 棍	guang 光		gong 工					
	k		ka 咖		ke 科			kai 开		kao 考	kǒu 口	kan 看	ken 肯	kang 康	keng 坑										ku 枯	kua 夸	kuo 阔	kuai 快	kui 亏	kuan 宽	kun 困	kuang 匡		kong 空					
	h		ha 哈		he 喝			hai 海	hei 黑	hao 耗	hou 侯	han 寒	hen 很	hang 杭	heng 哼										hu 呼	hua 花	huo 活	huai 怀	hui 灰	huan 欢	hun 昏	huang 荒		hong 轰					
舌面音	j															ji 鸡	jia 家	jie 街	jiao 交	jiū 纠	jian 间	jin 斤	jiang 江	jing 京											ju 居	jue 决	juan 捐	jun 均	jiong 窘
	q															qi 欺	qia 恰	qie 切	qiao 敲	qiū 秋	qian 千	qin 亲	qiang 腔	qing 青											qu 区	que 缺	quan 圈	qún 群	qiong 穷
	x															xi 希	xia 瞎	xie 歇	xiao 消	xiū 休	xian 先	xin 新	xiang 香	xing 星											xu 虚	xue 学	xuan 宣	xun 勋	xiong 兄
舌尖后音	zh	zhi 知	zha 渣		zhe 遮			zhai 摘	zhei 这②	zhao 招	zhou 舟	zhan 占	zhen 针	zhang 张	zheng 争										zhu 朱	zhua 抓	zhuo 桌	zhuai 拽	zhui 追	zhuan 专	zhun 准	zhuang 庄		zhong 中					
	ch	chi 吃	cha 插		che 车			chai 差		chao 超	chou 抽	chan 产	chen 陈	chang 昌	cheng 成										chu 出	chua 欻	chuo 戳	chuai 揣	chui 吹	chuan 川	chun 春	chuang 窗		chong 充					
	sh	shi 诗	sha 沙		she 奢			shai 筛	shei 谁③	shao 烧	shou 收	shan 山	shen 身	shang 商	sheng 生										shu 书	shua 刷	shuo 说	shuai 衰	shui 水	shuan 拴	shun 顺	shuang 双							
	r	ri 日			re 热					rao 绕	rou 柔	ran 然	ren 人	rang 嚷	reng 扔										rú 如		ruo 弱		rui 锐	ruan 软	run 闰			rong 绒					
舌尖前音	z	zi 滋	za 杂		ze 则			zai 灾	zei 贼	zao 遭	zou 邹	zan 簪	zen 怎	cang 藏	zeng 增										zu 租		zuo 昨		zuǐ 嘴	zuan 钻	zun 尊			zong 宗					
	c	ci 雌	ca 擦		ce 测			cai 猜		cao 操	cou 凑	cen 参	cen 岑	cang 仓	ceng 层										cu 粗		cuo 撮		cui 催	cuan 窜	cun 村			cong 葱					
	s	si 司	sa 萨		se 色			sai 腮		sao 骚	sou 搜	san 三	sen 森	sang 桑	seng 僧										su 苏		suo 所		sui 虽	suan 酸	sun 孙			song 松					
o			a 啊	o 喔	e 鹅	ê 欸	er 儿	ai 哀	ei 欸④	ao 熬	ou 欧	an 安	en 恩	ang 昂	eng 鞥	yi 衣	ya 鸦	ye 耶	yao 腰	you 优	yan 烟	yin 因	yang 央	ying 应	wu 乌	wa 娃	wo 窝	wai 歪	wei 威	wan 弯	wen 温	wang 汪	weng 翁		yu 迂	yue 约	yuan 渊	yun 晕	yong 拥

① “必须”的意思，如：你得去一次。　② ‘这”的口语音。　③ “谁”的口语音。　④ “欸”（ê）的又读。

附录 5 汉语拼音方案

（一）字母表

字母	Aa	Bb	Cc	Dd	Ee	Ff	Gg
名称	ㄚ	ㄅㄝ	ㄘㄝ	ㄉㄝ	ㄜ	ㄝㄈ	ㄍㄝ
	Hh	Ii	Jj	Kk	Ll	Mm	Nn
	ㄏㄚ	ㄧ	ㄐㄧㄝ	ㄎㄝ	ㄝㄌ	ㄝㄇ	ㄋㄝ
	Oo	Pp	Qq	Rr	Ss	Tt	
	ㄛ	ㄆㄝ	ㄑㄧㄡ	ㄚㄦ	ㄝㄙ	ㄊㄝ	
	Uu	Vv	Ww	Xx	Yy	Zz	
	ㄨ	ㄪㄝ	ㄨㄚ	ㄒㄧ	ㄧㄚ	ㄗㄝ	

V 只用来拼写外来语、少数民族语言和方言。

字母的手写体依照拉丁字母的一般书写习惯。

（二）声母表

b	p	m	f	d	t	n	l
ㄅ玻	ㄆ坡	ㄇ摸	ㄈ佛	ㄉ得	ㄊ特	ㄋ讷	ㄌ勒

g	k	h	j	q	x
ㄍ哥	ㄎ科	ㄏ喝	ㄐ基	ㄑ欺	ㄒ希

zh	ch	sh	r	z	c	s
ㄓ知	ㄔ蚩	ㄕ诗	ㄖ日	ㄗ资	ㄘ雌	ㄙ思

（三）韵母表

	i	u	ü
	ㄧ 衣	ㄨ 乌	ㄩ 迂
a	ia	ua	
ㄚ 啊	ㄧㄚ 呀	ㄨㄚ 蛙	
o		uo	
ㄛ 喔		ㄨㄛ 窝	
e	ie		üe
ㄜ 鹅	ㄧㄝ 耶		ㄩㄝ 约
ai		uai	
ㄞ 哀		ㄨㄞ 歪	
ei		uei	
ㄟ 欸		ㄨㄟ 威	
ao	iao		
ㄠ 熬	ㄧㄠ 腰		
ou	iou		
ㄡ 欧	ㄧㄡ 忧		

an	ian	uan	üan
ㄢ 安	ㄧㄢ 烟	ㄨㄢ 弯	ㄩㄢ 冤
en	in	uen	ün
ㄣ 恩	ㄧㄣ 因	ㄨㄣ 温	ㄩㄣ 晕
ang	iang	uang	
ㄤ 昂	ㄧㄤ 央	ㄨㄤ 汪	
eng	ing	ueng	
ㄥ 亨的韵母	ㄧㄥ 英	ㄨㄥ 翁	
ong	iong		
ㄨㄥ 轰的韵母	ㄩㄥ 雍		

1.“知、蚩、诗、日、资、雌、思”等七个音节的韵母用 i，即：知、蚩、诗、日、资、雌、思等字拼作 zhi，chi，shi，ri，zi，ci，si。

2. 韵母儿写成 er，用作韵尾的时候写成 r。例如：“儿童”拼作 ertong，“花儿”拼作 huar。

3. 韵母ㄝ单用的时候写成 ê 。

4. i 行的韵母，前面没有声母的时候，写成 yi（衣），ya（呀），ye（耶），yao（腰），you（忧），yan（烟），yin（因），yang（央），ying（英），yong（雍）。

u 行的韵母，前面没有声母的时候，写成 wu（乌），wa（蛙），wo（窝），wai（歪），wei（威），wan（弯），wen（温），wang（汪），weng（翁）。

ü 行的韵母，前面没有声母的时候，写成 yu（迂），yue（约），yuan（冤），yun（晕）；ü 上两点省略。

ü 行的韵母跟声母 j，q，x 拼的时候，写成 ju（居），qu（区），xu（虚），ü 上两点也省略；但是跟声母 n，l 拼的时候，仍然写成 nü（女），lü（吕）。

5. iou，uei，uen 前面加声母的时候，写成 iu，ui，un，例如 niu（牛），gui（归），lun（论）。

6. 在给汉字注音的时候，为了使拼式简短，ng 可以省作ŋ。

（四）声调符号

阴平	阳平	上声	去声
ˉ	ˊ	ˇ	ˋ

声调符号标在音节的主要元母上。轻声不标。

例如：

妈 mā	麻 má	马 mǎ	骂 mà	吗 ma
（阴平）	（阳平）	（上声）	（去声）	（轻声）

（五）隔音符号

a，o，e 开头的音节连接在其他音节后面的时候，如果音节的界限发生混淆，用隔音符号（’）隔开，例如：pi’ao（皮袄）。

第二章 普通话声母

第一节 什么是声母

声母，是一个汉语音节起头的辅音。普通话声母22个，其中辅音声母21个，零声母1个。

双唇音：b p m

唇齿音：f

舌尖前音：z c s

舌尖中音：d t n l

舌尖后音：zh ch sh r

舌面音：j q x

舌根音：g k h

我国著名的语言学家、《汉语拼音方案》的主要制订者周有光先生，选了21个汉字，每个字代表一个声母，编成一首诗，题目是《采桑》，如下：

ch	r	q	m	z	c	s	j	t	n
春	日	起	每	早，	采	桑	惊	啼	鸟。

f	g	p	b	x	h	k	l	zh	d	sh
风	过	扑	鼻	香，	花	开	落，	知	多	少。

第二节 声母的分类

普通话22个声母中有21个由辅音充当，我们可以根据辅音的发音部位和发音方法给声母分类。如下：

普通话辅音声母总表

发音方法 \ 辅音声母 \ 发音部位			唇音：双唇音（上唇、下唇）	唇音：唇齿音（上齿、下唇）	舌尖前音（舌尖、齿背）	舌尖中音（舌尖、上齿龈）	舌尖后音（舌尖、硬腭前）	舌面前音（舌面前、硬腭前）	舌面后音（舌根音）（舌面后、软腭）
塞音	清音	不送气音	b			d			g
		送气音	p			t			k
塞擦音	清音	不送气音			z		zh	j	
		送气音			c		ch	q	
擦音	清音			f	s		sh	x	h
	浊音						r		
鼻音	浊音		m			n			
边音	浊音					l			

（一）按发音部位分类

普通话声母按发音部位可分为七类：

1. 双唇音： 上唇和下唇闭合构成阻碍。普通话声母有 3 个：b、p、m。

2. 齿唇音：（也称作“唇齿音”）下唇和上齿靠拢构成阻碍。普通话声母只有 1 个：f。

3. 舌尖前音：（也叫“平舌音”）舌尖向上门齿背接触或接近构成阻碍。普通话声母有 3 个：z、c、s。

4. 舌尖中音： 舌尖和上齿龈（即上牙床）接触构成阻碍。普通话声母有 4 个：d、t、n、l。

5. 舌尖后音：（也叫“翘舌音”）舌尖向硬腭的最前端接触或接近构成阻碍。普通话声母有 4 个：zh、ch、sh、r。

6. 舌面音：（也称作“舌面前音”）以舌面为主动器官，舌面前部向硬腭前部接触或接近构成阻碍。普通话声母有 3 个：j、q、x。

7. 舌根音：（也称作“舌面后音”）舌根向硬腭和软腭的交界处接触或接近构成阻碍。普通话声母有 3 个：g、k、h。

（二）按发音方法分类

发音方法是指发音时发音器官构成阻碍的方式和克服阻碍的方法。发音方法包括阻碍的方式、声带是否振动、呼出气流的强弱三个方面。因此普通话声母按发音方法的不同，可以从以下三个方面来分类：

1. 按阻碍的方式分类

声母的发音可以分为形成阻碍、持续阻碍、消除阻碍三个阶段。根据形成阻碍和消除阻碍的不同方式，普通话声母可以分为以下五类：

（1）塞音：发音时，构成阻碍的两个部位完全闭合（即发音部位靠紧），挡住气流，同时使软腭上升关闭气流通往鼻腔的通路，然后突然打开闭合部位，使气流从口腔中爆破而出。塞音声母有 6 个：b、p、d、t、g、k。

（2）擦音：发音时，构成阻碍的两个部位接近，形成一条缝隙，同时软腭上升堵塞鼻腔通路，并且气流在这种阻碍持续的状态下从窄缝中挤出，摩擦成声。擦音声母有 6 个：f、h、x、sh、s、r。

（3）塞擦音：发音时，构成阻碍的两个部位完全闭合，挡住气流，同时软腭上升堵塞鼻腔通路，然后气流把阻碍部位冲开形成一条缝隙，并从窄缝中摩擦成声，即发音的前一阶段像塞音，后一阶段像擦音。塞擦音声母有 6 个 j、q、zh、ch、z、c。

（4）鼻音：发音时，构成阻碍的两个部位完全闭合，同时使软腭下降，打开鼻腔通路，气流振动声带，并从鼻腔中流出成声。鼻音声母有 2 个：m、n。

（5）边音：发音时、舌尖上翘抵住上齿龈，但舌头的两边要留有空隙，同时软腭上升堵塞鼻腔通路，气流振动声带，并从舌头两边的空隙中流出成声。普通话中仅有 1 一个边音。

2. 按声带是否振动分类

根据发音时声带是否振动，声母可以分为以下两类：

（1）清音：发音时声带不振动发出的音。

（2）浊音：发音时声带振动发出的音。

在普通话的 21 个声母中，m、n、l、r 四个声母发音时声带振动，是浊音；其余 17 个声母 b、p、f、d、t、g、k、h、j、q、x、zh、ch、sh、z、c、s 发音时声带都不振动，是清音。

3. 按呼出气流的强弱分类

根据发音时呼出气流的强弱，塞音和塞擦音可以分为以下两类：

（1）送气音：发音时呼出的气流较强的音。送气音有 6 个：p、t、k、q、ch、c。

（2）不送气音：发音时呼出的气流较弱的音。不送气音有 6 个：b、d、g、j、zh、z。

送气与不送气是相对而言的。每发一个音都要用气，只是有的音送出的气流较弱，有的音送出的气流较强。普通话中的送气音与不送气音是成对出现的。擦音、鼻音、边音没有送气与不送气的区别。

第三节　声母的发音练习

一、声母发音训练

声母发音过程有三个阶段：成阻、持阻、除阻。声母的发音部位不同，吐字时的着力点就不一样。如 b、p、m，发音时着力点在双唇；d、t 着力点在舌尖，靠舌尖的弹力。因此，发声母音时不要拖长，要“咬住”、弹开。

（一）双唇音

b 双唇不送气清塞音

双唇闭合，同时软腭上升，关闭鼻腔通路；气流到达双唇后蓄气；凭借积蓄在口腔中的气流突然打开双唇成声。

1. 字的练习

bèi bèi bàn bà bān biǎn bài bù biàn bào
倍 贝 拌 罢 斑 贬 败 不 辨 爆

2. 词的练习

diàn biǎo bù céng bú duàn zhuī bǔ bǐ rè què bǎo
电 表 不 曾 不 断 追 捕 比 热 确 保

p 双唇送气清塞音

成阻和持阻阶段与 b 相同。除阻时，声门（声带开合处）大开，从肺部呼出一股较强气流成声。

1. 字的练习

pǐn pào péi pěng piáo pǔ pōu pǐ péng píng
品 炮 培 捧 瓢 普 剖 匹 彭 萍

2. 词的练习

bìng pái péi xùn píng xī fèi pǐn zhì pǔ pào mò
并 排 培 训 平 息 废 品 质 朴 泡 沫

m 双唇浊鼻音

双唇闭合，软腭下垂，打开鼻腔通路；声带振动，气流同时到达口腔和鼻腔，在口腔的双唇后受到阻碍，气流从鼻腔透出成声。

1. 字的练习

mī mián míng mà míng méng mí mù mài mán
咪 棉 名 骂 螟 萌 弥 目 麦 馒

2. 词的练习

máo cǎo mù tou sì miàn mào shèng gé mìng mào rán
茅 草 木 头 四 面 茂 盛 革 命 贸 然

3. 混合练习

bēn pǎo bā miàn pō mín bīng pái píng bǐ bì mù pīn mìng
奔 跑 八 面 坡 民 兵 排 评 比 闭 幕 拼 命

4. 绕口令

八百标兵

b · p

八百标兵奔北坡，炮兵并排北边跑。
炮兵怕把标兵碰，标兵怕碰炮兵炮。

炮兵和步兵

b · p · m

炮兵攻打八面坡，炮兵排排炮弹齐发射。

步兵逼近八面坡，歼敌八千八百八十多。

葡萄皮儿

b · p

青葡萄，紫葡萄，青葡萄没紫葡萄紫，吃葡萄不吐葡萄皮，不吃葡萄倒吐葡萄皮。

巴老爷芭蕉树

b

巴老爷有八十八棵芭蕉树，来了八十八个把式要在巴老爷八十八棵芭蕉树下住。巴老爷拔了八十八棵芭蕉树，不让八十八个把式在八十八棵芭蕉树下住。八十八个把式烧了八十八棵芭蕉树，巴老爷在八十八棵树边哭。

一平盆面

b · p

一平盆面，烙一平盆饼，饼碰盆，盆碰饼。

爸爸抱宝宝

b · p · m

爸爸抱宝宝，跑到布铺买布做长袍，宝宝穿了长袍不会跑。布长袍破了还要用布补，再跑到布铺买布补长袍。

白庙和白猫

b · m

白庙外蹲一只白猫，白庙里有一顶白帽。白庙外的白猫看见了白帽，叼着白庙里的白帽跑出了白庙。

（二）唇齿音

f 齿唇清擦音

下唇向上靠拢，形成间隙；软腭上升，关闭鼻腔通路；使气流从齿唇形成的间隙摩擦通过而成声。

1. 字的练习

fù	fú	fú	fén	fù	fēng	fèng	fù	fù	fèn
复	幅	伏	焚	覆	峰	奉	富	附	奋

2. 词的练习

fēng jiàn	fā dǒu	fā shè	zǔ fù	wú fǎ	zhì fù
封建	发抖	发射	祖父	无法	致富

3. 绕口令

画凤凰

f

粉红墙上画凤凰，凤凰画在粉红墙。红凤凰、粉凤凰，红粉凤凰、花凤凰。

一座棚

b · p · f

一座棚傍峭壁旁，峰边喷泻瀑布长，不怕暴雨瓢泼冰雹落，不怕寒风扑面雪飘扬，并排分班翻山攀坡把宝找，聚宝盆里松柏飘香百宝藏，背宝奔跑报矿炮劈火，篇篇捷报飞伴金凤凰。

缝飞凤

f

粉红女发奋缝飞凤，女粉红反缝方法繁。飞凤仿佛发放芬芳，方法非凡反复防范。反缝方法仿佛飞凤，反复翻缝飞凤奋飞。

（三）舌尖中音

d 舌尖中不送气清塞音

舌尖抵住上齿龈，形成阻塞；软腭上升，关闭鼻腔通路；气流到达口腔后蓄气，突然解除阻塞成声。

1. 字的练习

dǒng	dōu	dù	diàn	dāng	dèng	duì	dàn	dì	duó
懂	兜	杜	惦	当	邓	对	诞	缔	夺

2. 词的练习

jī dì	dāng zhòng	qì dù	yáo dòng	qǔ dé	jí dù
基地	当众	气度	窑洞	取得	嫉妒

t 舌尖中送气清塞音

成阻、持阻阶段与 d 相同。除阻阶段声门大开，从肺部呼出一股较强的气流成声。

1. 字的练习

tà	tì	tī	tǐ	tóu	tián	tuī	tuō	táng	tán
踏	替	梯	体	头	填	推	托	堂	谈

2. 词的练习

tóu gǔ	tǎo hǎo	wù tǐ	tǒng lǐng	bēn téng	tiān jǐng
头骨	讨好	物体	统领	奔腾	天井

n 舌尖中浊鼻音

舌尖抵住上齿龈，形成阻塞；软腭下垂，打开鼻腔通路；声带振动，气流同时到达口腔和鼻腔，在口腔受到阻碍，气流从鼻腔透出成声。

1. 字的练习

nà	nán	níng	nì	níng	niè	niàn	néng	nèi	niè
纳	男	宁	溺	狞	聂	廿	能	内	孽

2. 词的练习

kǔ nàn	nà xiē	nán shòu	jié néng	nóng yè	nú pú
苦难	那些	难受	节能	农业	奴仆

l 舌尖中浊边音

舌尖抵住上齿龈，阻塞气流从口腔中路通过的通道；软腭上升，关闭鼻腔通路，声带振动；气流到达口腔后从舌头跟两颊内侧形成的空隙通过成声。

1. 字的练习

liù	liáng	lìn	luó	lüè	lìng	liáo	lǐng	lái
六	梁	吝	罗	掠	另	疗	领	来

2. 词的练习

liǎng páng	lín lì	guī lì	fēng làng	jiǎn lòu	yuè lì
两旁	林立	瑰丽	风浪	简陋	阅历

3. d、t、n、l 混合练习

tǎn dàng	tiáo liào	duàn liàn	diàn liú	nǎo lì	néng lì	tuì lù	nì liú
坦荡	调料	锻炼	电流	脑力	能力	退路	逆流

4. 绕口令

打特盗

d · t

调到敌岛打特盗。特盗太刁投短刀，挡推顶打短刀掉，踏盗得刀盗打倒。

白石塔

d · t

白石塔，白石搭。白石搭白塔，白塔白石搭，搭好白石塔，石塔白又大。

谭老汉买蛋和炭

d · t · l

谭家谭老汉，挑担到蛋摊，买了半担蛋，挑担到炭摊，买了半担炭，满担是蛋炭。老汉忙回赶，回家炒蛋饭。进门跨门槛，脚下绊一绊，跌了谭老汉，破了半担蛋，翻了半担炭，脏了木门槛。老汉看一看，急得满头汗，连说怎么办，蛋炭完了蛋，老汉怎吃蛋炒饭。

小丽小齐学捏梨

n · l

盘里放着一个梨，桌上放块橡皮泥，小丽小齐学捏梨，
眼看梨，手捏泥，一会儿捏成一个梨。比一比，真梨假梨差不离。

老奶牛

n · l

你能不能把公路柳树下的老奶牛，
拉到牛南山下牛奶站的挤奶房来，
挤了牛奶拿到柳林村，
送给岭南乡托儿所的刘奶奶。

妞妞牛牛

n · l

牛牛要吃河边柳，妞妞赶牛牛不走。
妞妞护柳扭牛头，牛牛扭头瞅妞妞，
妞妞扭牛牛更拗，牛牛要顶小妞妞，
妞妞捡起小石头，吓得牛牛扭头走。

牛郎恋刘娘

n · l

牛郎恋刘娘，刘娘念牛郎，牛郎年年恋刘娘，刘娘年年念牛郎，郎恋娘来娘念郎，念娘恋娘念郎恋郎，念恋娘郎。

（四）舌根音

g 舌根不送气清塞音

舌面后部隆起抵住硬腭和软腭交界处，形成阻塞；软腭上升，关闭鼻腔通路；气流在形成阻塞的部位后积蓄；突然解除阻塞而成声。

1. 字的练习

gǔ	guā	guó	gǎo	gé	guì	gēn	guān	guǒ
股	瓜	国	搞	格	刽	根	观	果

2. 词的练习

zé guài	gōng líng	è gǎn	gǔ xī	guì yuán	gāng bǎn
责怪	工龄	恶感	股息	柜员	钢板

k 舌根送气清塞音

成阻、持阻阶段与 g 相同。除阻阶段声门大开，从肺部呼出一股较强气流成声。

1. 字的练习

kāng	kù	kàn	kǎi	kuàng	kǎi	kěn	kuáng	kòu	kēng
康	库	看	凯	矿	楷	肯	狂	扣	坑

2. 词的练习

kān hù	ké sou	kǔ nǎo	kàn bìng	fáng kōng	gāo kǎo
看护	咳嗽	苦恼	看病	防空	高考

h 舌面后清擦音

舌面后部隆起接近硬腭和软腭的交界处，形成间隙；软腭上升，关闭鼻腔通路；使气流从形成的间隙摩擦通过而成声。

1. 字的练习

hào	hào	huí	hān	huáng	huì	huáng	hàn	hóng	huàn
浩	耗	回	憨	皇	惠	蝗	撼	洪	换

2. 词的练习

dà huì	huá xià	hū háo	hǎi qū	fǎn huí	huà jiā
大会	华夏	呼号	海区	返回	画家

3. g、k、h 混合练习

guà huà	kuáng huān	hǎo kàn	háng kōng	hé kǒu
挂画	狂欢	好看	航空	河口

4. 绕口令

哥挎瓜筐过宽沟

g・k

哥挎瓜筐过宽沟，赶快过沟看怪狗，光看怪狗瓜筐扣，瓜滚筐空哥怪狗。

古老街上胡古老

g・h・l

古老街上胡古老，古老街下古老胡，古老街上的胡古老，找古老街下的古老胡比古老。结果不知是胡古老的古老，比古老胡的古老古老，还是古老胡的古老，比胡古老的古老古老？

（五）舌面音

j 舌面前不送气清塞擦音

舌尖抵住下门齿背，使前舌面贴紧前硬腭，软腭上升，关闭鼻腔通路。在阻塞的部位后面积蓄气流，突然解除阻塞时，在原形成闭塞的部位之间保持适度的间隙，使气流从间隙透出而成声。

1. 字的练习

jǐn	jiǎ	jià	jù	jù	jiǎn	jiāo	jiǎo	jiàn	jī
仅	甲	驾	句	据	碱	交	皎	涧	稽

2. 词的练习

fù jī	chéng jiā	jù yuàn	jiǎn cè	jié duàn	pǔ jí
腹肌	成家	剧院	检测	截断	普及

q 舌面前送气清塞擦音

成阻阶段与 j 相同。不同的是当前舌面与前硬腭分离并形成适度间隙的时候，声门开启，同时伴有一股较强的气流成声。

1. 字的练习

qǐ qǔ qiān qū què qū qiáo qiān qí qí
企 曲 牵 驱 鹊 蛐 桥 迁 奇 岐

2. 词的练习

quán mín wā qián fù qīn zhōng qiū yāo qǐng qián wǎng
全民 挖潜 父亲 中秋 邀请 前往

x 舌面前清擦音

舌尖抵住下门齿背，使前舌面接近硬腭前部，形成适度的间隙，气流从空隙摩擦通过而成声。

1. 字的练习

xìn xù xiáng xuē xū xiè xié xīn xī
信 蓄 详 靴 虚 谢 鞋 薪 锡

2. 词的练习

huì xīng qīng xī tóng xíng xìng miǎn xíng tǐ tàn xún
彗星 清晰 同行 幸免 形体 探寻

3. j、q、x 混合练习

jiān qiáng qià qiǎo jī qì jiāo qū qīng jié qì jù qí jì xī qí
坚强 恰巧 机器 郊区 清洁 器具 奇迹 稀奇

4. 绕口令

七加一

j・q

七加一，再减一，加完减完等于几？七加一，再减一，加完减完还是七。

漆匠和锡匠

j・q・x

七巷一个漆匠，西巷一个锡匠，七巷漆匠偷了西巷锡匠的锡，西巷锡匠拿了七巷漆匠的漆，七巷漆匠气西巷锡匠偷了漆，西巷锡匠讥七巷漆匠拿了锡。请问锡匠和漆匠，谁拿谁的锡？谁偷谁的漆？

（六）舌尖后音

zh 舌尖后不送气清塞擦音

舌头前部上举，舌尖抵住硬腭前端，同时软腭上升，关闭鼻腔通路。在形成阻塞的部位后积蓄气流，突然解除阻塞时，在原形成闭塞的部位之间保持适度的间隙，使气流从间隙透出而成声。

1. 字的练习

zhuǎn	zhèng	zhū	zhì	zhù	zhǔ	zhī	zhuī	zhuó	zhǎn
转	正	朱	致	著	主	肢	追	浊	斩

2. 词的练习

shù zhí	dǐ zhì	hōng zhà	zhāng chéng	zhuī zōng	zhǐ dìng
数 值	抵 制	轰 炸	章 程	追 踪	指 定

ch 舌尖后送气清塞擦音

成阻阶段与 zh 相同。不同的是在突然解除阻塞时，声门开启，同时伴有一股较强的气流成声。

1. 字的练习

chú	chuǎn	chuáng	chūn	chē	chuí	chóu	chàn	chún	chǔ
橱	喘	床	春	车	垂	愁	颤	醇	储

2. 词的练习

chí xù	gōng chāi	bǔ chōng	yú chǔn	jiǎn chǎn	hé chéng
持 续	公 差	补 充	愚 蠢	减 产	合 成

sh 舌尖后清擦音

舌头前部上举，接近硬腭前端，形成适度的间隙；同时软腭上升，关闭鼻腔通路；使气流从间隙摩擦通过而成声。

1. 字的练习

shè	shēn	shǔn	shì	shù	shěn	shēn	shū	shōu	shè
摄	绅	吮	示	庶	沈	申	蔬	收	社

2. 词的练习

shè jiāo	dēng shān	shàn yú	xiǎng shòu	shuǐ ní	shōu shi
社 交	登 山	善 于	享 受	水 泥	收 拾

r 舌尖后浊擦音

舌头前部上举，接近硬腭前端，形成适度间隙；同时软腭上升，关闭鼻腔通路；使气流从间隙摩擦通过成声。发音部位与 sh 相同，不同的是声带振动，摩擦轻微。

1. 字的练习

rǔ	ràng	róng	róng	róng	rú	rù	róu	rán
乳	让	融	荣	榕	如	褥	柔	然

2. 词的练习

róng huà	shī rén	rǎn rǎn	shēng rì	ēn rén	róu ruǎn
融 化	诗 人	冉 冉	生 日	恩 人	柔 软

3. zh、ch、sh、r 混合练习

zhī chí 支持　zhuān chǎng 专场　zhēng chéng 征程　zhuāng zhòng 庄重　zhǐ zhāng 纸张　zhuān zhèng 专政　zhǎn zhuǎn 辗转

zhí rì 值日　rì shí 日食　rì zhì 日志

4. 绕口令

学时事

zh・ch・sh

史老师，讲时事，常学时事长知识。时事学习看报纸，报纸登的是时事，心里装着天下事。

我要问百度知道

zh・sh・r

我要问百度知道："知道不知道？"知道就知道，不知道就不知道。不要知道说不知道，不知道说知道，到头来知道变成不知道，不知道还是不知道。天知道、地知道、百度知道知道，若要问我知道不知道，知道不知道也不知道！

晒人肉

sh・r

日头热，晒人肉，晒得心里好难受。晒人肉，好难受，晒得头上直冒油。

（七）舌尖前音

z 舌尖前不送气清塞擦音

舌尖抵住上门齿背形成阻塞，在阻塞的部位后积蓄气流；同时软腭上升，关闭鼻腔通路；突然解除阻塞时，在原形成阻塞的部位之间保持适度的间隙，使气流从间隙透出而成声。

1. 字的练习

zài 再　zā 匝　zāi 灾　zāi 栽　zōng 综　zuò 座　zū 租　zào 造　zāng 赃　zuǒ 佐

2. 词的练习

zōng zhǐ 宗旨　zūn cóng 遵从　mù zàng 墓葬　zì xíng 字形　wén zì 文字　má zuì 麻醉

c 舌尖前送气清塞擦音

成阻阶段与 z 相同。与 z 不同的是在突然解除阻塞时，声门开启，同时伴有一股较强的气流成声。

1. 字的练习

cè cā cuò cǎn càn cì cōng cuì cuō céng
恻 擦 错 惨 灿 次 葱 翠 搓 曾

2. 词的练习

yīn cǐ cǎi jí cāo bàn cuī huà qǔ cái cái wù
因此 采集 操办 催化 取材 财务

s 舌尖前清擦音

舌尖接近上门齿背，形成间隙；同时软腭上升，关闭鼻腔通路；使气流从间隙摩擦通过成声。

1. 字的练习

sì sù sòng sì suǒ sǐ suì sè sōu sà
祀 溯 宋 四 索 死 岁 色 艘 萨

2. 词的练习

sī yǎ sù shè sú tào cǎn sǐ sī liang Sài wài
嘶哑 宿舍 俗套 惨死 思量 塞外

3. z、c、s 混合练习

zǒng cái zǎo cāo zǐ cài cǎi sè cān zàn cán sī suí cóng cáo zá
总裁 早操 紫菜 彩色 参赞 蚕丝 随从 嘈杂

4. 绕口令

做早操

z · c

早晨早早起，早起做早操，人人做早操，做操身体好。

四和十

s · sh

四是四，十是十，十四是十四，四十是四十，谁能说准四十、十四、四十四，谁来试一试，谁说十四是四十，就打谁十四，谁说四十是细席，就打谁四十。

山前有个崔粗腿

c

山前有个崔粗腿，山后有个崔腿粗。二人山前来比腿，不知是崔粗腿比崔腿粗的腿粗，还是崔腿粗比崔粗腿的腿粗？

（八）零声母

零声母也是一种声母。实验语音学证明，零声母往往有特定的、具有某些辅音特性的起始方式。普通话零声母可以分为两类，一类是开口呼零声母，一类是非开口呼零声母。

非开口呼零声母即除开口呼以外的齐齿呼、合口呼、撮口呼三种零声母的起始方式：齐齿呼零声母音节汉语拼音用隔音字母 y 开头，由于起始部分没有辅音声母，实际发音带有轻微摩擦，是半元音 [j]，半元音仍属辅音类。

合口呼零声母音节，汉语拼音用隔音字母 w 开头，实际发音带有轻微摩擦，是半元音 [w]。

撮口呼零声母音节，汉语拼音用隔音字母 y(yu) 开头，实际发音带有轻微的摩擦，是半元音 [ɥ]。发音例词：

é wài	yáng yì	yáo yán	yī yào	wàn wù	wàng wǒ	wēi wàng	yǒng yuǎn	yǒng yuè
额 外	洋 溢	谣 言	医 药	万 物	忘 我	威 望	永 远	踊 跃

第四节 声母的对比分辨训练

一、声母不送气音与送气音的对比

（一）字的对比

b–p	j–q	d–t	zh–ch	g–k	z–c
爸 怕	教 敲	哒 它	之 吃	该 开	匝 擦
播 泼	机 七	丹 贪	招 超	干 刊	脏 舱
崩 抨	京 青	东 通	专 川	刚 康	宗 聪
不 铺	江 枪	多 脱	中 充	公 空	租 粗

（二）词的对比

b–p	j–q	d–t	zh–ch	g–k	z–c
百步 批评	间距 崎岖	担当 天堂	政治 出处	改革 刻苦	自尊 层次
标兵 偏僻	进军 取巧	调动 体贴	战争 踟蹰	谷歌 困苦	宗泽 猜测
颁布 琵琶	将军 清秋	到达 探讨	郑重 抽查	巩固 宽阔	最早 措辞
本埠 铺平	积极 奇缺	对答 淘汰	追逐 惆怅	公关 可靠	祖宗 粗糙
辨别 平叛	倔强 亲切	大道 团体	整治 驰骋	光顾 开矿	自足 催促

（三）交替对比

b–p	编排 被迫 奔跑 爆破	p–b	陪伴 配备 破败 叛变
d–t	代替 低碳 带头 得体	t–d	坦荡 偷盗 态度 特点
g–k	赶快 港口 攻克 高亢	k–g	肯干 客官 开关 考古
j–q	机器 价签 近亲 坚强	q–j	前进 勤俭 抢救 亲家
zh–ch	支持 砖厂 战场 征程	ch–zh	车站 沉重 城镇 吃住
z–c	字词 早餐 杂草 组词	c–z	存在 词组 操作 次子

（四）朗读练习

她的一双小手几乎冻僵了。啊！哪怕一根小小的火柴，也会对她有好处的！她敢从成把的火柴里抽出一根在墙上擦燃，暖和暖和手吗？她抽出一根火柴，擦亮起来了，冒出火焰来了！多么温暖光明的火焰呀，简直像一只小蜡烛，她就把手拢上去。是的，这是一道奇异的火光。

二、声母“f”与“h”的对比

有些方言有 f 和 h 混淆不清现象。这两个音发音方法相同，都是清擦音，但发音部位不同。f 的受阻部位是下唇与上门齿，h 是舌根与软腭。

（一）字的对比

f — 发	飞	凡	粉	防	冯
h — 哈	黑	寒	很	行	横

（二）词的对比

f — 肺腑	方法	反复	仿佛	奋发	芬芳
h — 航海	花卉	毁坏	欢呼	荷花	缓和

（三）交替对比

f、h — 凤凰	繁华	附和	防护	
h、f — 恢复	会费	活佛	荒废	
f — 开发	开方	公费	废话	大夫
h — 开花	开荒	工会	绘画	大呼

（四）朗读练习

一场夜雨，洗落了高原上的漫天尘沙。天蓝得出奇，碧澄的湖水也为之逊色。天空燃烧着朝霞，像一簇簇盛开在山尖的红花，一群苍鹰刚健地在云边飞旋，越飞越高。清凉的晨风夹带着野花和奶子的香味儿，扑鼻而来，沁人心脾。呵，多美丽的早晨呀！

（五）绕口令练习

黄幌子和方幌子

f · h

老方扛着个黄幌子，老黄扛着个方幌子，老方要拿老黄的方幌子，老黄要拿老方的黄幌子，老黄老方不相让，方幌子碰破了黄幌子，黄幌子碰破了方幌子。

理发和理化

f · h

我们要学理化，他们要学理发。理化不是理发，理发也不是理化。理化理发要分清，学会理化却不会理发，学会理发却不会理化。

华华和红红

f·h

华华有两件粉红衣，红红有两件太空服，华华想要太空服，红红想穿粉红衣。华华送红红一件粉红衣，红红给华华一件太空服，她们每人都有一件粉红衣和一件太空服。

三、声母“n”与“l”的对比

有些方言区分不清舌尖音中 n 与 l 两个音。这两个音的发音部位是一样的，都是舌尖与上齿龈成阻，主要是以发音方法来区分。n 是鼻音，软腭下垂，打开鼻腔通路，气流从鼻子里出来；l 是边音，舌尖抵住上齿龈后部，舌头的两边留有空隙，气流是从舌头两边出来的。

（一）字的对比

n — 那	耐	内	脑	难	农
l — 腊	赖	泪	老	兰	龙

（二）词的对比

n — 牛奶	泥泞	恼怒	能耐	男女	忸怩
l — 流利	嘹亮	玲珑	劳力	流量	留恋

（三）交替对比

n、l — 哪里	脑力	奴隶	耐劳	
l、n — 烂泥	连年	留念	冷暖	
n — 女客	男子	难住	留念	大娘
l — 旅客	篮子	拦住	留恋	大梁

（四）朗读练习

感人的歌声留给人的记忆是长远的。无论哪一首激动人心的歌，最初在哪里听过，那里的情景就会深深地留在记忆里。

（五）绕口令练习

练一练，念一念

l·n

练一练，念一念，n、l 要分辨。l 是舌边音，n 是鼻音要靠前。你来练，我来念，不怕累，不怕难，齐努力，攻难关。

老农闹老龙

n·l

老龙恼怒闹老农，老农恼怒闹老龙，
农怒龙恼农更怒，龙恼农怒龙怕农。

满、懒、难

n・l

学习就怕满、懒、难，心里有了满、懒、难，
不看不钻，就不前。心里丢掉满、懒、难，
永不自满边学边干，蚂蚁也能搬泰山。

牛郎恋刘娘

n・l

牛郎年年恋刘娘，刘娘年年念牛郎；牛郎恋刘娘，刘娘念牛郎，郎恋娘来娘念郎。

四、声母平舌音与翘舌音的对比

很多方言区的人分不清平舌音与翘舌音，这两组声母发音方法相同，但发音部位不同。平舌音是舌尖与下齿背成阻，翘舌音是舌尖与硬腭前部成阻。正确掌握发音部位是区分这两组声母的关键。要想说对“平”(z) 舌头碰牙齿，要想说对“翘”(zh) 舌头别伸直。

（一）字的对比

z–zh	c–ch	s–sh
砸　闸	擦　插	色　设
泽　哲	词　迟	四　视
资　支	猜　拆	塞　筛
灾　摘	操　抄	搜　收
遭　招	参　搀	三　山
走　肘	舱　昌	桑　商

（二）词的对比

z–zh	c–ch	s–sh
罪责　庄重	猜测　车床	思索　闪烁
自尊　战争	层次　穿插	洒扫　少数
总则　真正	催促　出处	色素　设施
自足　征战	璀璨　出厂	搜索　手术
栽赃　纸张	参差　城池	松散　深山
祖宗　郑重	摧残　驰骋	送死　双手

（三）交替对比

z–zh	杂志　赞助　载重　总之 在职　增长　组织　作者	zh–z	振作　知足　沼泽　主宰 著作　准则　职责　至尊

（续表）

c–ch	擦车　财产　操场　操持 草创　促成　彩车　辞呈	ch–c	差错　车次　纯粹　尺寸 揣测　虫草　船舱　场次
s–sh	撒手　赛事　丧失　扫射 宿舍　诉说　随身　缩水	sh–s	哨所　深思　申诉　世俗 失算　收缩　疏散　输送

（四）朗读训练

回顾党的历史，我们党总是在推动社会革命的同时，勇于推动自我革命，始终坚持真理、修正错误，敢于正视问题、克服缺点，勇于刮骨疗毒、去腐生肌。正因为我们党始终坚持这样做，才能够在危难之际绝处逢生、失误之后拨乱反正，成为永远打不倒、压不垮的马克思主义政党。

（五）绕口令练习

抱子看报纸

z・zh

抱子看报纸，报纸是报纸，抱子是抱子，报纸抱子两回事。抱子不是报纸，看报纸不是看抱子，只能抱子看报纸。

撕字纸

z・zh　s・sh

刚往墙上糊字纸，你就隔着窗户撕字纸，一次撕下横字纸，一次撕下竖字纸，横竖两次撕了四十四张湿字纸，是字纸你就撕字纸，不是字纸你就不要胡乱地撕一地纸。

石狮子　涩柿子

s・sh

山前有四十四棵死涩柿子树，山后有四十四只石狮子。山前的四十四棵死涩柿子树，涩死了山后的四十四只石狮子。山后的四十四只石狮子，咬死了山前的四十四棵死涩柿子树。不知是山前的四十四棵死涩柿子树涩死了山后的四十四只石狮子，还是山后的四十四只石狮子咬死了山前的四十四棵死涩柿子树。

为四化献青春

c・ch

小曹小晁是同窗，他们共采一个矿。工作同在一工厂，改革路子一起闯。共同为厂制政策，齐心协力来贯彻。大胆改革攻难关，餐风饮露不畏难。初出茅庐主力军，同为四化献青春。

陈庄城通程庄城

zh · ch

陈庄程庄都有城，陈庄城通程庄城。陈庄城和程庄城，两庄城墙都有门。陈庄城进程庄人，陈庄人进程庄城。请问陈程两庄城，两庄城门都进人，哪个城进陈庄人，程庄人进哪个城？

五、声母舌面音与翘舌音、“r” 与 “l” 和 “r” 与 “i” 的对比

还有些方言把舌面音念得近似翘舌音。舌面音是舌面与硬腭成阻，翘舌音是舌尖与硬腭前部成阻。

有些方言 r 与 l 和 r 与 i(y) 也有混淆不清的现象。要根据发音特点把这几个音区别开。r 与 l 是声母，r 是翘舌音，l 是舌尖浊边音，i(y) 是韵母。

（一）j 与 zh

娇气—朝气　　兼顾—瞻顾　　杂技—杂志

住家—驻扎　　捐助—专注　　眷属—撰述

（二）q 与 ch

浅明—阐明　　砖墙—专长　　强盗—肠道

（三）x 与 sh

洗礼—失礼　　逍遥—烧窑　　电线—电扇

（四）r 与 l

必然—碧蓝　　余热—娱乐　　阻燃—阻拦

求饶—囚牢　　衰弱—衰落　　乳汁—卤汁

（五）r 与 i(y)

染色—眼色　　绕道—要道　　人质—银质

忍痛—隐痛　　认证—印证　　仍旧—营救

第三章

普通话韵母

第一节　什么是韵母

韵母是汉语音节中声母以后的部分。韵母由单元音或复合音充当。普通话中有 39 个韵母。

	i 闭地七益	u 布亩竹出	ü 女律局域
a 巴打铡法	ia 加佳瞎压	ua 瓜抓刷画	
e 哥社得合	ie 爹界别叶		üe 靴月略确
o 波魄抹佛		uo 多果若握	
ai 该太白麦		uai 怪坏帅外	
ei 杯飞黑贼		uei 对穗惠卫	
ao 包高茂勺	iao 标条交药		
ou 头周口肉	iou 牛秋九六		
an 半担甘暗	ian 边点减烟	uan 短川关碗	üan 捐全远
en 本分枕根	in 林巾心因	uen 吞寸昏问	ün 军训孕
ang 当方港航	iang 良江向样	uang 壮窗荒王	
eng 蓬灯能庚	ing 冰丁京杏	ueng 翁	
		ong 东龙冲公	iong 兄永穷
ê 诶			
-i（前）资此思			
-i（后）支赤湿日			
er 耳二			

以上是 39 个韵母。《现代汉语词典》中还有一个叫 yo（唷或哟），这样一共 40 个韵母。我国著名的语言学家、《汉语拼音方案》的主要制定者周有光先生编了一首五言八句的诗，叫《捕鱼》，涵盖了全部韵母，如下：

en uan iang ong ie　ang ua i ou ing　er iong ê io iao　u e ai a eng
人 远 江 空 夜，浪 滑 一 舟 轻。儿 咏 诶 唷 调，橹 和 嗳 啊 声。

ang ao o in üe　an uan uei ian ün　ü ia iou ueng ei　uai uo i i un
网 罩 波 心 月，竿 穿 水 面 云。鱼 虾 留 瓮 内，快 活 四 时 春。

第二节　韵母的分类

按语音结构进行分类可以分为三大类，即单韵母、复韵母和鼻韵母。

按汉语语音学的传统分析方法，根据韵母起头元音的唇形特点，将韵母分为开口呼、齐齿呼、合口呼、撮口呼四类。四呼即指开、齐、合、撮四类韵母。

普通话韵母总表

韵母 按口形分 / 按结构分	开口呼	齐齿呼	合口呼	撮口呼
单韵母	-i（前）-i（后）	i	u	ü
	a			
			o	
	e			
	ê			
	er			
复韵母	ai	ia	ua	üe
	ei	ie	uo	
	ao	iao	uai	
	ou	iou	uei	
鼻韵母	an	ian	uan	üan
	en	in	uen	ün
	ang	iang	uang	
	eng	ing	ueng	
			ong	iong

第三节 韵母的发音练习

一、单韵母

a 舌面、央、低、不圆唇元音

发音时，口自然大开，扁唇，舌头居中央，舌面中部略隆起，舌尖置于下齿龈，声带振动。软腭上升，关闭鼻腔通路。

1. 字的练习

dā	sà	shá	fā	sā	nà	fá	mǎ	shā	tā
搭	飒	啥	发	仨	那	罚	马	莎	塌

2. 词的练习

guó fǎ	shān chá	shā huáng	kàn fǎ	kān chá	dǎ diǎn
国法	山茶	沙皇	看法	勘察	打点

o 舌面、后、半高、圆唇元音

发音时，口半闭，圆唇，舌头后缩，舌面后部略隆起，舌尖置于下齿龈后，声带振动。软腭上升，关闭鼻腔通路。

1. 字的练习

mò	bó	pó	pò	mò	mó	bó	bó	mò	mō
默	博	婆	魄	墨	魔	薄	泊	莫	摸

2. 词的练习

pò shǐ	pò chǎn	tūn mò	gōng pò	fó xiàng	pò zhàn
迫使	破产	吞没	攻破	佛像	破绽

e 舌面、后、半高、不圆唇元音

发音时，口半闭，扁唇，舌头后缩，舌面后部略隆起，舌面两边微卷，舌面中部稍凹，舌尖置于下齿龈后，嘴角向两边微展，声带振动。软腭上升，关闭鼻腔通路。

1. 字的练习

kè	zhé	shè	gě	zé	è	gē	gé	kě	gè
客	哲	设	葛	则	鳄	胳	隔	可	各

2. 词的练习

hé kuàng	dú zhě	xiàn é	wài kē	shè fáng	kǒng hè
何况	读者	限额	外科	设防	恐吓

ê 舌面、前、半低、不圆唇元音

发音时，口自然打开，扁唇，舌头前伸，舌面前部略隆起，舌尖抵住下齿背，嘴角向两边微展，声带振动。软腭上升，关闭鼻腔通路。

在普通话中，ê 只在语气词"欸"中单用。ê 不与任何辅音声母相拼，只构成复韵母

ie、üe，并在书写时省去上面的附加符号“^”。

发音例词：

gào bié　gǎn xiè　yè wǎn　xiāo miè　jiān jué　shěng lüè
告别　感谢　夜晚　消灭　坚决　省略

i 舌面、前、高、不圆唇元音

发音时，口微开，扁唇，上下齿相对，舌头前伸，舌面前部略隆起，舌尖抵住下齿背，嘴角向两边微展，声带振动。软腭上升，关闭鼻腔通路。

1. 字的练习

jī　qí　qí　jì　mì　bǐ　jī　pì　xí　jì
缉　奇　岐　季　秘　笔　箕　辟　习　继

2. 词的练习

bì nàn　yìn jì　mèng yì　jī lěi　xì tái　zhēng qì
避难　印记　梦呓　积累　戏台　蒸汽

u 舌面、后、高、圆唇元音

发音时，口微开，圆唇，舌头后缩，舌面后部高度隆起和软腭相对，舌尖置于下齿龈后，声带振动。软腭上升，关闭鼻腔通路。

1. 字的练习

fù　zǔ　cù　zhǔ　chú　zhù　wú　zhù　shǔ　zú
付　诅　促　煮　橱　助　吴　铸　属　卒

2. 词的练习

tiān mù　wū sū　lù tú　zhù zhǐ　kě wù　jiǎo dù
天幕　乌苏　路途　住址　可恶　角度

ü 舌面、前、高、圆唇元音

发音时，口微开，圆唇（近椭圆）略向前突，舌头前伸，舌面前部略隆起，舌尖抵住下齿背，声带振动。软腭上升，关闭鼻腔通路。

1. 字的练习

yú　qū　lǜ　jù　yǔ　jù　xū　qǔ　jù　yú
愉　祛　虑　巨　屿　惧　须　取　据　舆

2. 词的练习

lǜ dēng　lì lǜ　jiè lǜ　yǔ yī　yīn lǜ　nǚ shén
绿灯　利率　戒律　雨衣　音律　女神

er 卷舌、央、中、不圆唇元音

er 是在 [ə] 的基础上加上卷舌动作而成。发音时，口腔自然打开（是 ɑ [A] 的开口度的一半），扁唇，舌头居中央，舌尖向硬腭中部上卷（但不接触），声带振动。软腭上升，关闭鼻腔通路。

1. 字的练习

ěr ěr ěr ér èr èr ér
耳 尔 饵 而 二 贰 儿

2. 词的练习

hū ér yòu ér yīng ér nèi ěr cè ěr ér qiě
忽而 幼儿 婴儿 内耳 侧耳 而且

-i（前）舌尖、前、高、不圆唇元音

发音时，口微开，扁唇，嘴角向两边展开，舌头平伸，舌尖靠近上齿背，声带振动。软腭上升，关闭鼻腔通路。该韵母只出现在 z、c、s 声母的后面。

1. 字的练习

zǐ zī zī zì cí cī cì sī sǐ sī
紫 咨 资 渍 祠 呲 次 丝 死 嘶

2. 词的练习

qīn zì shī zī cì shā xùn cí sī xiǎng sì shí
亲自 师资 刺杀 训词 思想 四时

-i（后）舌尖、后、高、不圆唇元音

发音时，口微开，扁唇，嘴角向两边展开，舌尖上翘，靠近硬腭前部，声带振动。软腭上升，关闭鼻腔通路。该韵母只出现在 zh、ch、sh、r 声母的后面。

1. 字的练习

zhī zhì zhì zhì chí chǐ chī shí shī shì
支 质 治 滞 驰 侈 嗤 十 狮 试

2. 词的练习

shú zhī zhí zhèng chī kǔ wéi chí shí zú yì shí
熟知 执政 吃苦 维持 十足 意识

二、复韵母

复韵母的发音过程有两个特点：

一是复韵母的发音不是简单的两个或三个元音的相加，而是舌位唇形由一个元音滑动、变化到另一个元音，没有哪一个元音单独、明确地表现出来。

二是无论二合复韵母还是三合复韵母，一个复韵母中总有一段元音成分在发音过程中口腔开度最大，声音最响亮，而且发音持续时间较长，我们把它叫作“韵腹”。

普通话 13 个复韵母中，二合复韵母有 9 个，其中前响二合复韵母有 4 个：ai、ei、ao、ou；后响二合复韵母有 5 个：ia、ie、ua、uo、üe；中响三合复韵母共 4 个：iao、iou、uai、uei。

ai

发音时，ɑ[a] 是比单元音 ɑ[A] 舌位靠前的前低不圆唇元音。发 ɑ[a] 时，口大开，扁唇，

舌面前部略隆起，舌尖抵住下齿背，声带振动。发 ai 时，ɑ[a] 清晰响亮，后头元音 i[i] 含混模糊，只表示舌位滑动的方向。

1. 字的练习

dài	kǎi	kāi	hǎi	āi	ài	cái	dāi	zhāi	tái
代	凯	揩	海	哎	爱	才	呆	摘	台

2. 词的练习

zhuān mài	mù cái	āi yuè	hǎi hú	tái shēng	huā bái
专 卖	木材	哀乐	海湖	抬 升	花白

ei

发音时，起点元音是前半高不圆唇元音 e[e]，实际发音舌位略靠后靠下，接近央元音 [ə]。发 ei[ei] 时，开头的元音 e[e] 清晰响亮，舌尖抵住下齿背，使舌面前部隆起与硬腭中部相对。从 e[e] 开始舌位升高，向 i[i] 的方向往前高滑动，i[i] 的发音含混模糊，只表示舌位滑动的方向。

1. 字的练习

pēi	lěi	méi	lèi	léi	lěi	měi	zéi	méi
胚	磊	眉	累	镭	蕾	镁	贼	梅

2. 词的练习

méi shì	xiān bèi	lèi bǐ	yǒu hēi	shuō méi	nèi qíng
没 事	先 辈	类比	黝 黑	说 媒	内 情

ɑo

发音时，ɑ[ɑ] 是比单元音 ɑ[A] 舌位靠后的后低不圆唇元音。发 ɑ[ɑ] 时，口大开，扁唇，舌头后缩，舌面后部略隆起，声带振动。发 ɑo[ɑu] 时，ɑ[ɑ] 清晰响亮，后头的元音 o[u] 舌位状态接近单元音 u[u]（拼写作 o，实际发音接近 u），但舌位略低，只表示舌位滑动的方向。

1. 字的练习

lào	bào	náo	kǎo	nǎo	bāo	kào	pāo	áo	shāo
唠	报	挠	烤	恼	胞	靠	抛	鳌	稍

2. 词的练习

bāo bàn	nǎo hǎi	zāo shòu	bǎo shí	wán hǎo	láo yì
包 办	脑 海	遭 受	宝 石	完 好	劳逸

ou

发音时，起点元音 o 比单元音 o[o] 的舌位略高、略前，唇形略圆。发音时，开头的元音 o[o] 清晰响亮，舌位向 u 的方向滑动，u[u] 的发音含混模糊，只表示舌位滑动的方向。ou 是普通话复韵母中动程最短的复合元音。

1. 字的练习

zhòu shòu zhōu zhòu òu fǒu shǒu chōu gòu kǒu
骤 瘦 周 咒 怄 缶 首 抽 购 口

2. 词的练习

shǒu xīn hòu bǔ hòu huǐ róu dào jiào shòu zhōu shēn
手心 候补 后悔 柔道 教授 周身

ia

发音时，从前高元音 i[i] 开始，舌位滑向央低元音 ɑ[A] 结束。i[i] 的发音较短，ɑ[A] 的发音响亮而且时间较长。

1. 字的练习

xiá xià xiá xiā jiǎ yā yā jiā xià
霞 夏 侠 瞎 甲 鸭 压 家 下

2. 词的练习

xiá gǔ shā yǎ duì xiā rén jiā fù jiā jià yī
峡谷 沙哑 对虾 人家 附加 嫁衣

ie

发音时，从前高元音 i[i] 开始，舌位滑向前半低元音 [ε] 结束。i[i] 发音较短，[ε] 发音响亮而且时间较长。

1. 字的练习

dié xié jié tiē dié qiè jiè liè tiě xiē
谍 携 劫 贴 迭 窃 芥 裂 铁 蝎

2. 词的练习

shì yè xì jié lǐ jiě jié mù jié lùn yè yú
事业 细节 理解 节目 结论 业余

ua

发音时，从后高圆唇元音 u[u] 开始，舌位滑向央低元音 ɑ[A] 结束。唇形由最圆逐步展开到不圆。u[u] 发音较短，ɑ[A] 的发音响亮而且时间较长。

1. 字的练习

huā shuā wǎ zhuā huà guā wā huá kuā kuà
花 刷 瓦 抓 桦 瓜 挖 滑 夸 跨

2. 词的练习

qīng wā huā qí yōu huà shén huà yóu huá huá rén
青蛙 花旗 优化 神话 油滑 华人

uo

由圆唇后元音复合而成。发音时，从后高元音 u[u] 开始，舌位向下滑到后半高元音

o[o] 结束。发音过程中，唇形保持圆唇，开头最圆，结尾圆唇度略减。u[u] 发音较短，o[o] 的发音响亮而且时间较长。

1. 字的练习

nuò	tuò	wò	tuǒ	zuò	kuò	zhuó	huò	luó	suǒ
诺	拓	沃	妥	做	阔	卓	货	罗	所

2. 词的练习

fù zhuó	luó pán	jù shuō	shàng zuò	suǒ zài	zài zuò
附着	罗盘	据说	上座	所在	在座

üe

由前元音复合而成。发音时，从圆唇的前高元音 ü[y] 开始，舌位下滑到前半低元音 [ɛ]，唇形由圆到不圆。ü[y] 的发音时间较短，[ɛ] 的发音响亮而且时间较长。

1. 字的练习

què	xué	jué	yuè	nüè	quē	qué	jué	lüè	jué
鹊	学	诀	岳	虐	缺	瘸	橛	略	矍

2. 词的练习

yuē shù	yuè sè	tiáo yuē	wéi yuē	yuè fā	dà lüè
约束	月色	条约	违约	越发	大略

iao

发音时，由前高不圆唇元音 i[i] 开始，舌位降至后低元音 ɑ[ɑ]，然后再向后高圆唇元音 u[u] 的方向滑升。唇形从中间的元音 ɑ[ɑ] 开始由不圆唇变为圆唇。

1. 字的练习

liáo	liǎo	qiáo	biāo	yáo	jiāo	miáo	miǎo	jiāo	qiào
疗	了	桥	标	姚	焦	苗	渺	交	翘

2. 词的练习

gōng xiào	yāo dài	yǎng liào	qiáng diào	xiào zhōng	jiǎo bù
功效	腰带	养料	强调	效忠	脚步

iou

然后再向后高圆唇元音 u[u] 的方向滑升。

发音时，由前高不圆唇元音 i[i] 开始，舌位后移且降至后半高元音 [o]，然后再向后高圆唇元音 u[u] 的方向滑升。发音过程中，舌位先降后升，由前到后。唇形由不圆唇开始到后元音 [o] 时，逐渐圆唇。

注：iou 前面加声母的时候写作 iu，例如 niú（牛）；iou 前面没有声母的时候写作 you，例如 yōu（优）。

1. 字的练习

niú	yōu	yóu	yòu	yòu	yóu	yǒu	yòu	yóu	yóu
牛	优	犹	幼	右	邮	有	柚	游	尤

2. 词的练习

yóu zhōng	shàng yóu	yóu lí	yōu rán	wéi yǒu	yòu shǒu
由 衷	上 游	游 离	悠 然	唯 有	右 手

uai

发音时，由圆唇的后高元音 u[u] 开始，舌位向前滑降到前低不圆唇元音 ɑ[a]（即“前ɑ”），然后再向前高不圆唇元音 i[i] 的方向滑升。舌位动程先降后升，由后到前。唇形从最圆开始，逐渐减弱圆唇度，至发前元音 ɑ[a] 始渐变为不圆唇。

1. 字的练习

kuài	huái	huái	chuài	shuài	lǜ	kuài	guǎi	kuài	guài
快	淮	踝	踹	帅	率	筷	拐	脍	怪

2. 词的练习

wài bù	kuài lè	bǎn kuài	kuài yào	Sài wài	guān huái
外 部	快 乐	板 块	快 要	塞 外	关 怀

uei

发音时，由后高圆唇元音 u[u] 开始，舌位向前向下滑到前半高不圆唇元音 e[e] 的位置，然后再向前高不圆唇元音 i[i] 的方向滑升。发音过程中，舌位先降后升，由后到前。唇形从最圆开始，随着舌位的前移，渐变为不圆唇。

注：uei 前面加声母的时候写作 ui，例如 guī（归）；uei 前面没有声母的时候写作 wei，例如 wēi（威）。

1. 字的练习

wēi	guī	chuí	zhuì	wèi	zhuì	huī	huǐ	wèi	cuī
威	规	捶	坠	位	缀	辉	毁	渭	摧

2. 词的练习

wēi jī	wēi fēng	shuì mián	wèi bì	jiào wěi	suī rán
危 机	微 风	睡 眠	未 必	教 委	虽 然

三、鼻韵母

鼻韵母是复合鼻尾音充当韵母。复合鼻尾音就是元音音素之后附带一个鼻辅音作为尾音（韵尾）。

普通话韵母有两个辅音韵尾 -n、-ng[ŋ]，都是鼻音。韵尾 -n 的发音同声母 n 基本相同，而韵尾 -ng[ɦ] 为舌面后浊鼻音，发音时舌面后抵住软腭，声带颤动，使气流从鼻腔通过发声。

普通话共有鼻韵母 16 个，其中以 -n 为韵尾的韵母有 8 个：an、en、in、un、ian、uan、uen、üan，以 -ng 为韵尾的韵母有 8 个：ang、eng、ing、ong、iang、uang、ueng、iong。

前、后鼻尾音的韵母的对比关系是：an—ang、en—eng、in—ing、ian—iang、uan—

uang、uen—ueng (ong)、ün—iong。基本上是一对一的对比关系，不是一对多或多对一的关系。

an

发音时，起点元音是前低不圆唇元音 ɑ[a]，舌尖抵住下齿背，舌位降到最低，软腭上升，关闭鼻腔通路。口形由开到合，舌位移动较大。

1. 字的练习

chān	hān	zhān	fán	bàn	àn	gǎn	shàn	bǎn	dàn
掺	憨	瞻	矾	扮	暗	杆	善	版	蛋

2. 词的练习

gǎn jǐn	gān shè	zàn yáng	fàn cài	zhàn yǒu	gōng zhàn
赶紧	干涉	赞扬	饭菜	占有	攻占

en

发音时，起点元音是央元音 e[ə]，舌位居中（不高不低不前不后），舌尖接触下齿背，舌面隆起部位受韵尾影响略靠前。口形由开到闭，舌位移动较小。

1. 字的练习

zhěn	rén	mén	rèn	fēn	zhèn	rèn	fén	chén	shēn
疹	人	门	任	分	振	韧	坟	晨	申

2. 词的练习

zhèn fèn	fēn qī	shàng mén	qiáng gēn	bēn bō	nǐ rén
振奋	分期	上门	墙根	奔波	拟人

in

发音时，起点元音是前高不圆唇元音 i[i]，舌尖抵住下齿背，软腭上升，关闭鼻腔通路。从舌位最高的前元音 i[i] 开始，舌面升高，舌面前部抵住硬腭前部，当两者将要接触时，软腭下降，打开鼻腔通路，紧接着舌面前部与硬腭前部闭合，使在口腔受到阻碍的气流从鼻腔透出。开口度几乎没有变化，舌位动程很小。

1. 字的练习

lín	qín	xīn	lín	yín	pìn	jǐn	jìn	yǐn	qǐn
林	琴	新	邻	银	聘	紧	晋	尹	寝

2. 词的练习

qì jīn	yòng jīn	qīn zì	lǐ jīn	liú xīn	shòu xìn
迄今	佣金	亲自	礼金	留心	授信

ün

发音时，起点元音是前高圆唇元音 ü[y]。与 in 的发音过程基本相同，只是唇形变化不同。从圆唇的前元音 ü 开始，唇形从圆唇逐步展开，而 in 的唇形始终是展唇。

1. 字的练习

xún	xùn	xūn	jūn	jùn	jūn	xùn	xún	jùn	yǔn
寻	训	勋	均	峻	菌	讯	荀	竣	允

2. 词的练习

hóng yùn	hǎi yùn	yùn dòng	yún chèn	kè yùn	yún wù
鸿 运	海 运	运 动	匀 称	客 运	云 雾

ian

发音时，从前高不圆唇元音 i[i] 开始，舌位向前低元音 ɑ[a]（前 a）的方向滑降，舌位只降到半低前元音 [ɛ] 的位置就开始升高。

1. 字的练习

qián	diàn	jiǎn	xiān	xián	yǎn	tián	xián	xiàn	qiān
前	殿	减	先	弦	掩	填	贤	线	签

2. 词的练习

duì miàn	miàn mào	qián é	xiǎn xiàn	mào xiǎn	xiān huā
对 面	面 貌	前 额	显 现	冒 险	鲜 花

uan

发音时，由圆唇的后高元音 u[u] 开始，口形迅速由合口变为开口状，舌位向前迅速滑降到不圆唇的前低元音 ɑ[a]（前 a）的位置就开始升高。

1. 字的练习

guǎn	tuān	huàn	duàn	duān	guàn	chuān	huàn	wán	chuǎn
管	湍	患	段	端	贯	川	宦	完	喘

2. 词的练习

bú duàn	gé duàn	zhēng duān	wán xiào	ruǎn gǔ	jù tuán
不 断	隔 断	争 端	玩 笑	软 骨	剧 团

üan

发音时，由圆唇的后高元音 ü[y] 开始，向前低元音 ɑ[a] 的方向滑降。舌位只降到前半低元音 ê[ɛ] 略后的位置就开始升高。

1. 字的练习

quán	yuán	yuán	yuān	quán	juàn	juān	yuàn	quàn	juàn
蜷	源	原	鸳	痊	眷	娟	苑	券	隽

2. 词的练习

yuàn luò	kàng yuán	zī yuán	hǎi yuán	yuán yīn	jiù yuán
院 落	抗 原	资 源	海 员	元 音	救 援

uen

发音时，由圆唇的后高元音 u[u] 开始，向央元音 e[ə] 的位置滑降，然后舌位升高。发

e[ə] 后，软腭下降，逐渐增强鼻音色彩，舌尖迅速移到上齿龈，最后抵住上齿龈做出发鼻音 en 的状态。唇形由圆唇在向中间折点元音滑动的过程中渐变为展唇。

注：uen 前面加声母的时候写作 un，例如 lùn（论）；uen 前面没有声母的时候写作 wen，例如 wén（文）。

1. 字的练习

lùn	wén	gùn	tún	dūn	hūn	hún	chūn	tún	kūn
论	文	棍	屯	吨	婚	馄	春	臀	坤

2. 词的练习

wèn tí	chún yín	gǔ wén	fàn wén	jiē wěn	zhǔn què
问题	纯银	古文	范文	接吻	准确

ang

发音时，起点元音是后低不圆唇元音 ɑ[ɑ]（后 ɑ），口大开，舌尖离开下齿背，舌头后缩。从“后 ɑ”开始，舌面后部抬起，当贴近软腭时，软腭下降，打开鼻腔通路，紧接着舌根与软腭接触，封闭了口腔通路，气流从鼻腔里透出。

1. 字的练习

mǎng	cāng	táng	zāng	kàng	gāng	zhǎng	táng	máng	gāng
莽	仓	搪	赃	抗	纲	掌	糖	茫	缸

2. 词的练习

xún cháng	liáng cāng	cháng xiān	diàn táng	páng rén	yù fáng
寻常	粮仓	尝鲜	殿堂	旁人	预防

eng

发音时，起点元音是央元音 e[ə]。从 e[ə] 开始，舌面后部抬起，贴向软腭。当两者将要接触时，软腭下降，打开鼻腔通路，紧接着舌面后部抵住软腭，使在口腔受到阻碍的气流从鼻腔里透出。

1. 字的练习

chéng	shēng	pěng	lěng	zhèng	zèng	mèng	shéng	zhèng	réng
城	升	捧	冷	证	赠	梦	绳	郑	仍

2. 词的练习

cháo fěng	shēng yìng	fèi téng	mín zhèng	méng yá	zhèng jì
嘲讽	生硬	沸腾	民政	萌芽	政绩

ing

发音时，起点元音是前高不圆唇元音 i[i]，舌尖接触下齿背，舌面前部隆起。从 i[i] 开始，舌面隆起部位不降低，一直后移，舌尖离开下齿背，逐步使舌面后部隆起，贴向软腭。当两者将要接触时，软腭下降，打开鼻腔通路，紧接着舌面后部抵住软腭，封闭口腔通路，气流从鼻腔透出。口型没有明显变化。

1. 字的练习

xìng 性　míng 名　yīng 英　dìng 定　tíng 婷　qīng 轻　xíng 行　líng 玲　yǐng 影　tíng 亭

2. 词的练习

xiū xíng 修行　qīn qíng 亲情　dìng jià 定价　píng jiè 凭借　jiǎ dìng 假定　dài mìng 待命

ong

发音时，起点元音是后高圆唇元音 u[u]，但比 u 的舌位略低一点，舌尖离开下齿背，舌头后缩，舌面后部隆起，软腭上升，关闭鼻腔通路。唇形始终拢圆。

1. 字的练习

zōng 综　hóng 洪　cōng 囱　hōng 轰　cōng 枞　gòng 供　sòng 颂　zhōng 中　gōng 公　gōng 龚

2. 词的练习

tōng xiǎo 通晓　zhōng qiū 中秋　gōng fēn 公分　dǒu dòng 抖动　lǎng sòng 朗诵　yá chóng 蚜虫

iang

发音时，由前高不圆唇元音 i[i] 开始，舌位向后滑降到后低元音 ɑ[ɑ]（后 ɑ），然后舌位升高。

1. 字的练习

liǎng 两　liáng 梁　qiāng 枪　liàng 亮　liáng 凉　qiáng 强　xiǎng 响　jiāng 将　liàng 量　xiāng 湘

2. 词的练习

liáng jiǔ 良久　qiāng zhī 枪支　kuǎn xiàng 款项　liàng xíng 量刑　gù xiāng 故乡　xiāng shí 相识

uang

发音时，由圆唇的后高元音 u[u] 开始，舌位滑降至后低元音 ɑ[ɑ]（后 ɑ），然后舌位升高。从后低元音 ɑ[ɑ] 开始，舌面后部贴向软腭。唇形从圆唇在向折点元音的滑动中渐变为展唇。

1. 字的练习

zhuàng 状　huāng 慌　kuàng 框　kuàng 矿　shuāng 霜　huáng 煌　chuāng 疮　zhuāng 庄　huáng 凰　chuāng 窗

2. 词的练习

wàng què 忘却　shuāng huáng 双簧　huāng mò 荒漠　kuàng wù 矿物　kuàng dēng 矿灯　guāng shù 光束

ueng

发音时，由圆唇的后高元音 u[u] 开始，舌位滑降到央元音 e[ə] 的位置，然后舌位升高。从央元音 e[ə] 开始，舌面后部贴向软腭。唇形从圆唇在向中间折点元音滑动过程中渐变为展唇。

在普通话里，韵母 ueng 只有一种零声母的音节形式 weng。

wēng	wēng	wèng	fù wēng	lǎo wēng
翁	嗡	瓮	富 翁	老 翁

iong

发音时，起点元音是舌面前高圆唇元音 ü[y]，发 ü[y] 后，软腭下降，打开鼻腔通路，紧接着舌面后部抵住软腭，封闭口腔通路，气流从鼻腔里透出。

为避免字母相混，《汉语拼音方案》规定，用字母 io 表示起点元音 ü[y]，写作 iong。

1. 字的练习

qióng	xiōng	jiǒng	yǒng	xióng	qióng	yōng	xióng	yǒng	yòng
穷	凶	囧	永	雄	穹	佣	熊	勇	用

2. 词的练习

fù yōng	xióng xióng	bìng yòng	xiōng fàn	xiōng shǒu	zì yòng
附 庸	熊 熊	并 用	凶 犯	凶 手	自 用

第四节　韵母的对比分辨训练

一、宽窄复韵母（舌位动程大小）对比

复韵母 ai、ei、ao、ou、ia、ie、ua、uo、iao、iou、uai、uei 发音时，口型有开合，舌位也有移动。要根据韵母中的每个音素，掌握好口型舌位，不能似是而非，同时还要掌握好前响、中响的特点。某些方言区的人对于区分普通话复韵母、鼻韵母的宽窄会感到困难，需认真听辨体会发音，加强分辨能力。

ai–ei

白匪　白费　败北　带累　代培　败类　海内　排雷　栽培　采煤　暧昧

ei–ai

悲哀　背带　黑白　擂台　内海　内胎　内在　内债　胚胎　佩带　未来

ao–ou

包头　保守　报仇　报头　操守　刀口　倒手　到头　高手　稿酬　好受

ou–ao

酬劳　逗号　构造　厚道　口号　口哨　柔道　手套　寿桃　偷盗　头号

ia–ie

家业　佳节　假借　嫁接　下野　押解　夏夜

ie–ia

跌价　接洽　节下　液压　野鸭　铁架　解压　接驾

ua–uo

花朵　话说　华佗　瓜果　跨国

uo–ua

多寡　国画　国花　火花　活话　说话

iao–iou

交流　郊游　娇羞　料酒　漂流　校友　要求　药酒　表舅　焦油　调酒

iou–iao

丢掉　就要　柳条　遛鸟　牛角　求教　袖标　油条　邮票　有效　幼苗

uai–uei

怪罪　快慰　快嘴　衰退　衰微　外汇　外围　怪味

uei–uai

对外　鬼怪　毁坏

二、前后鼻音韵母对比训练

前鼻音韵母和后鼻音韵母，特别是 en 与 eng、in 与 ing 混淆不清的现象是普遍存在的。前后鼻韵母有对应关系的一共有 7 组，它们是：an–ang、en–eng、in–ing、ian–iang、uan–uang、uen–ueng(ong)、ün–iong。分清韵尾 n 和 ng 的发音部位是读准前、后鼻音韵母的关键。n 是舌尖音，舌尖抵住上齿龈，ng 是舌根音，舌根抵软腭。

an–ang

1. 字的练习

安—肮　般—帮　盘—旁　瞒—忙　反—访　单—当
谈—堂　难—囊　兰—郎　甘—刚　看—炕　含—航
战—丈　产—场　山—商　染—嚷　赞—葬　餐—苍

2. 词的练习

烂漫—浪漫　反问—访问　赞颂—葬送　开饭—开放
担心—当心　弹词—搪瓷　鱼竿—鱼缸　施展—师长
寒天—航天　心烦—心房　散失—丧失　产房—厂房

en–eng

1. 字的练习

奔—崩　盆—棚　门—盟　分—风　嫩—能　跟—耕
肯—坑　痕—横　真—争　陈—成　深—声　人—仍

2. 词的练习

陈旧—成就　真理—争理　申明—声明　木盆—木棚
清真—清蒸　瓜分—刮风　绅士—声势　人参—人生
诊治—整治　沉积—乘机　长针—长征　粉刺—讽刺

in–ing

1. 字的练习

音—应　宾—兵　贫—平　民—明　您—宁
林—铃　进—静　亲—清　新—星

2. 词的练习

亲生—轻生　金质—精致　人民—人名　信服—幸福
频繁—平凡　亲近—清静　贫民—平民　金银—经营
弹琴—谈情　进攻—静功　信誉—性欲　轻信—青杏

ian–iang

1. 字的练习

妍—阳　年—娘　连—良　间—将　前—强　线—向

2. 词的练习

险象—想象　简历—奖励　坚硬—僵硬　浅显—抢险
老年—老娘　大连—大梁　试验—式样　鲜花—香花
兼职—僵直　钳制—强制　简章—奖章　廉价—粮价

uan–uang

1. 字的练习

完—王　关—光　宽—筐　环—黄　专—装　船—床　拴—双

2. 词的练习

机关—激光　专车—装车　心欢—心慌　关节—光洁
串演—创演　奉还—凤凰　晚年—往年　车船—车床

uen–ueng(ong)

1. 字的练习

温—翁　盾—动　吞—通　轮—龙　滚—拱　昆—空

2. 词的练习

存钱—从前　依存—依从　春分—冲锋　吞并—通病
轮子—笼子　余温—渔翁　炖肉—冻肉　乡村—香葱

ün–iong

1. 字的练习

运—用　军—炯　群—穷　寻—雄

2. 词的练习

搬运—搬用　晕车—用车　因循—英雄　群像—穷相
人群—人穷　工运—公用　勋章—胸章　韵脚—用脚

三、朗读练习

天亮的时候，雨停了。

草地的气候就是怪，明明是月朗星稀的好天气，忽然一阵冷风吹来，浓云像从平地上冒出来的，霎时把天遮得严严的，接着就有一场暴雨，夹杂着栗子般大的冰雹，不分点地倾泻下来。卢进勇从树丛里探出头，四下里望了望。整个草地都沉浸在一片迷蒙的雨雾里，看不见人影，听不到人声；被暴雨冲洗过的荒草，像用梳子梳理过似的，光滑地躺倒在烂泥里，连路也看不清了。

四、绕口令练习

帆布黄

ang

长江里船帆布黄，船舱里放着一张床。
床上躺着两位老大娘，她俩亲亲热热唠家常。

莲花灯

eng

莲花灯，莲花灯，今天点完明天扔。

敬母亲

in ing

生身亲母亲，谨请您就寝，
请您心宁静，身心很要紧。
新星伴明月，银光澄清清，
尽是清静境，警铃不要惊，
您请我进来，进来敬母亲。

天上七颗星

ing

天上七颗星，树上七只鹰，

梁上七根钉，台上七盏灯。
拿扇扇了灯，用手拔了钉，
举枪打了鹰，乌云盖了星。

两只饭碗

an ang

红饭碗，黄饭碗，红饭碗盛满饭碗，
黄饭碗盛半饭碗，黄饭碗添半饭碗，
像红饭碗一样满饭碗。

通信不同姓

in ing

同姓不能念成通信，
通信也不能念成同姓，
同姓可以互相通信，
通信可不一定同姓。

风吹藤动铜铃响

eng ing ong

东洞庭，西洞庭，洞庭山上一条藤，藤条顶上挂铜铃，风吹藤动铜铃响，风停藤定铜铃静。

谁也不服管

an uan

苏州玄妙观，东西两判官，东判官姓潘，西判官姓管，管判官要管潘判官，潘判官要管管判官，闹得谁也不服管。

第四章

普通话声调

第一节　什么是声调

汉语属声调语言。声调是汉语音节所固有的，可以区别意义的声音的高低和升降。普通话共有 4 个声调，即阴平、阳平、上声和去声。

1 声　阴平　55

2 声　阳平　35

3 声　上声　214

4 声　去声　51

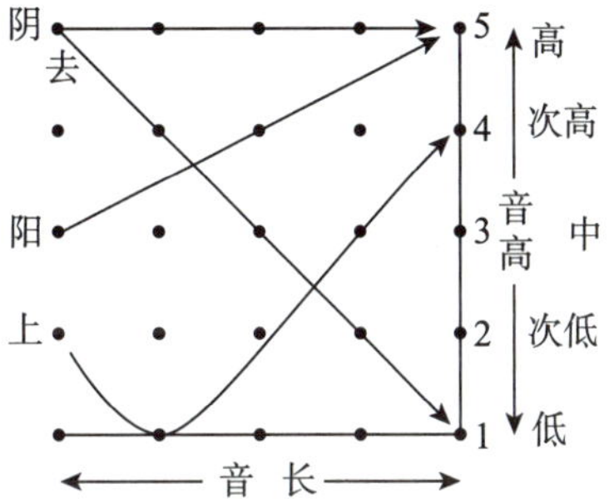

五度制调值标记法

如下表所示：

调类（四声）	调号	例字	调型	调值	调值说明
阴平	ˉ	巴 bā	高平	55	起音高高一路平
阳平	ˊ	拔 bá	中升	35	由中到高往上升
上声	ˇ	靶 bǎ	降升	214	先降而后再扬起
去声	ˋ	爸 bà	全降	51	从高到低最下层

第二节　声调发音要领

阴平——高平调，调值为 55。发音时，声带绷到最紧，始终没有明显变化，保持高音（“最紧”是相对的，下同）。

发音例字：

fēng jūn gōng biān shān duān shēng dēng
丰 军 工 编 山 端 生 灯

阳平——高升调，调值为35。发音时，声带从不松不紧开始，逐渐绷紧，到最紧为止，声音由不低不高升到最高。

发音例字：

wén míng lín tuán chuán qiáng pái chéng
文 明 林 团 传 强 排 成

上声——降升调，调值为214。发音时，声带从略微有些紧张开始，立刻松弛下来，稍稍延长，然后迅速绷紧，但没有绷到最紧。发音过程中，声音主要表现在低音段1～2度之间，成为上声的基本特征。上声的音长在普通话4个声调中是最长的。

发音例字：

qǔ hǎi zhǎn xiǎng shěn shǔ yǔ bǐ
曲 海 展 想 审 暑 雨 笔

去声——全降调，调值为51。发音时，声带从紧开始，到完全松弛为止。声音由高到低，去声的音长在普通话4个声调中是最短的。

发音例字：

sòng fàn zhòng liè yuè zhù wàng ruì
送 范 重 烈 越 祝 忘 锐

第三节　声调综合训练

（一）同声韵音节四声发音训练

本节既练习声调，也练习声母、韵母的发音。注意四声调值要准确。

双唇音

bā bá bǎ bà pō pó pǒ pò māo máo mǎo mào
巴 拔 把 罢 坡 婆 叵 破 猫 毛 卯 帽

唇齿音

fāng fáng fǎng fàng
方 房 仿 放

舌尖音

dī dí dǐ dì tōng tóng tǒng tòng niū niú niǔ niù liāo liáo liǎo liào
低 敌 底 弟 通 同 统 痛 妞 牛 扭 拗 撩 聊 了 料

舌根音

gū gú gǔ gù kē ké kě kè hān hán hǎn hàn
姑 △[①] 古 顾 科 咳 可 刻 酣 含 喊 汉

舌面音

jū jú jǔ jù qīng qíng qǐng qìng xiāng xiáng xiǎng xiàng
居 局 举 锯 青 情 请 庆 香 降 想 象

① 注：△代表此读音无相应汉字。下文同。

翘舌音

zhī	zhí	zhǐ	zhì	chēng	chéng	chěng	chèng	shēn	shén	shěn	shèn
知	职	止	至	称	成	逞	秤	申	神	沈	甚

rū	rú	rǔ	rù
△	如	乳	入

平舌音

zuō	zuó	zuǒ	zuò	cāi	cái	cǎi	cài	suī	suí	suǐ	suì
作	昨	左	做	猜	才	采	菜	虽	随	髓	岁

开口音

bāi	bái	bǎi	bài	pāo	páo	pǎo	pào	fēi	féi	fěi	fèi	lōu	lóu	lǒu	lòu
掰	白	摆	败	抛	刨	跑	泡	飞	肥	匪	费	搂	楼	篓	漏

齐齿音

jiā	jiá	jiǎ	jià	qīn	qín	qǐn	qìn	xiē	xié	xiě	xiè	xiān	xián	xiǎn	xiàn
家	夹	甲	架	亲	勤	寝	沁	些	斜	写	榭	鲜	咸	险	现

合口音

chuāng	chuáng	chuǎng	chuàng	wā	wá	wǎ	wà	huān	□□á□	huǎn	huàn
窗	床	闯	创	蛙	娃	瓦	袜	欢	还	缓	幻

guāi	guái	guǎi	guài
乖	△	拐	怪

撮口音

xuē	xué	xuě	xuè	yūn	yún	yǔn	yùn	quān	quán	quǎn	quàn
薛	学	雪	谑	晕	云	允	运	圈	全	犬	劝

（二）双音节词语发音训练

1. 阴阴

播音　丰收　东升　公安　深山　拥军　灯光　西安　工商　新编　端庄

2. 阴阳

新闻　编辑　资源　鲜明　坚决　森林　三秦　飘扬　军团　经营　昆明

3. 阴上

歌曲　珠海　发展　批准　生产　灯塔　猜想　阴雨　编审　资产　争取

4. 阴去

播送　规范　通讯　音乐　庄重　牵挂　观众　天籁　先烈　相称　优越

5. 阳阴

革新　农村　国歌　年轻　联播　节约　财经　荣膺　平安　难堪　门风

6. 阳阳

人民　辽宁　全权　联营　石油　行情　达成　题材　学习　球迷　结余

7. 阳上

勤俭　存款　读者　房产　黄海　门槛　结果　绝响　全体　情感　邻里

8. 阳去

前进　评论　悬念　持续　文件　轮训　宁夏　勤奋　除外　达意　防范

9. 上阴

采编　浦东　减轻　领班　美工　演播　请安　北京　展开　组装　指标

10. 上阳

普及　补习　朗读　解决　主持　敏捷　指南　谴责　讲求　北国　语言

11. 上上

导演　广场　领导　感想　展览　享有　选举　永远　隐忍　北海　索取

12. 上去

理论　组建　舞剧　想象　广泛　改造　简讯　企盼　举例　访问　选段

13. 去阴

下乡　办公　贵宾　象征　认真　对播　望京　录音　客观　信息　特约

14. 去阳

内容　措辞　电台　调查　特别　自然　富民　配合　漫谈　变革　杜绝

15. 去上

剧本　问好　记者　撰稿　戏曲　外语　上海　特写　大胆　耐久　重点

16. 去去

报告　电视　纪念　庆贺　祝愿　借鉴　复制　叙事　议论　路线　政策

（三）四音节词语声调发音训练

阴平—阳平—上声—去声

千锤百炼　身强体壮　精神百倍　心明眼亮　开渠引灌　风调雨顺

风云雨露　阴晴水旱　枯藤老树　三皇五帝　七侠五义　三国鼎立

去声—上声—阳平—阴平

万里晴空　妙手回春　破釜沉舟　四海为家　碧草如茵　热火朝天

智勇无双　耀武扬威　寿比南山　袖里乾坤　大有文章　暮鼓晨钟

（四）上声音节发音训练

阴平—上声

出版　积累　欣喜　基本　高涨　低谷　资产　充满　商场　揭晓　三产

阳平—上声

言语　提取　神采　头脑　合理　遥远　执法　情感　成品　雄伟　调整

上声—上声

小雨　允许　管理　保险　老虎　委婉　首府　坎坷　勉强　采访　了解

去声—上声

上海　进取　奋勇　皱褶　率领　谅解　探讨　破产　酗酒　迅猛　傍晚

上声—阴平

采风　理工　手枪　把关　马靴　法官　打的　统一　脑筋　鲁班　草山

上声—阳平

取得　属于　选民　早熟　找寻　演员　鼓楼　济南　隐形　感情　典型

上声—上声

表演　偶尔　咫尺　扭转　险阻　远景　养老　鲁莽　引导　诋毁　港口

上声—去声

琐碎　解放　悔恨　耸峙　改善　软件　宝座　损坏　恳切　语调　储备

（五）四声混合四音节词语发音训练

b

百炼成钢　波澜壮阔　暴风骤雨　壁垒森严

m

满园春色　名不虚传　满腔热情　目不转睛

f

发愤图强　翻江倒海　丰功伟绩　赴汤蹈火

d

大快人心　当机立断　颠扑不破　斗志昂扬

t

谈笑风生　滔滔不绝　天衣无缝　推陈出新

n

鸟语花香　逆水行舟　能者多劳　宁死不屈

l

老当益壮　雷厉风行　力挽狂澜　龙飞凤舞

g

盖世无双　高瞻远瞩　攻无不克　光彩夺目

k

开卷有益　慷慨激昂　克敌制胜　快马加鞭

h

豪言壮语　和风细雨　横扫千军　呼风唤雨

j

艰苦奋斗　锦绣河山　继往开来　举世无双

q

千军万马　气壮山河　晴天霹雳　群威群胆

x

喜笑颜开　响彻云霄　心潮澎湃　栩栩如生

zh

辗转反侧　朝气蓬勃　咫尺天涯　专心致志

ch

超群绝伦　称心如意　赤子之心　出奇制胜

sh

山水相连　舍生忘死　深情厚意　生龙活虎

r

饶有风趣　人才辈出　日新月异　如火如荼

z

赞不绝口　责无旁贷　再接再厉　自知之明

c

沧海一粟　层出不穷　灿烂光明　从容就义

s

三思而行　所向披靡　四海为家　肃然起敬

（六）声调综合训练

海水潮

海水潮，朝朝潮，朝潮朝落。

浮云涨，长长涨，长涨长消。

一把把把把住了

今天下雨骑自行车，打滑了，幸好我一把把把把住了。

行行行

今天我们特意请到了“行行出状元”公司的董事长老张，老张表示人要是行，干一行行一行，一行行行行行。行行行干哪行都行。要是不行，干一行不行一行，一行不行行行不行，行行不行，干哪行都不行。要想行行行，首先一行行。成为行业内的内行，行行成内行，行行行。你说我说得行不行？

校园早晨

歌词

沿着校园熟悉小路，清晨来到树下读书，初升的太阳照在脸上，也照着身旁这棵小树。亲爱的伙伴，亲爱的小树，和我共享阳光雨露。请我们记住这美好时光，直到长成参天大树。

四声歌

学好声韵辨四声，阴阳上去要分明。

部位方法要找准，开齐合撮属口型。

双唇班报碧百波，舌尖当地豆点丁。

舌根高狗坑耕故，舌面积结教尖精。

翘舌主争真知照，平舌资则早在增。

擦音发翻飞分复，送气查柴产彻称。

合口呼午枯胡古，开口河坡歌安争。

撮口虚学寻徐剧，齐齿衣优摇业英。
前鼻恩因烟弯稳，后鼻昂迎中拥生。
咬紧字头归字尾，阴阳上去记变声，
循序渐进坚持练，不难达到纯和清。

第五章

语流音变

在语流中，由于受到相邻音节的相邻音素的影响，一些音节中的声母、韵母或声调会发生语音的变化，我们称之为语流音变。

普通话中最典型的语流音变是轻声、儿化、变调和语气词“啊”的变化。

第一节　变调训练

一、上声变调

上声音节变调规律如下：

1. 上声音节单念或处在词语、句子的末尾时不变，仍读本调。

2. 上声在阴平、阳平、去声、轻声前，即在非上声前，丢掉后半段“14”上升的尾巴，其调值 214 变为半上声 211，例如：

（上声 + 阴平）

始终　老师　北京　广播　统一　普通

（上声 + 阳平）

朗读　改革　普及　解决　祖国　旅行

（上声 + 去声）

稿件　主义　伟大　理论　感谢　土地

（上声 + 轻声）

矮子　斧子　奶奶　姐姐　尾巴　老婆

3. 两个上声相连，前一个上声的调值由 214 变为接近 35，例如：

也许　品种　可以　岛屿　古老

4. 三个上声相连的变调：

（1）当词语的结构是“双单格”时，开头、当中的上声音节调值变为 35，跟阳平的调值一样。例如：

手写 / 体　展览 / 馆　管理 / 组　选举 / 法　洗脸 / 水　水彩 / 笔

（2）当词语的结构是“单双格”，开头音节处在被强调的逻辑重音时，读作“半上”，调值为 211，当中音节则按两字组变调规律变为 35。例如：

党 / 小组　撒 / 火种　冷 / 处理　要 / 笔杆　小 / 两口　纸 / 老虎

二、“一”“不”的变调

1.“一”的变调

（1）单念、词尾、序数词一律不变调，例如：

第一　合二为一　一穷二白

（2）在去声音节前调值变为阳平，例如：

一半　一旦　一定　一道

（3）夹在重叠词间念成轻声，例如：

看一看　听一听　学一学

（4）在阴平、阳平、上声前，即在非去声前变去声，例如：

一般　一连　一举　一鸣惊人

2.“不”的变调

（1）单念或处在词句末尾的时候，不变调，念本调去声 51。例如：

不　我不

（2）在去声音节前念阳平。例如：

不必　不变　不要

（3）夹在词语中念轻声。例如：

好不好　看不清　打不开

第二节　轻声训练

一、什么是轻声

普通话的每个音节都有它的声调，可是在句子里有些音节常常失去了原有的声调，而被念成较轻较短的调子，叫作轻声。轻声是一种特殊的变调现象。

所有的轻声音节发音都变得轻而短，但并非音高都相同，轻声音节在音高上的这种差别往往取决于前一个音节声调的高低：

（阴平 + 轻声）他的　桌子　说了　先生　休息　玻璃　姑娘　清楚　家伙　庄稼

（阳平 + 轻声）红的　房子　婆婆　活泼　泥鳅　粮食　胡琴　萝卜　行李　头发

（上声 + 轻声）我的　斧子　姐姐　喇叭　老实　脊梁　马虎　耳朵　使唤　嘱咐

（去声 + 轻声）坏的　扇子　弟弟　丈夫　意思　困难　骆驼　豆腐　吓唬　漂亮

二、轻声的作用

普通话中的轻声往往有区别词性和词义的作用，例如：

1. 请听电影《地道战》的录音剪辑。

地道 dìdào：地下坑道（名词）

他学的四川话还挺地道呢。

地道 dìdao：真正的（形容词）

2. 中国民歌《茉莉花》的歌词大意是……

大意 dàyì：主要的意思（名词）

你可千万别大意了。

大意 dàyi：粗心疏忽（形容词）

因此，我们应当特别注意有些必须读成轻声的音节，以免造成语意不清。有些轻声音节虽然不区别词义，但在普通话中也应该读轻声，否则会影响语言的流畅和语气的变化。

三、轻声音节出现的规律

1. 语气词“吧、吗、啊、呢”等。

2. 助词“着、了、的、地、得、们”等。

3. 名词的后缀“子、儿、头”等。

4. 重叠式名词、动词的后一个音节，双音节形容词重叠，第一音节重叠部分轻读（后一音节及其重叠部分变成阴平，也可不变）。

5. 表示趋向的动词、方位词或词素。

扫一扫听音频

附录 6 普通话水平测试用必读轻声词语表

A

爱人 àiren
案子 ànzi

B

巴掌 bāzhang
把子 bǎzi
把子 bàzi
爸爸 bàba
白净 báijing
班子 bānzi
板子 bǎnzi
帮手 bāngshou
梆子 bāngzi
膀子 bǎngzi
棒槌 bàngchui
棒子 bàngzi
包袱 bāofu
包涵 bāohan
包子 bāozi
豹子 bàozi
杯子 bēizi
被子 bèizi
本事 běnshi
本子 běnzi
鼻子 bízi
比方 bǐfang
鞭子 biānzi
扁担 biǎndan
辫子 biànzi
别扭 bièniu
饼子 bǐngzi
拨弄 bōnong
脖子 bózi
簸箕 bòji
补丁 bǔding
不由得 bùyóude
不在乎 búzàihu
步子 bùzi
部分 bùfen

C

财主 cáizhu
裁缝 cáifeng
苍蝇 cāngying
差事 chāishi
柴火 cháihuo
肠子 chángzi
厂子 chǎngzi
场子 chǎngzi
车子 chēzi
称呼 chēnghu
池子 chízi
尺子 chǐzi
虫子 chóngzi
绸子 chóuzi
除了 chúle
锄头 chútou
畜生 chùsheng
窗户 chuānghu
窗子 chuāngzi
锤子 chuízi
刺猬 cìwei
凑合 còuhe
村子 cūnzi

D

耷拉 dāla
答应 dāying
打扮 dǎban
打点 dǎdian
打发 dǎfa
打量 dǎliang
打算 dǎsuan
打听 dǎting

大方 dàfang
大爷 dàye
大夫 dàifu
带子 dàizi
袋子 dàizi
单子 dānzi
耽搁 dānge
耽误 dānwu
胆子 dǎnzi
担子 dànzi
刀子 dāozi
道士 dàoshi
稻子 dàozi
灯笼 dēnglong
凳子 dèngzi
提防 dīfang
笛子 dízi
底子 dǐzi
地道 dìdao
地方 dìfang
弟弟 dìdi
弟兄 dìxiong
点心 diǎnxin
调子 diàozi
钉子 dīngzi
东家 dōngjia
东西 dōngxi
动静 dòngjing
动弹 dòngtan
豆腐 dòufu
豆子 dòuzi
嘟囔 dūnang
肚子 dǔzi
肚子 dùzi
缎子 duànzi
队伍 duìwu
对付 duìfu
对头 duìtou
多么 duōme

E

蛾子 ézi
儿子 érzi
耳朵 ěrduo

F

贩子 fànzi
房子 fángzi
废物 fèiwu
份子 fènzi
风筝 fēngzheng
疯子 fēngzi
福气 fúqi
斧子 fǔzi

G

盖子 gàizi
甘蔗 gānzhe
杆子 gānzi
杆子 gǎnzi
干事 gànshi
杠子 gàngzi
高粱 gāoliang
膏药 gāoyao
稿子 gǎozi
告诉 gàosu
疙瘩 gēda
哥哥 gēge
胳膊 gēbo
鸽子 gēzi
格子 gézi
个子 gèzi
根子 gēnzi
跟头 gēntou
工夫 gōngfu
弓子 gōngzi
公公 gōnggong
功夫 gōngfu
钩子 gōuzi
姑姑 gūgu
姑娘 gūniang
谷子 gǔzi
骨头 gǔtou
故事 gùshi
寡妇 guǎfu
褂子 guàzi
怪物 guàiwu
关系 guānxi
官司 guānsi
罐头 guàntou
罐子 guànzi
规矩 guīju
闺女 guīnü
鬼子 guǐzi
柜子 guìzi
棍子 gùnzi
锅子 guōzi
果子 guǒzi

H

蛤蟆 háma
孩子 háizi
含糊 hánhu
汉子 hànzi
行当 hángdang
合同 hétong
和尚 héshang
核桃 hétao
盒子 hézi
红火 hónghuo
猴子 hóuzi
后头 hòutou
厚道 hòudao
狐狸 húli
胡萝卜 húluóbo
胡琴 húqin
糊涂 hútu
护士 hùshi
皇上 huángshang
幌子 huǎngzi
活泼 huópo
火候 huǒhou
伙计 huǒji

J

机灵 jīling
脊梁 jǐliang
记号 jìhao
记性 jìxing
夹子 jiāzi
家伙 jiāhuo
架势 jiàshi
架子 jiàzi
嫁妆 jiàzhuang
尖子 jiānzi
茧子 jiǎnzi
剪子 jiǎnzi
见识 jiànshi
毽子 jiànzi
将就 jiāngjiu
交情 jiāoqing
饺子 jiǎozi
叫唤 jiàohuan
轿子 jiàozi
结实 jiēshi
街坊 jiēfang
姐夫 jiěfu
姐姐 jiějie
戒指 jièzhi
金子 jīnzi
精神 jīngshen
镜子 jìngzi
舅舅 jiùjiu
橘子 júzi
句子 jùzi
卷子 juànzi

K

咳嗽 késou
客气 kèqi
空子 kòngzi

口袋 kǒudai
口子 kǒuzi
扣子 kòuzi
窟窿 kūlong
裤子 kùzi
快活 kuàihuo
筷子 kuàizi
框子 kuàngzi
阔气 kuòqi
困难 kùnnan

L

喇叭 lǎba
喇嘛 lǎma
篮子 lánzi
懒得 lǎnde
浪头 làngtou
老婆 lǎopo
老实 lǎoshi
老太太 lǎotàitai
老头子 lǎotóuzi
老爷 lǎoye
老子 lǎozi
姥姥 lǎolao
累赘 léizhui
篱笆 líba
里头 lǐtou
力气 lìqi
厉害 lìhai
利落 lìluo
利索 lìsuo
例子 lìzi
栗子 lìzi
痢疾 lìji
连累 liánlei
帘子 liánzi
凉快 liángkuai
粮食 liángshi
两口子 liǎngkǒuzi
料子 liàozi
林子 línzi
翎子 língzi
领子 lǐngzi
溜达 liūda
聋子 lóngzi
笼子 lóngzi
炉子 lúzi
路子 lùzi
轮子 lúnzi
萝卜 luóbo
骡子 luózi
骆驼 luòtuo

M

妈妈 māma
麻烦 máfan
麻利 máli
麻子 mázi
马虎 mǎhu
码头 mǎtou
买卖 mǎimai
麦子 màizi
馒头 mántou
忙活 mánghuo
冒失 màoshi
帽子 màozi
眉毛 méimao
媒人 méiren
妹妹 mèimei
门道 méndao
眯缝 mīfeng
迷糊 míhu
面子 miànzi
苗条 miáotiao
苗头 miáotou
名堂 míngtang
名字 míngzi
明白 míngbai
模糊 móhu
蘑菇 mógu
木匠 mùjiang
木头 mùtou

N

那么 nàme
奶奶 nǎinai
难为 nánwei
脑袋 nǎodai
脑子 nǎozi
能耐 néngnai
你们 nǐmen
念叨 niàndao
念头 niàntou
娘家 niángjia
镊子 nièzi
奴才 núcai
女婿 nǚxu
暖和 nuǎnhuo
疟疾 nüèji

P

拍子 pāizi
牌楼 páilou
牌子 páizi
盘算 pánsuan
盘子 pánzi
胖子 pàngzi
狍子 páozi
盆子 pénzi
朋友 péngyou
棚子 péngzi
脾气 píqi
皮子 pízi
痞子 pǐzi
屁股 pìgu
片子 piānzi
便宜 piányi
骗子 piànzi
票子 piàozi
漂亮 piàoliang
瓶子 píngzi
婆家 pójia
婆婆 pópo
铺盖 pūgai

Q

欺负 qīfu
旗子 qízi
前头 qiántou
钳子 qiánzi
茄子 qiézi
亲戚 qīnqi
勤快 qínkuai
清楚 qīngchu
亲家 qìngjia
曲子 qǔzi
圈子 quānzi
拳头 quántou
裙子 qúnzi

R

热闹 rènao
人家 rénjia
人们 rénmen
认识 rènshi
日子 rìzi
褥子 rùzi

S

塞子 sāizi
嗓子 sǎngzi
嫂子 sǎozi
扫帚 sàozhou
沙子 shāzi
傻子 shǎzi
扇子 shànzi
商量 shāngliang
晌午 shǎngwu
上司 shàngsi
上头 shàngtou
烧饼 shāobing
勺子 sháozi

少爷 shàoye
哨子 shàozi
舌头 shétou
身子 shēnzi
什么 shénme
婶子 shěnzi
生意 shēngyi
牲口 shēngkou
绳子 shéngzi
师父 shīfu
师傅 shīfu
虱子 shīzi
狮子 shīzi
石匠 shíjiang
石榴 shíliu
石头 shítou
时候 shíhou
实在 shízai
拾掇 shíduo
使唤 shǐhuan
世故 shìgu
似的 shìde
事情 shìqing
柿子 shìzi
收成 shōucheng
收拾 shōushi
首饰 shǒushi
叔叔 shūshu
梳子 shūzi
舒服 shūfu
舒坦 shūtan
疏忽 shūhu
爽快 shuǎngkuai
思量 sīliang
算计 suànji
岁数 suìshu
孙子 sūnzi

T

他们 tāmen
它们 tāmen
她们 tāmen
台子 táizi
太太 tàitai
摊子 tānzi
坛子 tánzi
毯子 tǎnzi
桃子 táozi
特务 tèwu
梯子 tīzi
蹄子 tízi
挑剔 tiāoti
挑子 tiāozi
条子 tiáozi
跳蚤 tiàozao
铁匠 tiějiang
亭子 tíngzi
头发 tóufa
头子 tóuzi
兔子 tùzi
妥当 tuǒdang
唾沫 tuòmo

W

挖苦 wāku
娃娃 wáwa
袜子 wàzi
晚上 wǎnshang
尾巴 wěiba
委屈 wěiqu
为了 wèile
位置 wèizhi
位子 wèizi
蚊子 wénzi
稳当 wěndang
我们 wǒmen
屋子 wūzi

X

稀罕 xīhan
席子 xízi
媳妇 xífu
喜欢 xǐhuan
瞎子 xiāzi
匣子 xiázi
下巴 xiàba
吓唬 xiàhu
先生 xiānsheng
乡下 xiāngxia
箱子 xiāngzi
相声 xiàngsheng
消息 xiāoxi
小伙子 xiǎohuǒzi
小气 xiǎoqi
小子 xiǎozi
笑话 xiàohua
谢谢 xièxie
心思 xīnsi
星星 xīngxing
猩猩 xīngxing
行李 xíngli
性子 xìngzi
兄弟 xiōngdi
休息 xiūxi
秀才 xiùcai
秀气 xiùqi
袖子 xiùzi
靴子 xuēzi
学生 xuésheng
学问 xuéwen

Y

丫头 yātou
鸭子 yāzi
衙门 yámen
哑巴 yǎba
胭脂 yānzhi
烟筒 yāntong
眼睛 yǎnjing
燕子 yànzi
秧歌 yāngge
养活 yǎnghuo
样子 yàngzi
吆喝 yāohe
妖精 yāojing
钥匙 yàoshi
椰子 yēzi
爷爷 yéye
叶子 yèzi
一辈子 yíbèizi
衣服 yīfu
衣裳 yīshang
椅子 yǐzi
意思 yìsi
银子 yínzi
影子 yǐngzi
应酬 yìngchou
柚子 yòuzi
冤枉 yuānwang
院子 yuànzi
月饼 yuèbing
月亮 yuèliang
云彩 yúncai
运气 yùnqi

Z

在乎 zàihu
咱们 zánmen
早上 zǎoshang
怎么 zěnme
扎实 zhāshi
眨巴 zhǎba
栅栏 zhàlan
宅子 zháizi
寨子 zhàizi
张罗 zhāngluo
丈夫 zhàngfu
帐篷 zhàngpeng
丈人 zhàngren
帐子 zhàngzi
招呼 zhāohu

招牌 zhāopai
折腾 zhēteng
这个 zhège
这么 zhème
枕头 zhěntou
芝麻 zhīma
知识 zhīshi
侄子 zhízi
指甲 zhǐjia (zhījia)
指头 zhǐtou (zhítou)
种子 zhǒngzi
珠子 zhūzi
竹子 zhúzi
主意 zhǔyi (zhúyi)
主子 zhǔzi
柱子 zhùzi
爪子 zhuǎzi
转悠 zhuànyou
庄稼 zhuāngjia
庄子 zhuāngzi
壮实 zhuàngshi
状元 zhuàngyuan
锥子 zhuīzi
桌子 zhuōzi
字号 zìhao
自在 zìzai
粽子 zòngzi
祖宗 zǔzong
嘴巴 zuǐba
作坊 zuōfang
琢磨 zuómo

第三节　儿化训练

（一）什么是儿化

儿化又称儿化韵，是普通话和某些汉语方言中的一种语音现象，即后缀“儿”字不自成音节，而同前面的音节合在一起，使前一音节的韵母成为卷舌韵母。例如“点儿”不是发成两个音节 dian er，而是发成一个音节 diar。

（二）儿化的作用

“儿化”在普通话里起着修辞和表示语法功能的积极作用。

1. 表示喜爱、亲切的情感。
2. 表示少或小的意思。
3. 区分词性。
4. 区分词义。

（三）儿化音变的发音规律

儿化音变方式比较复杂，具体有以下几种：

1. 音节末尾是 a、o、e、u 的，儿化时只在原韵母后加卷舌动作。例如：

腊八儿　山坡儿　山歌儿　小偷儿　加油儿

2. 韵母为 ai、ei、an、en（包括 uei、uen、ian、uai、uan 和 üan）儿化时失落韵尾，在主要元音上加卷舌动作。例如：

冒牌儿　宝贝儿　心肝儿　冒烟儿　赔本儿　跑腿儿　冰棍儿　打转儿　手绢儿

3. 韵尾为 ng 的，儿化时失落 ng，并将前面的元音鼻化，加卷舌动作。例如：

肩膀儿　花样儿　蛋黄儿　门缝儿　电影儿　胡同儿　小熊儿

4. 韵母为 i、ü 的，儿化时韵母不变，加卷舌动作。例如：

玩意儿　金鱼儿　毛驴儿

5. 韵母或韵尾为 ê 以及韵母为 -i（前）、-i（后）的，变为央 e 加卷舌动作。例如：

树叶儿　空缺儿　瓜子儿　歌词儿　铁丝儿

6. 韵母为 in、ün 的，儿化时失落 n，i、ü 等主要元音，加卷舌动作，例如：

脚印儿　树荫儿　干劲儿　手心儿　合群儿

（四）儿化发音训练

进了门儿，倒杯水儿，喝了两口儿运运气儿，顺手儿拿起小唱本儿，唱一曲儿，又一曲儿，练完了嗓子我练嘴皮儿，绕口令儿，练字音儿，还有单弦儿牌子曲儿，小快板儿，大鼓词儿，越说越唱我越带劲儿。

附录 7　普通话水平测试用儿化词语表

扫一扫听音频

说明

1. 本表参照《普通话水平测试用普通话词语表》及《现代汉语词典》编制，加 * 的是以上二者未收、根据测试需要而酌增的条目。

2. 本表仅供普通话水平测试第二项——读多音节词语（100 个音节）测试使用。本表儿化音节，在书面上一律加“儿”，但并不表明所列词语在任何语用场合都必须儿化。

3. 本表共收词 189 条，按儿化韵母的汉语拼音顺序排列。

4. 本表列出原形韵母和所对应的儿化韵，用 > 表示条目中儿化音节的注音，只在基本形式后面加 r，“一”已按变调后的读音标注，如“一会儿 yíhuìr”。

a>ar

刀把儿 dāobàr　号码儿 hàomǎr　戏法儿 xìfǎr　在哪儿 zàinǎr
找茬儿 zhǎochár　打杂儿 dǎzár　板擦儿 bǎncār

ai>ar

名牌儿 míngpáir　鞋带儿 xiédàir　壶盖儿 húgàir　小孩儿 xiǎoháir
加塞儿 jiāsāir

an>ar

快板儿 kuàibǎnr　老伴儿 lǎobànr　蒜瓣儿 suànbànr　脸盘儿 liǎnpánr
脸蛋儿 liǎndànr　收摊儿 shōutānr　栅栏儿 zhàlanr　包干儿 bāogānr
笔杆儿 bǐgǎnr　门槛儿 ménkǎnr

ang>ar（鼻化）

药方儿 yàofāngr　赶趟儿 gǎntàngr　香肠儿 xiāngchángr　瓜瓤儿 guārángr

ia>iar

掉价儿 diàojiàr　一下儿 yíxiàr　豆芽儿 dòuyár

ian>iar

小辫儿 xiǎobiànr　照片儿 zhàopiānr　扇面儿 shànmiànr　差点儿 chàdiǎnr
一点儿 yìdiǎnr　雨点儿 yǔdiǎnr　聊天儿 liáotiānr　拉链儿 lāliànr
冒尖儿 màojiānr　坎肩儿 kǎnjiānr　牙签儿 yáqiānr　露馅儿 lòuxiànr
心眼儿 xīnyǎnr

iang>iar（鼻化）

鼻梁儿 bíliángr　透亮儿 tòuliàngr　花样儿 huāyàngr

ua>uar

脑瓜儿 nǎoguār　大褂儿 dàguàr　麻花儿 máhuār　笑话儿 xiàohuar
牙刷儿 yáshuār

uai>uar

一块儿 yíkuàir

uan>uar

茶馆儿 cháguǎnr　饭馆儿 fànguǎnr　火罐儿 huǒguànr　落款儿 luòkuǎnr
打转儿 dǎzhuànr　拐弯儿 guǎiwānr　好玩儿 hǎowánr　大腕儿 dàwànr

uang>uar（鼻化）

蛋黄儿 dànhuángr　打晃儿 dǎhuàngr　天窗儿 tiānchuāngr

üan>üar

烟卷儿 yānjuǎnr　手绢儿 shǒujuànr　出圈儿 chūquānr　包圆儿 bāoyuánr
人缘儿 rényuánr　绕远儿 ràoyuǎnr　杂院儿 záyuànr

ei>er

刀背儿 dāobèir　摸黑儿 mōhēir

en>er

老本儿 lǎoběnr　花盆儿 huāpénr　嗓门儿 sǎngménr　把门儿 bǎménr
哥们儿 gēmenr　纳闷儿 nàmènr　后跟儿 hòugēnr　高跟儿鞋 gāogēnrxié
别针儿 biézhēnr　一阵儿 yízhènr　走神儿 zǒushénr　大婶儿 dàshěnr
小人儿书 xiǎorénrshū　杏仁儿 xìngrénr　刀刃儿 dāorènr

eng>er（鼻化）

钢镚儿 gāngbèngr　夹缝儿 jiāfèngr　脖颈儿 bógěngr　提成儿 tíchéngr

ie>ier

半截儿 bànjiér　小鞋儿 xiǎoxiér

üe>üer

旦角儿 dànjuér　主角儿 zhǔjuér

uei>uer

跑腿儿 pǎotuǐr　一会儿 yíhuìr　耳垂儿 ěrchuír　墨水儿 mòshuǐr
围嘴儿 wéizuǐr　走味儿 zǒuwèir

uen>uer

打盹儿 dǎdǔnr　胖墩儿 pàngdūnr　砂轮儿 shālúnr　冰棍儿 bīnggùnr
没准儿 méizhǔnr　开春儿 kāichūnr

ueng>uer（鼻化）*

小瓮儿 xiǎowèngr

-i（前）>er

瓜子儿 guāzǐr　石子儿 shízǐr　没词儿 méicír　挑刺儿 tiāocìr

-i（后）>er

墨汁儿 mòzhīr　锯齿儿 jùchǐr　记事儿 jìshìr

i>i:er

针鼻儿 zhēnbír　垫底儿 diàndǐr　肚脐儿 dùqír　玩意儿 wányìr

in>i:er

有劲儿 yǒujìnr　送信儿 sòngxìnr　脚印儿 jiǎoyìnr

ing>i:er（鼻化）

花瓶儿 huāpíngr　打鸣儿 dǎmíngr　图钉儿 túdīngr　门铃儿 ménlíngr

眼镜儿 yǎnjìngr　蛋清儿 dànqīngr　火星儿 huǒxīngr　人影儿 rényǐngr

ü>ü:er

毛驴儿 máolǘr　小曲儿 xiǎoqǔr　痰盂儿 tányúr

ün>ü:er

合群儿 héqúnr

e>er

模特儿 mótèr　逗乐儿 dòulèr　唱歌儿 chànggēr　挨个儿 āigèr

打嗝儿 dǎgér　饭盒儿 fànhér　在这儿 zàizhèr

u>ur

碎步儿 suìbùr　没谱儿 méipǔr　儿媳妇儿 érxífur　梨核儿 líhúr

泪珠儿 lèizhūr　有数儿 yǒushùr

ong>or（鼻化）

果冻儿 guǒdòngr　门洞儿 méndòngr　胡同儿 hútòngr　抽空儿 chōukòngr

酒盅儿 jiǔzhōngr　小葱儿 xiǎocōngr

iong>ior（鼻化）*

小熊儿 xiǎoxióngr

ao>aor

红包儿 hóngbāor　灯泡儿 dēngpàor　半道儿 bàndàor　手套儿 shǒutàor

跳高儿 tiàogāor　叫好儿 jiàohǎor　口罩儿 kǒuzhàor　绝着儿 juézhāor

口哨儿 kǒushàor　蜜枣儿 mìzǎor

iao>iaor

鱼漂儿 yúpiāor　火苗儿 huǒmiáor　跑调儿 pǎodiàor　面条儿 miàntiáor

豆角儿 dòujiǎor　开窍儿 kāiqiàor

ou>our

衣兜儿 yīdōur　老头儿 lǎotóur　年头儿 niántóur　小偷儿 xiǎotōur

门口儿 ménkǒur　纽扣儿 niǔkòur　线轴儿 xiànzhóur　小丑儿 xiǎochǒur

iou>iour

顶牛儿 dǐngniúr　抓阄儿 zhuājiūr　棉球儿 miánqiúr　加油儿 jiāyóur

uo>uor

火锅儿 huǒguōr　做活儿 zuòhuór　大伙儿 dàhuǒr　邮戳儿 yóuchuōr

小说儿 xiǎoshuōr　被窝儿 bèiwōr

o>or

耳膜儿 ěrmór　　粉末儿 fěnmòr

第四节　语气词“啊”的训练

（一）语气词“啊”的发音变化规律

“啊”是一个表达语气感情的基本声音，一般单独用或用在句尾。作为叹词用在句前，仍发“ɑ”音。用在句尾时，由于受到前面音节收尾音素的影响而产生几种变化。练习时要注意“啊”的变化的六种情况：

1. 前一音节收尾音素是 ɑ、o（ɑo、iɑo 除外）、e、ê、i、ü 时，“啊”读作 yɑ；
2. 前一音节收尾音素是 u 时（包括 ɑo、iɑo），“啊”读成 wɑ；
3. 前一音节收尾音素是 n 时，“啊”读成 nɑ；
4. 前一音节收尾音素是 ng 时，“啊”读成 ngɑ；
5. 前一音节收尾音是 -i（舌尖后特殊元音）、r 和 er（包括儿化韵）时，“啊”读成 rɑ；
6. 前一音节收尾音是 -i（舌尖前特殊元音）时，“啊”读成 zɑ。

以上六种变化规律是顺势产生的，发音要自然。

（二）语气词“啊”的发音训练

菜市场的货物真丰富

菜市场的货物真丰富：鸡啊（yɑ），鸭啊（yɑ），鱼啊（yɑ），肉啊（wɑ），盐啊（nɑ），酱啊（ngɑ），醋啊（wɑ）……生的、熟的应有尽有。

鸡鸭猫狗

鸡呀，鸭呀，猫哇，狗哇，一块儿水里游哇！牛哇，羊啊（ngɑ），马呀，骡呀，一块儿进鸡窝呀！狼啊（ngɑ），虫啊（ngɑ），虎哇，豹哇，一块儿街上跑哇！兔哇，鹿哇，鼠哇，孩儿啊（rɑ），一块儿上窗台儿啊（rɑ）！

可爱的孩子

这些孩子啊（[z]ɑ），真可爱啊（yɑ），你看啊（nɑ），他们多高兴啊（ngɑ），又是作诗啊（rɑ），又是吟诵啊（ngɑ），又是画图画啊（yɑ），又是剪纸啊（rɑ），又是唱啊（ngɑ），又是跳啊（wɑ）……啊！他们多幸福啊（wɑ）！

第五节　词的轻重格式发音训练

（一）什么是词的轻重格式

在汉语普通话中，一句话里双音节词或多音节词中的每个音节都有轻重强弱的不同，双音节或多音节词的各个音节有着约定俗成的轻重强弱差别，称为词的轻重格式。

轻与重是相对的，读起来应自然流畅，轻重差异分为重、中、轻三个等级。

（二）双音节词的轻重格式及发音训练

1. 中重格式

领域　当代　小诗　初绿　黄金　碧绿　宝贵　人生　本身　阅读

理论　波纹　演化　妥协　演变　词汇　烟火　仿佛　国际　货币

2. 重中格式

美好　情感　观感　价值　风气　背景　作品　标准　要求　思想　声响

传统　惰性　现象　规律　必然　迁就　颜色　浪漫　古典　含蓄　素淡

3. 重轻格式

清楚　唠叨　力气　痛快　喉咙

（三）三音节词的轻重格式及发音训练

1. 中中重

播音员　收音机　呼吸道　东方红　天安门　展览馆　居委会　共产党

共青团　常委会　党支部　国际歌　科学院　招待会　唯物论　井冈山

2. 中重轻

枪杆子　命根子　过日子　拿架子　吊嗓子　臭架子　卖关子　半拉子

打底子　抽冷子　洋鬼子　刀把子　两口子　老头子　搭架子　鼻梁子

3. 中轻重

保不齐　备不住　小不点（儿）　吃不消　大不了　动不动　对不起

过不去　说得来　生意经　冷不防　数得着

（四）四音节词的轻重格式及发音训练

1. 中重中重

丰衣足食　日积月累　轻歌曼舞　心平气和　无独有偶　五光十色

天灾人祸　年富力强　耳濡目染　枪林弹雨　奇装异服　花好月圆

2. 中轻中重

社会主义　集体经济　化学工业　巴黎公社　南京大学　最后通牒

奥林匹克　慢慢腾腾　高高兴兴　模模糊糊　亮亮堂堂　跌跌撞撞

3. 重中中重

惨不忍睹　义不容辞　敬而远之　诸如此类　相形之下　一扫而空

提示：我们要把每个词说得清楚而自然，就必须掌握词的轻重格式，符合普通话的要求。但是，词的轻重格式只是一种约定俗成，它不是绝对的、不变的，词的轻重格式要受语句目的的制约，所以在语流中我们往往会遇到原来的轻重格式被打破、被改变的现象，这也是正常的、必然的。

第六章

普通话异读、易错音

第一节 普通话异读词审音表（修订稿）

（2016 年 5 月）

说明

一 本表为《普通话异读词审音表》（1985 年）的修订版。

二 本表条目按照异读音节的音序排列。

三 审音以异读词（包括单音节词和多音节词）为对象。例如：名物义“瓦”没有异读，动作义存在 wǎ、wà 两读，本表只对动作义“瓦”的读音进行审订。“装订”有 zhuāng dīng 和 zhuāng dìng 两读，是审音对象；“订单、预订”等词没有异读，不审。

四 不审订是否轻声、是否儿化，原表涉及轻声、儿化的条目除外。

五 不审订人名、地名等专有名词的读音，原表涉及人名、地名的条目除外。

六 条目后注明“统读”的，表示涉及此字的所有词语均读此音。例如：熏 xūn（统读），表示“熏香、烟熏、熏陶、煤气熏着了”等中的“熏”都读 xūn。

七 有些条目涉及文白异读，本表以“文”和“语”作注。前者一般用于书面语，后者一般用于口语。这种情况在必要时各举词例。例如：剥 bō（文），bāo（语），表示在“剥削”等书面复合词中读 bō，在“剥皮儿”等口语单用时读 bāo。

八 有些异读涉及词义区别，酌加简单说明，以便读者分辨。例如：泊（一）bó 停留、平静：停泊、泊车、淡泊、飘泊；（二）pō 湖泊义：湖泊、血泊。

九 个别条目中的“旧读”“口语也读”等括注，表示在推荐读音之外读古书或口语等特定范围内实际存在的常见读音。

十 此次修订基于以下原则：

1. 以北京语音系统为审音依据。
2. 充分考虑北京语音发展趋势，同时适当参考在官话及其他方言区中的通行程度。
3. 以往审音确定的为普通话使用者广泛接受的读音，保持稳定。
4. 尽量减少没有别义作用或语体差异的异读。
5. 在历史理据和现状调查都不足以硬性划一的情况下暂时保留异读并提出推荐读音。

A

阿（一）ā

~訇 ~罗汉

~木林 ~姨

（二）ē

~谀 ~附 ~胶

~弥陀佛

挨（一）āi

~个 ~近

（二）ái

~打 ~说

癌 ái（统读）

霭 ǎi（统读）

蔼 ǎi（统读）

隘 ài（统读）

谙 ān（统读）

埯 ǎn（统读）

昂 áng（统读）

凹 āo（统读）

拗（一）ào

~口

（二）niù

执~ 脾气很~

坳 ào（统读）

B

拔 bá（统读）

把 bà

印~子

白 bái（统读）

拜 bái

~~（再见；分手）

膀 bǎng

翅~

蚌（一）bàng

蛤~

（二）bèng

~埠

傍 bàng（统读）

磅 bàng

过~

龅 bāo（统读）

胞 bāo（统读）

薄（一）báo（语）

常单用，如“纸很~，厚~不均”。

（二）bó（文）

多用于复音词。

~弱 稀~ 淡~ 尖嘴 ~舌 单~ 厚~

堡（一）bǎo

碉~ ~垒

（二）bǔ

~子 吴~ 瓦窑~

柴沟~

（三）pù

十里~

暴（一）bào

~露

（二）pù

一~（曝）十寒

爆 bào（统读）

焙 bèi（统读）

惫 bèi（统读）

背 bèi

~脊 ~静

鄙 bǐ（统读）

俾 bǐ（统读）

笔 bǐ（统读）

比 bǐ（统读）

臂（一）bì

手~ ~膀

（二）bei

胳~

庇 bì（统读）

髀 bì（统读）

避 bì（统读）

辟 bì

复~

裨 bì

~补 ~益

婢 bì（统读）

痹 bì（统读）

壁 bì（统读）

蝙 biān（统读）

遍 biàn（统读）

骠（一）biāo

黄~马

（二）piào

~骑 ~勇

傧 bīn（统读）

缤 bīn（统读）

濒 bīn（统读）

髌 bìn（统读）

屏（一）bǐng

~除 ~弃 ~气 ~息

（二）píng

~藩 ~风

柄 bǐng（统读）

波 bō（统读）

播 bō（统读）

菠 bō（统读）

剥（一）bō（文）

~削

（二）bāo（语）

泊（一）bó（停留、平静）

停~ ~车 淡~ 飘~

（二）pō

湖~ 血~

帛 bó（统读）

勃 bó（统读）

钹 bó（统读）

伯（一）bó
~~（bo）老~
（二）bāi
大~子（丈夫的哥哥）
箔 bó（统读）
簸（一）bǒ
颠~
（二）bò
~箕
膊 bo
胳~
卜 bo
萝~
醭 bú（统读）
哺 bǔ（统读）
捕 bǔ（统读）
鵏 bǔ（统读）
埠 bù（统读）

C

残 cán（统读）
惭 cán（统读）
灿 càn（统读）
藏（一）cáng
矿~　库~（丰富）
（二）zàng
宝~　大~经
糙 cāo（统读）
嘈 cáo（统读）
螬 cáo（统读）
厕 cè（统读）
岑 cén（统读）
差（一）chā（文）
不~累黍　偏~　色~
~别　视~　误~　电势~　一念之~　~池
~错　言~语错　一~二错　阴错阳~　~等
~额　~价　~强人意
~数　~异
（二）chà（语）
不~什么　~不多
~不离　~点儿
（三）cī
参~
猹 chá（统读）
搽 chá（统读）
阐 chǎn（统读）
羼 chàn（统读）
颤 chàn（统读）
（战栗、打战不写作颤）
韂 chàn（统读）
伥 chāng（统读）
场（一）chǎng
~合　~所　冷~
捧~　外~　圩~
一~大雨
（二）cháng
~院
（三）chang
排~
钞 chāo（统读）
巢 cháo（统读）
嘲 cháo
~讽　~骂　~笑
耖 chào（统读）
车（一）chē
安步当~　杯水~薪
闭门造~　螳臂当~
（二）jū
（象棋棋子名称）
晨 chén（统读）
称 chèn
~心　~意　~职
对~　相~
撑 chēng（统读）
乘（一）chéng（动作义）
包~制　~便　~风破浪　~客　~势　~兴
（佛教术语）大~　小~
上~
（二）shèng（名物义）
千~之国
橙 chéng（统读）
惩 chéng（统读）
澄（一）chéng（文）
~清（如“~清混乱”“~清问题”）
（二）dèng（语）
单用，如“把水~清了”。
澄沙
痴 chī（统读）
吃 chī（统读）
弛 chí（统读）
褫 chǐ（统读）
尺 chǐ
~寸　~头
豉 chǐ（统读）
侈 chǐ（统读）
炽 chì（统读）
舂 chōng（统读）
冲 chòng
~床　~模
臭（一）chòu
遗~万年
（二）xiù
乳~　铜~
储 chǔ（统读）
处 chǔ（动作义）
~罚　~分　~决
~理　~女　~置
畜（一）chù（名物义）

~力　家~　牲~
幼~　~类
（二）xù（动作义）
~产　~牧　~养
触 chù（统读）
搐 chù（统读）
绌 chù（统读）
黜 chù（统读）
闯 chuǎng（统读）
创（一）chuàng
草~　~举　首~
~造　~作
（二）chuāng
~伤　重~
绰（一）chuò
~~有余
（二）chuo
宽~
疵 cī（统读）
雌 cí（统读）
赐 cì（统读）
伺 cì
~候
枞（一）cōng
~树
（二）zōng
~阳〔地名〕
从 cóng（统读）
丛 cóng（统读）
攒 cuán
万头~动　万箭~心
脆 cuì（统读）
撮（一）cuō
~儿　一~儿盐　一~儿匪帮
（二）zuǒ
一~儿毛
措 cuò（统读）

D

搭 dā（统读）
答（一）dá
报~　~复
（二）dā
~理　~应
打 dá
苏~　一~（十二个）
大（一）dà
~夫（古官名）　~王（如爆破~王、钢铁~王）　~黄
（二）dài
~夫（医生）　~王（如山~王）
呆 dāi（统读）
傣 dǎi（统读）
逮（一）dài（文）
如“~捕”。
（二）dǎi（语）单用，如“~蚊子”“~特务”。
当（一）dāng
~地　~间儿　~年（指过去）　~日（指过去）　~天（指过去）　~时（指过去）
（二）dàng
一个~俩　安步~车　适~　勾~　~年（同一年）　~日（同一时候）　~天（同一天）
档 dàng（统读）
蹈 dǎo（统读）
导 dǎo（统读）
倒（一）dǎo
颠~　颠~是非　颠~黑白　颠三~四　倾箱~箧　排山~海　~板　~嚼　~仓　~嗓　~戈　潦~
（二）dào
~粪（翻动粪肥）
悼 dào（统读）
纛 dào（统读）
凳 dèng（统读）
羝 dī（统读）
氐 dī〔古民族名〕
堤 dī（统读）
提 dī
~防
的（一）dī
打~
（二）dí
~当　~确
抵 dǐ（统读）
蒂 dì（统读）
缔 dì（统读）
谛 dì（统读）
跌 diē（统读）
蝶 dié（统读）
订 dìng（统读）
都（一）dōu
~来了
（二）dū
~市　首~　大~（大多）
堆 duī（统读）
吨 dūn（统读）
盾 dùn（统读）
多 duō（统读）
咄 duō（统读）
掇（一）duō（“拾取、采取”义）
（二）duo

擃～ 掂～

裰 duō（统读）

踱 duó（统读）

度 duó

忖～ ～德量力

E

婀 ē（统读）

F

伐 fá（统读）

阀 fá（统读）

砝 fǎ（统读）

法 fǎ（统读）

发 fà

理～ 脱～ 结～

帆 fān（统读）

藩 fān（统读）

梵 fàn（统读）

坊（一）fāng

牌～ ～巷

（二）fáng

粉～ 磨～ 碾～ 染～

油～ 谷～

妨 fáng（统读）

防 fáng（统读）

肪 fáng（统读）

沸 fèi（统读）

汾 fén（统读）

讽 fěng（统读）

肤 fū（统读）

敷 fū（统读）

俘 fú（统读）

浮 fú（统读）

服 fú

～毒 ～药

拂 fú（统读）

辐 fú（统读）

幅 fú（统读）

甫 fǔ（统读）

复 fù（统读）

缚 fù（统读）

G

噶 gá（统读）

冈 gāng（统读）

刚 gāng（统读）

岗 gǎng

～楼 ～哨 ～子 门～

站～ 山～子

港 gǎng（统读）

葛 gě（统读）

隔 gé（统读）

革 gé

～命 ～新 改～

合 gě（一升的十分之一）

给（一）gěi（语）单用。

（二）jǐ（文）

补～ 供～ 供～制

～予 配～ 自～自足

亘 gèn（统读）

更 gēng

五～ ～生

供（一）gōng

～给 提～ ～销

（二）gòng

口～ 翻～ 上～

佝 gōu（统读）

枸 gǒu

～杞

勾 gòu

～当

估（除“～衣”读 gù 外，都读 gū）

骨（除“～碌”“～朵”读 gū 外，都读 gǔ）

谷 gǔ

～雨

锢 gù（统读）

冠（一）guān（名物义）

～心病

（二）guàn（动作义）

沐猴而～ ～军

犷 guǎng（统读）

庋 guǐ（统读）

匮 guì（同“柜”）

石室金～ 《金～要略》

桧（一）guì［树名］

（二）huì［人名］

“秦～”。

刽 guì（统读）

聒 guō（统读）

蝈 guō（统读）

过（除姓氏读 guō 外，都读 guò）

H

虾 há

～蟆

哈 hā（除姓氏和“哈达”的“哈”读 hǎ 外，都读 hā）

汗 hán

可～

巷 hàng

～道

号 háo

寒～虫

和（一）hè

唱～ 附～ 曲高～寡

（二）huo

搀～ 搅～ 暖～ 热～

软～

貉（一）hé（文）

一丘之～

（二）háo（语）

～绒　～子

壑 hè（统读）

褐 hè（统读）

喝 hè

～采　～道　～令

～止　呼幺～六

鹤 hè（统读）

黑 hēi（统读）

亨 hēng（统读）

横（一）héng

～肉　～行霸道

（二）hèng

蛮～　～财

訇 hōng（统读）

虹 hóng（统读）

（口语单说也读 jiàng）

讧 hòng（统读）

囫 hú（统读）

瑚 hú（统读）

蝴 hú（统读）

桦 huà（统读）

徊 huái（统读）

踝 huái（统读）

浣 huàn（统读）

黄 huáng（统读）

荒 huang

饥～（指经济困难）

诲 huì（统读）

贿 huì（统读）

会 huì

一～儿　多～儿　～厌

（生理名词）

混 hùn

～合　～乱　～凝土

～淆　～血儿　～杂

蠖 huò（统读）

霍 huò（统读）

豁 huò

～亮

获 huò（统读）

J

羁 jī（统读）

击 jī（统读）

奇 jī

～数

芨 jī（统读）

缉（一）jī

通～　侦～

（二）qī

～鞋口

几 jī

茶～　条～　～乎

圾 jī（统读）

戢 jí（统读）

疾 jí（统读）

汲 jí（统续）

棘 jí（统读）

藉 jí

狼～（籍）

嫉 jí（统读）

脊 jǐ（统读）

纪 jì（统读）

（纪姓旧读 jǐ）

偈 jì

～语

绩 jì（统读）

迹 jì（统读）

寂 jì（统读）

箕 ji

簸～

辑 ji

逻～

茄 jiā

雪～

夹 jiā

（除夹层、双层义读 jiá，如“～袄　～衣”，其余义读 jiā）

浃 jiā（统读）

甲 jiǎ（统读）

歼 jiān（统读）

鞯 jiān（统读）

间（一）jiān

～不容发　中～

（二）jiàn

中～儿　～道　～谍

～断　～或　～接

～距　～隙　～续

～阻　～作　挑拨离～

趼 jiǎn（统读）

俭 jiǎn（统读）

缰 jiāng（统读）

膙 jiǎng（统读）

嚼（一）jiáo（语）

味同～蜡　咬文～字

（二）jué（文）

咀～　过屠门而大～

（三）jiào

倒～（倒嚼）

侥 jiǎo

～幸

角（一）jiǎo

八～（大茴香）　～落

独～戏　～膜　～度

～儿（犄～）　～楼

勾心斗～　号～

口～（嘴～）　鹿～菜

头～

（二）jué

～斗　～儿（脚色）

口～（吵嘴） 主～儿
配～儿 ～力 捧～儿
脚（一）jiǎo
根～
（二）jué
～儿（也作“角儿”，脚色）
剿（一）jiǎo
围～
（二）chāo
～说 ～袭
校 jiào
～勘 ～样 ～正
较 jiào（统读）
酵 jiào（统读）
嗟 jiē（统读）
疖 jiē（统读）
结（除“～了个果子”“开花～果”“～巴”“～实”念 jiē 之外，其他都念 jié）
睫 jié（统读）
芥 jiè（统读）
矜 jīn
～持 自～ ～怜
仅 jǐn
～～ 绝无～有
馑 jǐn（统读）
觐 jìn（统读）
浸 jìn（统读）
茎 jīng（统读）
粳 gēng（统读）
鲸 jīng（统读）
颈 jǐng（统读）
（“脖梗子”不写作“脖颈子”）
境 jìng（统读）
痉 jìng（统读）
劲 jìng
刚～
窘 jiǒng（统读）
究 jiū（统读）
纠 jiū（统读）
鞠 jū（统读）
鞫 jū（统读）
掬 jū（统读）
苴 jū（统读）
咀 jǔ
～嚼
矩（一）jǔ
～形
（二）ju
规～
俱 jù（统读）
龟 jūn
～裂（也作“皲裂”）
菌（一）jūn
细～ 病～ 杆～
霉～
（二）jùn
香～ ～子
俊 jùn（统读）

K

卡（一）kǎ
～宾枪 ～车 ～介苗
～片 ～通
（二）qiǎ
～子 关～
揩 kāi（统读）
慨 kǎi（统读）
忾 kài（统读）
勘 kān（统读）
看 kān
～管 ～护 ～守
慷 kāng（统读）
拷 kǎo（统读）
坷 kē
～拉（垃）
疴 kē（统读）
壳 ké
（除“地壳、金蝉脱壳”中的“壳”读 qiào 外，其余读为 ké）
可（一）kě
～～儿的
（二）kè
～汗
恪 kè（统读）
刻 kè（统读）
克 kè
～扣
空（一）kōng
～心砖 ～城计
（二）kòng
～心吃药
眍 kōu（统读）
矻 kū（统读）
酷 kù（统读）
框 kuàng（统读）
矿 kuàng（统读）
傀 kuǐ（统读）
溃（一）kuì
～烂
（二）huì
～脓
篑 kuì（统读）
括 kuò（统读）

L

垃 lā（统读）
邋 lā（统读）
罱 lǎn（统读）

缆 lǎn（统读）
蓝 lan
苤～
琅 láng（统读）
捞 lāo（统读）
劳 láo（统读）
醪 láo（统读）
烙（一）lào
～印　～铁　～饼
（二）luò
炮～（古酷刑）
勒（一）lè（文）
～逼　～令　～派
～索　悬崖～马
（二）lēi（语）多单用。
擂（除“～台”“打～”读 lèi 外，都读 léi）
礌 léi（统读）
羸 léi（统读）
蕾 lěi（统读）
累（一）lèi
（辛劳义、牵连义）
劳～　受～　带～
～及　连～　牵～
（二）léi
～赘
（三）lěi（积累义、多次义）
～积　～教不改　硕果～～　罪行～～
蠡（一）lí
管窥～测
（二）lǐ
～县　范～
喱 lí（统读）
连 lián（统读）
敛 liǎn（统读）
恋 liàn（统读）
量（一）liàng
～入为出　忖～
（二）liang
打～　掂～
踉 liàng
～跄
潦 liáo
～草　～倒
劣 liè（统读）
捩 liè（统读）
趔 liè（统读）
拎 līn（统读）
遴 lín（统读）
淋（一）lín
～浴　～漓　～巴
（二）lìn
～硝　～盐　～病
蛉 líng（统读）
榴 liú（统读）
馏（一）liú（文）
如“干～”“蒸～”。
（二）liù（语）
如“～馒头”。
镏 liú
～金
碌 liù
～碡
笼（一）lóng（名物义）
～子　牢～
（二）lǒng（动作义）
～络　～括　～统　～罩
偻（一）lóu
佝～
（二）lǚ
伛～
瞜 lou
眍～
虏 lǔ（统读）
掳 lǔ（统读）
露（一）lù（文）
赤身～体　～天　～骨　～头角　藏头～尾　抛头～面　～头（矿）
（二）lòu（语）
～富　～苗　～光
～相　～马脚　～头
榈 lú（统读）
捋（一）lǚ
～胡子
（二）luō
～袖子
绿（一）lǜ（语）
（二）lù（文）
～林　鸭～江
孪 luán（统读）
挛 luán（统读）
掠 lüè（统读）
囵 lún（统读）
络 luò
～腮胡子
落（一）luò（文）
～膘　～花生　～魄　涨～　～槽　着～
（二）lào（语）
～架　～色　～炕
～枕　～儿　～子
（一种曲艺）
（三）là（语）遗落义。
丢三～四　～在后面

M

脉（除“～～”念 mòmò 外，一律念 mài）
漫 màn（统读）
蔓（一）màn（文）

～延　不～不支
（二）wàn（语）
瓜～　压～
牤 māng（统读）
氓 máng
流～
芒 máng（统读）
铆 mǎo（统读）
瑁 mào（统读）
虻 méng（统读）
盟 méng（统读）
祢 mí（统读）
眯（一）mí
～了眼（灰尘等入目，也作"迷"）
（二）mī
～了一会儿（小睡）
～缝着眼（微微合目）
靡 mí（统读）
秘（除"～鲁"读 bì 外，都读 mì）
泌（一）mì（语）
分～
（二）bì（文）
～阳〔地名〕
娩 miǎn（统读）
缈 miǎo（统读）
皿 mǐn（统读）
闽 mǐn（统读）
茗 míng（统读）
酩 mǐng（统读）
谬 miù（统读）
摸 mō（统读）
模（一）mó
～范　～式　～型
～糊　～特儿　～棱两可
（二）mú
～子　～具　～样
膜 mó（统读）
摩 mó
按～　抚～
嬷 mó（统读）
墨 mò（统读）
耱 mò（统读）
沫 mò（统读）
缪 móu
绸～

N

难（一）nán
困～（或变轻声）
～兄～弟（难得的兄弟，现多用作贬义）
（二）nàn
排～解纷　发～　刁～
责～　～兄～弟（共患难或同受苦难的人）
蝻 nǎn（统读）
蛲 náo（统读）
讷 nè（统读）
馁 něi（统读）
嫩 nèn（统读）
恁 nèn（统读）
妮 nī（统读）
拈 niān（统读）
鲇 nián（统读）
酿 niàng（统读）
尿（一）niào
糖～症
（二）suī（只用于口语名词）
尿（niào）～　～脬
嗫 niè（统读）
宁（一）níng
安～
（二）nìng
～可　无～〔姓〕
忸 niǔ（统读）
脓 nóng（统读）
弄（一）nòng
玩～
（二）lòng
～堂
暖 nuǎn（统读）
衄 nǜ（统读）
疟（一）nüè（文）
～疾
（二）yào（语）
发～子
娜（一）nuó
婀～　袅～
（二）nà
（人名）

O

殴 ōu（统读）
呕 ǒu（统读）

P

杷 pá（统读）
琶 pá（统读）
牌 pái（统读）
排 pǎi
～子车
迫 pǎi
～击炮
湃 pài（统读）
爿 pán（统读）
胖（一）pán
心广体～（安舒义）
（二）pàng
心宽体～（发胖义）
蹒 pán（统读）
畔 pàn（统读）

乓 pāng（统读）
滂 pāng（统读）
脬 pāo（统读）
胚 pēi（统读）
喷（一）pēn
~嚏
（二）pèn
~香
（三）pen
嚏~
澎 péng（统读）
坯 pī（统读）
披 pī（统读）
匹 pǐ（统读）
僻 pì（统读）
譬 pì（统读）
片（一）piàn
~子 唱~ 画~
相~ 影~ ~儿会
（二）piān（口语一部分词）
~子 ~儿 唱~儿
画~儿 相~儿
影~儿
剽（一）piáo
~窃
（二）piào
~悍
缥 piāo
~缈（飘渺）
撇 piē
~弃
聘 pìn（统读）
乒 pīng（统读）
颇 pō（统读）
剖 pōu（统读）
仆（一）pū
前~后继
（二）pú
~从
扑 pū（统读）
朴（一）pǔ
俭~ ~素 ~质
（二）pō
~刀
（三）pò
~硝 厚~
蹼 pǔ（统读）
瀑 pù
~布
曝（一）pù
一~十寒
（二）bào
~光（摄影术语）

Q

栖 qī
两~
戚 qī（统读）
漆 qī（统读）
期 qī（统读）
蹊 qī
~跷
蛴 qí（统读）
畦 qí（统读）
萁 qí（统读）
骑 qí（统读）
企 qǐ（统读）
绮 qǐ（统读）
杞 qǐ（统读）
槭 qì（统读）
洽 qià（统读）
签 qiān（统读）
潜 qián（统读）
荨 xún（统读）
嵌 qiàn（统读）
欠 qian
打哈~
戕 qiāng（统读）
镪 qiāng
~水
强（一）qiáng
~渡 ~取豪夺 ~制
博闻~识 ~迫
（二）qiǎng
勉~ 牵~ ~词夺理
~颜为笑
（三）jiàng
倔~
襁 qiǎng（统读）
跄 qiàng（统读）
悄（一）qiāo
~~儿的
（二）qiǎo
~默声儿的
橇 qiāo（统读）
翘（一）qiào（语）
~尾巴
（二）qiáo（文）
~首 ~楚 连~
怯 qiè（统读）
挈 qiè（统读）
趄 qie
趔~
侵 qīn（统读）
衾 qīn（统读）
噙 qín（统读）
倾 qīng（统读）
亲 qìng
~家
穹 qióng（统读）
黢 qū（统读）

曲（麯）qū
大～　红～　神～
渠 qú（统读）
瞿 qú（统读）
蠼 qú（统读）
苣 qǔ
～荬菜
龋 qǔ（统读）
趣 qù（统读）
雀 què
～斑　～盲症

R

髯 rán（统读）
攘 rǎng（统读）
桡 ráo（统读）
绕 rào（统读）
任 rén〔姓，地名〕
妊 rèn（统读）
扔 rēng（统读）
容 róng（统读）
糅 róu（统读）
茹 rú（统读）
孺 rú（统读）
蠕 rú（统读）
辱 rǔ（统读）
挼 ruó（统读）

S

靸 sǎ（统读）
噻 sāi（统读）
散（一）sǎn
懒～　零～
零零～～　～漫
（二）sàn
～开　～落　～布
～失
丧 sang
哭～着脸

扫（一）sǎo
～兴
（二）sào
～帚
埽 sào（统读）
色（一）sè（文）
（二）shǎi（语）
塞（一）sè（文）。如：交通堵～　堰～湖。
（二）sāi（语）。如："活～" "瓶～" "把瓶口～上"。
森 sēn（统读）
煞（一）shā
～尾　收～
（二）shà
～白
啥 shá（统读）
厦（一）shà
大～
（二）xià
～门　噶～
杉 shān（统读）
衫 shān（统读）
姗 shān（统读）
苫（一）shàn（动作义）
如"～布" "把屋顶～上"
（二）shān（名物义）
如"草～子"
墒 shāng（统读）
猞 shē（统读）
舍 shè
宿～
慑 shè（统读）
摄 shè（统读）
射 shè（统读）

谁 shéi，又音 shuí
娠 shēn（统读）
什（甚）shén
～么
蜃 shèn（统读）
葚 shèn（统读）
胜 shèng（统读）
识 shí
常～　～货　～字
似 shì
～的
室 shì（统读）
螫 shì（统读）
（"蜇人"不写作"螫人"）
匙 shi
钥～
殊 shū（统读）
蔬 shū（统读）
疏 shū（统读）
叔 shū（统读）
淑 shū（统读）
菽 shū（统读）
熟（一）shú（文）
（二）shóu（语）
署 shǔ（统读）
曙 shǔ（统读）
漱 shù（统读）
戍 shù（统读）
蟀 shuài（统读）
孀 shuāng（统读）
说（一）shuō
～服
（二）shuì
游～　～客
数 shuò
～见不鲜
硕 shuò（统读）

蒴 shuò（统读）
艘 sōu（统读）
嗾 sǒu（统读）
速 sù（统读）
塑 sù（统读）
虽 suī（统读）
绥 suí（统读）
髓 suǐ（统读）
遂（一）suì
不～　毛～自荐
（二）suí
半身不～
隧 suì（统读）
隼 sǔn（统读）
莎 suō
～草
缩（一）suō
收～
（二）sù
～砂密（一种植物）
嗍 suō（统读）
索 suǒ（统读）

T

趿 tā（统读）
鳎 tǎ（统读）
獭 tǎ（统读）
沓（一）tà
重～　疲～
（二）dá
一～纸
苔（一）tái（文）
（二）tāi（语）
探 tàn（统读）
涛 tāo（统读）
悌 tì（统读）
佻 tiāo（统读）
调 tiáo
～皮
帖（一）tiē
妥～　伏伏～～　俯首～耳
（二）tiě
请～　字～儿
（三）tiè
字～　碑～
听 tīng（统读）
庭 tíng（统读）
骰 tóu（统读）
凸 tū（统读）
突 tū（统读）
颓 tuí（统读）
蜕 tuì（统读）
臀 tún（统读）
唾 tuò（统读）

W

娲 wā（统读）
挖 wā（统读）
瓦 wà
～刀
喎 wāi（统读）
蜿 wān（统读）
玩 wán（统读）
惋 wǎn（统读）
脘 wǎn（统读）
往 wǎng（统读）
忘 wàng（统读）
微 wēi（统读）
巍 wēi（统读）
薇 wēi（统读）
危 wēi（统读）
韦 wéi（统读）
违 wéi（统读）
唯 wéi（统读）
圩（一）wéi
～子
（二）xū
～（墟）场
纬 wěi（统读）
委 wěi
～靡
伪 wěi（统读）
萎 wěi（统读）
尾（一）wěi（文）
～巴　～部
（二）yǐ（语）
～巴　马～儿
尉 wèi
～官
文 wén（统读）
闻 wén（统读）
紊 wěn（统读）
喔 wō（统读）
蜗 wō（统读）
硪 wò（统读）
诬 wū（统读）
梧 wú（统读）
牾 wǔ（统读）
乌 wù
～拉（也作“靰鞡”）
～拉草
杌 wù（统读）
鹜 wù（统读）

X

夕 xī（统读）
汐 xī（统读）
晰 xī（统读）
析 xī（统读）
皙 xī（统读）
昔 xī（统读）
溪 xī（统读）
悉 xī（统读）

熄 xī（统读）
蜥 xī（统读）
螅 xī（统读）
惜 xī（统读）
锡 xī（统读）
樨 xī（统读）
袭 xí（统读）
檄 xí（统读）
峡 xiá（统读）
暇 xiá（统读）
吓 xià
　杀鸡～猴
鲜（一）xiān
　屡见不～　数见不～
（二）xiǎn
　～为人知　寡廉～耻
锨 xiān（统读）
纤 xiān
　～维
涎 xián（统读）
弦 xián（统读）
陷 xiàn（统读）
霰 xiàn（统读）
向 xiàng（统读）
相 xiàng
　～机行事
淆 xiáo（统读）
哮 xiào（统读）
些 xiē（统读）
颉 xié
　～颃
携 xié（统读）
偕 xié（统读）
挟 xié（统读）
械 xiè（统读）
馨 xīn（统读）
囟 xìn（统读）
行 xíng
　操～　德～　发～　品～
省 xǐng
　内～　反～　～亲
　不～人事
芎 xiōng（统读）
朽 xiǔ（统读）
宿 xiù
　星～　二十八～
煦 xù（统读）
蓿 xu
　苜～
癣 xuǎn（统读）
削（一）xuē（文）
　剥～　～减　瘦～
（二）xiāo（语）
　切～　～铅笔　～球
穴 xué（统读）
学 xué（统读）
雪 xuě（统读）
血 xuè（统读）
（口语单用也读 xiě）
谑 xuè（统读）
寻 xún（统读）
驯 xùn（统读）
逊 xùn（统读）
熏 xūn（统读）
徇 xùn（统读）
殉 xùn（统读）
蕈 xùn（统读）

Y

押 yā（统读）
崖 yá（统读）
哑 yǎ
　～然失笑
亚 yà（统读）
殷 yān
　～红
芫 yán
　～荽
筵 yán（统读）
沿 yán（统读）
焰 yàn（统读）
夭 yāo（统读）
肴 yáo（统读）
杳 yǎo（统读）
舀 yǎo（统读）
钥（一）yào（语）
　～匙
（二）yuè（文）
　锁～
曜 yào（统读）
耀 yào（统读）
椰 yē（统读）
噎 yē（统读）
叶 yè
　～公好龙
曳 yè
　弃甲～兵　摇～　～光弹
屹 yì（统读）
轶 yì（统读）
谊 yì（统读）
懿 yì（统读）
诣 yì（统读）
艾 yì
　自怨自～
荫（一）yīn
　～蔽　～翳　林～道
　绿树成～
（二）yìn
　庇～　福～　～凉
应 yìng
（除"应该、应当"义读

yīng 外，其他读 yìng）
~届 ~名儿 ~许 ~承
~付 ~声 ~验 ~用
~运 里~外合

萦 yíng（统读）

映 yìng（统读）

佣 yōng

（除“佣人”读 yòng 外都读 yōng)
雇~ 女~ ~金

庸 yōng（统读）

臃 yōng（统读）

壅 yōng（统读）

拥 yōng（统读）

踊 yǒng（统读）

咏 yǒng（统读）

泳 yǒng（统读）

莠 yǒu（统读）

愚 yú（统读）

娱 yú（统读）

愉 yú（统读）

伛 yǔ（统读）

屿 yǔ（统读）

吁 yù
呼~

跃 yuè（统读）

晕（一）yūn（昏迷、发昏义）
~倒 头~ 血~
~车
（二）yùn（光圈义）
月~ 红~

酝 yùn（统读）

Z

匝 zā（统读）

杂 zá（统读）

载（一）zǎi
登~ 记~ 下~
（二）zài
搭~ 怨声~道 重~
装~ ~歌~舞

簪 zān（统读）

咱 zán（统读）

暂 zàn（统读）

凿 záo（统读）

择（一）zé
选~
（二）zhái
~不开 ~菜 ~席

贼 zéi（统读）

憎 zēng（统读）

甑 zèng（统读）

喳 zhā
唧唧~~

轧（除“~钢”“~辊”念 zhá 外，其他都念 yà）

摘 zhāi（统读）

粘 zhān
~贴

涨 zhǎng
~落 高~

着（一）zháo
~慌 ~急 ~家 ~凉
~忙 ~迷 ~水 ~雨
（二）zhuó
~落 ~手 ~眼 ~意
~重 不~边际
（三）zhāo
失~

沼 zhǎo（统读）

召 zhào（统读）

遮 zhē（统读）

蛰 zhé（统读）

辙 zhé（统读）

贞 zhēn（统读）

侦 zhēn（统读）

帧 zhēn（统读）

胗 zhēn（统读）

枕 zhěn（统读）

诊 zhěn（统读）

振 zhèn（统读）

知 zhī（统读）

织 zhī（统读）

脂 zhī（统读）

植 zhí（统读）

殖 zhí（统读）

指 zhǐ（统读）

掷 zhì（统读）

质 zhì（统读）

蛭 zhì（统读）

秩 zhì（统读）

栉 zhì（统读）

炙 zhì（统读）

中 zhōng
人~（人口上唇当中处）

种 zhòng
点~（义同“点播”。动宾结构念 diǎnzhǒng，义为点播种子）

诌 zhōu（统读）

骤 zhòu（统读）

轴 zhòu
大~子戏 压~子

碡 zhou
碌~

烛 zhú（统读）

逐 zhú（统读）

属 zhǔ
~望

筑 zhù（统读）

著 zhù

土～
转 zhuǎn
运～
撞 zhuàng（统读）
幢（一）zhuàng
一～楼房
（二）chuáng
经～（佛教所设刻有经咒的石柱）
拙 zhuō（统读）
茁 zhuó（统读）
灼 zhuó（统读）
卓 zhuó（统读）
综 zōng
～合
纵 zòng（统读）
粽 zòng（统读）
镞 zú（统读）
组 zǔ（统读）
钻（一）zuān
～孔（从孔穴中通过）
～探　～营　～研
（二）zuàn
～床　～杆　～具　～孔
（用钻头打孔）　～头
佐 zuǒ（统读）
唑 zuò（统读）
柞（一）zuò
～蚕　～绸
（二）zhà
～水（在陕西）
做 zuò（统读）
作（一）zuō
～揖　～坊　～弄
～践　～死
（二）zuó
～料
（三）zuò
～孽　～祟

第二节　易读错的字词

本节内容已与《新华字典（第 12 版）》《现代汉语词典（第 7 版）》校验

1. 氛围 fēn（不读 fèn）
2. 匀称　称职　称心如意　对称（读 chèn，不读 chèng）
3. 种 Chóng（姓氏）
4. 憧憬 chōng（不读 chóng）
5. 驰骋 chěng（不读 chéng）
6. 处暑　处境　处女　处世为人　处于（读 chǔ，不读 chù）
7. 啜 Chuài（姓氏）
8. 汆丸子 cuān（不读 cuàn）
9. 档案 dàng（不读 dǎng）
10. 安步当车 dàng（不读 dāng）
11. 订正 dìng（不读 dīng）
12. 胴体 dòng（不读 tóng）
13. 句读 dòu
14. 掇拾 duō（不读 duò，在"拾掇"里读轻声）
15. 菲薄 fěi（"芳菲"中读 fēi）
16. 果脯 fǔ（不读 pǔ）
17. 准噶尔 gá
18. 枸杞 gǒuqǐ

19. 呱呱坠地 gū（不读 guā）
20. 力能扛鼎 gāng（不读 káng）
21. 契诃夫 唐吉诃德（读 hē，不读 kē）
22. 道行 heng（修行的功夫，比喻本领。不读 háng、xíng）
23. 飞来横祸 蛮横 发横财（读 hèng，不读 héng）
24. 一哄而散 hòng（哄堂大笑 hōng；哄逗哄骗 hǒng）
25. 骨骸 hái
26. 薅草 hāo
27. 白桦树 huà（不读 huá）
28. 馄饨 húntun（tun 为轻声，不读 dun）
29. 和泥 和面 huó；搅和 和稀泥 huò；和牌 hú
30. 囫囵吞枣 húlún（不读 lùn；“囫囵”一词中“囵”读轻声）
31. 溃脓 huì；溃烂 kuì
32. 通缉 jī；编辑 jí
33. 窗明几净 jī（不读 jǐ）
34. 嫉妒 jí；忌妒 jì
35. 人才济济 jǐ（不读 jì）
36. 里脊 ji（此处读轻声，本音读 jǐ）
37. 渐染 东渐入海 jiān（不读 jiàn）
38. 眼睑 jiǎn
39. 绢花 juàn（不读 juān）
40. 配角儿 角色 jué（不读 jiǎo）
41. 发酵 jiào（不读 xiào）
42. 解送 押解 jiè（不读 jiě）
43. 浑身解数 xiè（不读 jiě）
44. 粳米 gēng　籼米 xiān（不读 jīng，shān）
45. 颈部 颈项 jǐng（不读 jìng）
46. 靓妆 jìng（不读 liàng）
47. 循规蹈矩 矩形 jǔ（不读 jù）
48. 龟裂 jūn（不读 guī）
49. 以儆效尤 jǐng（不读 jìng）
50. 腈纶 jīng（不读 qíng）
51. 唠叨 láo；唠家常 lào
52. 落不是 lào（意为“被认为有过失而受责难”。不读 luò）
53. 量杯 思量 liáng；量体裁衣 liàng
54. 连累 lei（不读 lèi）
55. 果实累累 léiléi；伤痕累累 lěilěi

56. 浙江丽水 lí（不读 lì）
57. 淋病 lìn（不读 lín）
58. 绿林好汉 lù；棕榈 lǘ（误读上声）
59. 莽莽群山 草莽 mǎng
60. 扪心自问 mén
61. 腼腆 miǎntiǎn
62. 酩酊 mǐngdǐng
63. 所向披靡 mǐ（不读 mí）
64. 抹墙 mò；抹布 mā；涂抹 mǒ
65. 模样 mú；模型 mó
66. 泥淖 nào（不读 zhào）
67. 喷香 喷喷香 pèn（不读 pēn）
68. 癖好 洁癖 pǐ（不读 pì）
69. 睥睨 pìnì
70. 剽窃 piáo；剽悍 piāo
71. 媲美 pì（不读 bì）
72. 心广体胖 pán（不读 pàng）
73. 大腹便便 pián
74. 缥缈 piāomiǎo
75. 娉婷 pīngtíng
76. 砒霜 pī（不读 pí）
77. 湖泊 pō；漂泊 bó
78. 哨卡 qiǎ（不读 kǎ）
79. 蹊跷 qīqiao（不读 qīqiào）
80. 牵强附会 qiǎng（不读 qiáng）
81. 襁褓 qiǎng
82. 生肖 肖像 xiào（不读 xiāo）
83. 节骨眼 jiē（不读 jié）
84. 吱声 zī（不读 zhī）
85. 燕妮 安妮 nī（不读 ní）
86. 禅让 shàn（不读 chán）
87. 莫邪 yé（不读 xié）
88. 剔透 挑剔 tī（不读 tì）
89. 骨髓 suǐ（不读 suí）
90. 浩浩汤汤 shāng（不读 tāng）
91. 结婚 结冰 jié（不读 jiē）
92. 牌坊 fāng；磨坊 fáng

93. 荷锄 hè（不读 hé）
94. 藤蔓 wàn（不读 màn）
95. 玫瑰 瑰丽 guī（不读 guì）
96. 一塌糊涂 tā（不读 tà）
97. 情不自禁 jīn（不读 jìn）
98. 梵语 fàn（不读 fán）
99. 下载 zǎi（不读 zài）
100. 渲染 xuàn（不读 xuān）
101. 投奔 bèn（不读 bēn）
102. 洁癖 pǐ（不读 pì）
103. 压轴 zhòu（不读 zhóu）
104. 熬菜 āo（不读 áo）
105. 秘鲁 bì（不读 mì）
106. 惩罚 chéng（不读 chěng）
107. 炽热 chì（不读 zhì）
108. 揣着书 chuāi（不读 chuǎi）
109. 逮捕 dài（不读 dǎi）
110. 掂量 diān（不读 diàn）
111. 刽子手 guì（不读 kuài）
112. 友谊 yì（不读 yí）
113. 哈达 hǎ（不读 hā）
114. 豁出去 huō（不读 huò）
115. 混水摸鱼 hún（不读 hùn）
116. 诲人不倦 huì（不读 huǐ）
117. 华山 huà（不读 huá）
118. 汗流浃背 jiā（不读 jiá）
119. 倔强 jué（不读 juè）
120. 揩油 kāi（不读 kǎi）
121. 框架 kuàng（不读 kuāng）
122. 埋怨 mán（不读 mái）
123. 联袂 mèi（不读 jué）
124. 泯灭 mǐn（不读 mín）
125. 拘泥 nì（不读 ní）
126. 昵称 nì（不读 ní）
127. 宁可 nìng（不读 níng）
128. 呕心沥血 ǒu（不读 ōu）
129. 奇葩 pā（不读 pá）

130. 创伤 chuāng（不读 chuàng）
131. 亲戚 qi（不读 qì）
132. 纤夫 qiàn（不读 qiān）
133. 翘首 qiáo（不读 qiào）
134. 莘莘学子 shēn（不读 xīng）
135. 吞噬 shì（不读 shí）
136. 挑剔 ti（不读 tì）
137. 字帖 tiè（不读 tiē）
138. 徇私 xùn（不读 xún）
139. 笨拙 zhuō（不读 zhuó）
140. 远见卓识 zhuó（不读 zhuō）
141. 钥匙 yàoshi（不读 yuèchi）
142. 粗糙 cāo（不读 zào）

第三节　易读错的姓氏

本节内容已与《新华字典（第 12 版）》《现代汉语词典（第 7 版）》校验

一、读音相异

1. 查，读 Zhā，不读 chá。如作家金庸原名查良镛。
2. 朴，读 Piáo，不读 pǔ。如韩国前总统朴槿惠。
3. 单，读 Shàn，不读 dān。如著名评书表演艺术家单田芳。
4. 解，读 Xiè，不读 jiě。如明代才子解缙。
5. 车，读 Chē，不读 jū。
6. 曾，读 Zēng，不读 céng。如晚清名臣曾国藩。
7. 种，一般读 Chóng，有时读 zhòng。如宋朝诗人种道人。
8. 乐，一般读 Yuè，也读 lè。如战国时燕国大将乐毅。
9. 句，读 Gōu，不读 jù。高句丽（Gāogōulí），古族名，古国名。
10. 区，读 Ōu，不读 qū。如宋朝文学家区适子。
11. 员，读 Yùn，不读 yuán，也写成"贠"。如著名唐朝诗人贠半千。
12. 覃，读 Qín，不读 tán，如唐朝太子太傅覃季。
13. 仇，读 Qiú，不读 chóu。如明朝著名画家仇英。
14. 瞿，读 Qú，不读 jù。如中国无产阶级革命家瞿秋白。
15. 繁，读 Pó，不读 fán。如汉末文学家繁钦。
16. 都，读 Dū，不读 dōu。如宋代名臣都光远。
17. 缪，读 Miào，不读 móu。
18. 术，读 Zhú，不读 shù。

19. 卜，读 Bǔ，不读 pǔ。
20. 过，读 Guō，不读 guò。如明代围棋国手过百龄。
21. 阚，读 Kàn，不读 kǎn。如三国名士阚泽。
22. 燕，读 Yān，不读 yàn。如梁山好汉浪子燕青。
23. 省，既读 Shěng，也读 Xǐng。
24. 相，读 Xiāng，也读 Xiàng。
25. 牟，既读 Móu，也读 Mù。
26. 郇，读 Huán。
27. 翟，读 Zhái。
28. 阿，读 Ē，不读 ā。如清朝将军阿桂。
29. 臧，读 Zāng，不读 cáng。如著名诗人臧克家。

二、声调不同

30. 任，读 Rén，不读 rèn。如演员任达华。
31. 华，读 Huà，不读 huá。如数学家华罗庚。
32. 应，读 Yīng，不读 yìng。如演员应采儿。
33. 曲，读 Qū，不读 qǔ。
34. 訾，读 Zī，不读 zǐ。
35. 钻，读 Zuān，不读 zuàn。
36. 谌，读 Shèn。
37. 要，读 Yāo，不读 yào。
38. 哈，读 Hǎ，不读 hā。如哈文。
39. 撒，读 Sǎ。如撒贝宁。

三、容易错认

40. 佘，读 Shé，不读 yú。如中国香港女演员佘诗曼。
41. 荀，读 Xún，不读 gǒu。如三国时曹操谋士荀彧（Xúnyù）。
42. 缑，读 Gōu，不读 hóu。如中国历史人物画院院长缑建明。
43. 厍，读 Shè，不读 kù。厍姓名人有厍钧、厍德等。
44. 肜，读 Róng，不读 tóng。
45. 殳，读 Shū，不读 yì。如著名明朝画家殳胤执。
46. 乜，读 Niè，不读 yě。
47. 亓，读 Qí，不读 yuán。如孔子夫人亓官氏。
48. 逄，读 Páng，不读 féng。如东汉时期大司马逄安。
49. 桓，读 Huán。
50. 靳，读 Jìn。
51. 麴，读 Qū。如高昌国国王麴嘉。

52. 妫，读 Guī，不读 wěi。如西晋名臣妫昆。
53. 仉，读 Zhǎng。
54. 卞，读 Biàn。
55. 郏，读 Jiá。如清代著名画家郏伦逵。
56. 隗，读 Kuí 或 Wěi。
57. 阮，读 Ruǎn。
58. 啜，读 Chuài。如宋朝将领啜佶。

四、汉字生僻

59. 芈，读 Mǐ。如热播剧《芈月传》的芈月。
60. 夔，读 Kuí。如明代著名官吏、学者夔信。
61. 昝，读 Zǎn。如东晋将领昝坚。
62. 虢，读 Guó。如春秋时虢姓先祖虢仲。
63. 宓，读 Fú。如上古时期伏羲的女儿宓妃。
64. 些，读 Xiē 或 Suǒ。
65. 璩，读 Qú。如三国时期蜀汉太守璩正。
66. 雒，读 Luò。如明朝大臣雒昂、雒守一。
67. 庹，读 Tuǒ。如击剑运动员庹通。
68. 笪，读 Dá。如清朝画家笪重光。
69. 贲，读 Bēn。如汉朝将军贲赫。
70. 轘，读 Huǎn。
71. 爨，读 Cuàn。
72. 撖，读 Hàn。
73. 禤，读 Xuān。
74. 郤，读 Xì。如三国时蜀汉太守郤正。
75. 酆，读 Fēng。
76. 蹇，读 Jiǎn。如春秋时秦国大夫蹇叔。
77. 甯，读 Nìng。如南宋初东华派创始人甯全真。
78. 仝，读 Tóng。如明朝初年数术家仝寅。
79. 迮，读 Zé。如乾隆朝内阁中书迮云龙。
80. 芇（繭），读 Màn。
81. 蒯，读 Kuǎi。
82. 呙，读 Guō。如宋朝官吏呙辅。

五、易读错的复姓

83. 令狐，读 Línghú，不读 lìnghú。
84. 尉迟，读 Yùchí，不读 wèichí。

85. 单于，读 Chányú，不读 dānyú。
86. 长孙，读 Zhǎngsūn，不读 chángsūn。
87. 万俟，读 Mòqí，不读 wànsì。
88. 皇甫，读 Huángfǔ，不读 huángpǔ。
89. 毌丘，读 Guànqiū，不读 wúqiū 或者 mǔqiū。

第四节　易读错的地名

本节内容已与《新华字典（第 12 版）》《现代汉语词典（第 7 版）》校验

1. 丽水（Líshuǐ），地名，在浙江。
2. 台州（Tāizhōu），地名，在浙江。
3. 嵊州（Shèngzhōu），地名，在浙江。
4. 鄞州（Yínzhōu），地名，在浙江。
5. 乐清（Yuèqīng），地名，在浙江。
6. 诸暨（zhūjì），地名，在浙江。
7. 歙（Shè）县，地名，在安徽。
8. 亳州（Bózhōu），地名，在安徽。
9. 枞阳（Zōngyáng），地名，在安徽。
10. 黟（Yī）县，地名，在安徽。
11. 濉（suī）溪，地名，在安徽。
12. 蚌埠（Bèngbù），地名，在安徽。
13. 砀山（Dàngshān），地名，在安徽。
14. 盱眙（Xūyí），地名，在江苏。
15. 邗江（Hánjiāng），地名，在江苏。
16. 邳州（Pızhōu），地名，在江苏。
17. 甪（lù）直，地名，在江苏。
18. 氾（fán）水，地名，在江苏。
19. 睢（suī）宁，地名，在江苏。
20. 浒（xǔ）墅关，地名，在江苏。
21. 莘庄（Xīnzhuāng），地名，在上海。
22. 长汀（tīng），地名，在福建。
23. 穆棱（Mùlíng），地名，在黑龙江。
24. 珲春（Húnchūn），地名，在吉林。
25. 桦（huà）甸，地名，在吉林。
26. 阜（fù）新，地名，在辽宁。
27. 桓（huán）仁，地名，在辽宁。
28. 岫（xiù）岩，地名，在辽宁。

29. 巴彦淖（nào）尔，地名，在内蒙古。
30. 磴（dèng）口，地名，在内蒙古。
31. 蓟（Jì）县，地名，在天津。
32. 蔚（Yù）县，地名，在河北。
33. 井陉（xíng），地名，在河北。
34. 蠡（Lǐ）县，地名，在河北。
35. 藁城（Gǎochéng），地名，在河北。
36. 涿州（Zhuōzhōu），地名，在河北。
37. 乐（lào）亭，地名，在河北。
38. 南堡（bǔ），地名，在河北。
39. 冉（rǎn）庄，地名，在河北。
40. 邯郸（Hándān），地名，在河北。
41. 隰（xí）县，地名，在山西。
42. 洪洞（Hóngtóng），地名，在山西。
43. 汾（fén）阳，地名，在山西。
44. 解（xiè）池，湖名，在山西。
45. 忻（xīn）州，地名，在山西。
46. 莒（Jǔ）县，地名，在山东。
47. 茌平（Chípíng），地名，在山东。
48. 临沂（yí），地名，在山东。
49. 临朐（Línqú），地名，在山东。
50. 郯城（Tánchéng），地名，在山东。
51. 无棣（dì），地名，在山东。
52. 兖州（Yǎnzhōu），地名，在山东。
53. 淄（zī）博，地名，在山东。
54. 东阿（Ē），地名，在山东。
55. 曲阜（fù），地名，在山东。
56. 单（Shàn）县，地名，在山东。
57. 鄄城（Juànchéng），地名，在山东。
58. 芝罘（Zhīfú），山名，又岛名，都在山东。
59. 铅山（Yánshān），地名，在江西。
60. 婺（wù）源，地名，在江西。
61. 弋（yì）阳，地名，在江西。
62. 耒（lěi）阳，地名，在湖南。
63. 郴州（Chēnzhōu），地名，在湖南。
64. 汨罗江（Mìluó Jiāng），水名，发源于江西，流至湖南入洞庭湖。
65. 芷（zhǐ）江，地名，在湖南。

66. 筻口（Gàngkǒu），地名，在湖南。
67. 枨（chéng）冲，地名，在湖南。
68. 黄陂（Huángpí），地名，在湖北。
69. 郧（Yún）县，地名，在湖北。
70. 秭归（Zǐguī），地名，在湖北。
71. 监利（Jiànlì），地名，在湖北。
72. 猇亭（Xiāotíng），地名，在湖北。
73. 蕲（qí）春，地名，在湖北。
74. 浚（xùn）县，地名，在河南。
75. 柘（zhè）城，地名，在河南。
76. 武陟（zhì），地名，在河南。
77. 泌阳（Bìyáng），地名，在河南。
78. 渑池（Miǎnchí），地名，在河南。
79. 荥阳（Xíngyáng），地名，在河南。
80. 长垣（yuán），地名，在河南。
81. 中牟（mù），地名，在河南。
82. 东莞（Dōngguǎn），地名，在广东。
83. 番禺（Pānyú），地名，在广东。
84. 儋州（Dānzhōu），地名，在海南。
85. 郫（Pí）县，地名，在四川。
86. 珙（gǒng）县，地名，在四川。
87. 犍为（Qiánwéi），地名，在四川。
88. 荥经（Yíngjīng），地名，在四川。
89. 邛崃（Qiónglái），山名，在四川。
90. 筠连（Junlián），地名，在四川。
91. 阆（Làng）中，地名，在四川。
92. 涪（fú）陵，地名，在重庆。
93. 綦（qí）江，地名，在重庆。
94. 北碚（bèi），地名，在重庆。
95. 勐（měng）海，地名，在云南。
96. 栎阳（Yuèyang），地名，在陕西。
97. 柞水（Zhàshuǐ），地名，在陕西。
98. 吴堡（bǔ），地名，在陕西。
99. 巴音郭楞（léng），地名，在新疆。
100. 尉犁（Yùlí），地名，在新疆。

第三部分　普通话发声训练

第一章

认识科学练声

社会的发展进步，拉近了人与人之间的距离。人们的日常学习、工作和生活都离不开普通话的支持。但是就现实情况而言，由于地方方言、地域教育等条件的限制，人们说话的口音不一，导致人们日常的生产生活交流出现障碍，正常的学习工作等活动也受到影响。所以，要想把普通话说得字正腔圆，就必须掌握科学的发声方法，通过科学的发声方法训练，使普通话能够尽量接近字正腔圆的标准。

这部分内容从就吐字发声时咬字器官的科学配合，普通话语音发声的气息控制、喉部控制、口腔控制等发声技巧等方面对科学的发声方法进行探讨研究，以使人们的普通话更加标准，达到字正腔圆的效果，扩展嗓音对有声语言表达的支撑能力；建立良好的用声习惯，做到声气通畅、用声自如、声情并茂，运用自己的声音准确生动地讲述、表达和抒发。

一、练声的目的

练声是运用科学系统的方法和材料，对具有一定先天条件的人，开发发声器官潜在能力的声音训练过程。科学的练声过程是理论与实践、方法与效果高度统一的过程。在这里需要说明的是，对于以嗓音为表现手段的艺术，我们可以把它们人体归纳为两类：一类是唱的艺术，一类是说的艺术。我们在这里要讲的全部限定在说的艺术这个范畴之内。

二、练声的原则

练声的原则是每一个练声者必须首先注意的。它包括下面几个方面：

一是练声要在一定的理论知识的基础上进行。也就是说要用理论去指导实践，不能盲目瞎练。若没有专业人士的科学指导，盲目瞎练，不但无法练就好声音，反而容易对嗓子造成不可逆的损伤。这一点是十分重要的！

二是要结合练声者的具体发声条件。需要明确的是，每个人的发声能力是有强弱差异的，我们应该客观看待这个问题。要在专业训练过程中掌握科学方法，保护发声器官，不能盲目攀比声音的大小或质量，从自身条件出发，做到量力而行、科学训练。

三是要结合有声语言艺术和普通话语音特点的规律。要明白，练声的最终目的是语言表达与传播，要强调以字带声，字正腔圆。

四是训练要坚持不懈，持之以恒。播音与主持属于“口耳之学”，与话剧、曲艺等有声语言艺术门类一样，从业人员必须经过不断的训练，在训练过程中，多思考、多揣摩，不断优化练声效果，使专业能力得到提高和拓展。

五是训练中要做到状态积极，量力而行，循序渐进。要把基本功训练与实践应用紧密地联系起来。要通过练功和有声语言实践两方面来提高嗓音质量和发声能力。

三、练声的时间

练声的时间和地点在一定的程度上影响练声的效果。因此，有必要在这里做简要的说明。人们一般认为早晨练声比较好，实际上练声时间的选择和练声效果之间没有必然的联系。什么时间练因人而异，只要能把它作为正常作息安排的一部分，天天练、不间断就可以了。如果在睡眠过后练声，那么注意要先做一些轻缓的运动，把身体活动开，特别要使大脑由抑制转入兴奋状态。

练声时间的长短，应该根据嗓子的承受能力和练声的效果来定。对于初学者来说，时间可以短一些，比如说每次十五到二十分钟就可以了；次数呢，可以多一些，每天练三到四次为好。随着嗓子承受能力的提高，可以逐步延长时间和减少次数。

另外，每次练声不必强求时间划一，也就是说不用每次都练四十分钟或者三十分钟。这取决于自我感觉。感觉比较好、效果明显的时候，可以适当延长；相反，感觉不好、一时不见效果，就可以停下来另找时间练习。这样做有助于稳定练声时的心态，对提高练声效果是有积极意义的。

四、练声的地点

练声的地点应该选择在噪声比较小、没有明显回音的地方，比如公园里。由于发声环境影响听觉反馈，所以最好不要频繁地更换练声地点。天气不好、气温比较低的时候，应该选择在适当的室内场地练声。

五、练声的内容

练声的基本内容应该包括常规练习和特殊练习两个部分。所谓常规练习就是每天都要进行的，针对气息控制、口腔控制、共鸣控制等发声各方面控制能力的发展所编排的练习。所谓特殊练习，是针对发声当中存在的各种问题所进行的练习。本书涉及的练声方法都是在没有老师面对面指导的情况下可以自己练的方法。

第二章

气息控制训练

“气者，音之帅也”，没有气息，声带就不能振动发声。气息控制能力的强弱对有声语言艺术来说十分重要。人们日常的呼吸比较平稳，比较浅。有声语言艺术发声的气息变化很多，日常呼吸是远远不能满足有声语言艺术创作需要的。有声语言艺术创作者必须通过学习锻炼，掌握科学的呼吸方法，不断提高自己的气息控制能力。

胸腹联合式呼吸法

胸腹联合式呼吸法是用胸腔、横膈肌、腹肌联合控制气息的方法，呼吸的活动范围大、伸缩性强，它可以增强操纵和支持声音的能力，为气息均衡、平稳的呼出提供条件。在训练之前，要保持良好的心态：自信、兴奋、积极、从容。

（上）（下）

扫一扫看视频

胸腹联合式呼吸的总体感觉：随着气流从口鼻同时吸入，两肋向两侧扩张，同时腰带感觉渐紧，小腹控制渐强；呼气时，保持住腹肌的收缩感，以牵制膈肌与两肋使其不能回弹；随着气流的缓缓呼出，小腹逐渐放松，但最后仍然要有控制的感觉；而膈肌和两肋则在这种控制下，逐渐恢复自然状态。

语言的表现力是靠声音色彩的变化来实现的，而声音色彩的变化在很大程度上又要依赖富有活力的气息运动。因此在获得稳劲、持久的呼吸控制能力的基础上，还应进一步掌握运动着的气息的控制规律，要做到“吸气一大片，呼气一条线；气断情不断，声断意不断”，做到能随内容和感情的变化而变化。

（一）呼吸肌的训练

呼吸肌的力量和灵活程度是使呼吸控制达到“自动化”运动的物质条件。锻炼膈肌、腹肌的目的是使它们有力而灵活，在发声当中提供稳定充足的动力，保证声道的畅通。

扫一扫看视频

1. 膈肌咽壁的锻炼

第一步：深吸气以后，用这一口气发出两三个扎实的 hei 音，不断重复，坚持数日。

第二步：在做好第一步的基础上增加弹发次数，一直到一口气能够弹发七八次。这里需要注意，在弹发的过程中，气的力度应该均匀，声音要保持一定的音高和音量，音色也要始终一致。

第三步：坚持练习第二步数日以后就可以获得自动进气的感觉，然后要由慢到快，稳健轻巧地连续弹发 hei 音，最后达到要慢就慢，要快就快的程度。

第四步：在做好第三步的基础上，做改变音高、音量和音色的练习。比如说，虚实的变化就是一种音色的练习。在做改变音高的练习时，要注意共鸣的调整。

2. 腹肌的锻炼

腹肌的力量可以通过做仰卧起坐来锻炼。从能力上讲，如果具备连续做 25 次到 30 次仰卧起坐的能力，那么你就有了声音训练的基础，也就是说你腹肌的力量就够了。

（二）胸腹联合式呼吸训练

1. 基本状态

扫一扫看视频

自然站立，两腿分开约与肩齐；小腹微收，腰、胸挺立不僵不懈；肩、颈松弛，两臂自然下垂；双目平视或微闭，面带微笑，颊肌上提，下颌微收，双唇微闭；牙关、舌根、喉头均放松，舌面放平，舌尖轻抵下齿背。

上述要领既是胸腹式联合呼吸法练习的预备状态，也是语言训练的基本状态。在练习时可从下至上、由外至内逐一检查，看基本状态是否正确。尤其须注意的是，肩不可耸，腰不可塌，喉部一定要放松，内心情感要愉悦。

呼吸练习谚语：

心情舒畅展胸怀，
精神饱满两肋开。
肩喉莫紧腰莫怠，
不觉吸气气自来。

2. 慢吸慢呼

（1）慢吸慢呼，发“丝”声

调节好呼吸基本状态，一手可轻放腰肋部以感觉其舒张与收缩情况，一手可轻放小腹部以检查其是否保持微缩，然后如闻花香一般以鼻缓缓吸气。气息吸入程度不可至满，感觉前胸微起或已达两腋便不能再吸，以免肩颈肌肉紧张及耸起。气息吸入程度适当，不吸不呼，控制现状 10 秒钟，然后如春蚕吐丝般以口缓缓呼气或口型成发“一”的状态轻发“丝”声将气呼出。

（2）慢吸慢呼，发“小兰”，声音渐渐远去

（3）慢吸慢呼，发“ɑ”延长音

在自己发音最舒服的音域内，声音由小到大，由低到高，由近到远，由弱到强。下颚、舌根不紧张，喉部放松。气息通畅自如，让气流集中打到硬腭前部。

（4）慢吸慢呼，数数儿

扫一扫看视频

保持正确的基本呼吸状态下，慢吸气至八成满，然后以大约每秒一个数字的速度数数儿：“1、2、3、4……”要吸一口气数，中途不换气、不补气，并保证数字之间语音规整、声音圆润集中、音高一致、力度一致；出声则出

气。不出声不漏气；开头的数字气不冲、声不紧，近尾的数字气不憋、声不噎。气竭则声停。注意：数数儿时，声带喉头保持正常发声的通畅感，不因吸气较满呼吸肌紧张而扼喉。一般来说，吸一口气数数儿的持续时间达到 30～40 秒即完成训练要求。开始练习时，不要单纯追求数了多少数字，重点应放在锻炼呼吸发声的控制力上。经过一段时间的锻炼，呼吸控制力强了，数字便会数得多了。

（5）慢吸慢呼，数葫芦

“一口气数不了 24 个葫芦，一个葫芦、两个葫芦、三个葫芦……”数葫芦的呼吸控制及用声要求，与上一个数数儿的练习一样。一般达到一口气能数 15 个至 20 个葫芦即可。虽然数葫芦接近说话状态，难度较大，但是练好了更容易结合话筒前用声用气的实际控制状态。

扫一扫看视频

（6）慢吸慢呼，数枣儿

出东门儿，过大桥，大桥底下一树枣，拿着竿子去打枣，青的多红得少，一个枣儿，两个枣儿，三个枣儿，四个枣儿，五个枣儿，六个枣儿，七个枣儿，八个枣儿，九个枣儿，十个枣儿，十个枣儿，九个枣儿……一个枣儿。

这是一个绕口令儿，一口气说完才算好。

（7）慢吸快呼

缓缓吸入一口气，然后快速发声。比如，说绕口令《班干部管班干部》《吃葡萄不吐葡萄皮》等。

扫一扫看视频

3. 快吸慢呼

选择发音响亮的音节组成的人名，比如：小兰。

选择上声的音节进行夸张的气息训练，也可以进行夸张四声训练（内容见本书第 74 页声调训练）。

假设这个熟识的“小兰”在远处，你发现了她，要喊她，迅速地抢吸一口气，然后拖长腔喊她。

扫一扫看视频

4. 气息控制运动状态的训练

（1）结合声调训练

训练提示：

☞ 语言是有节奏的，人们说话声音的高低、长短、强弱都有自己的节奏。汉语声调的抑扬顿挫赋予音节优美的旋律，读起来会产生美的感受。

☞ 声调夸张四声训练（参见本书第 74 页声调训练）可以帮助学习者体会如何随音高变化调整呼吸控制运动状态。

（2）结合格律诗训练

训练提示：

☞ 第一步，按呼吸控制运动状态与声调结合的要求，用较慢的速度将音节颗粒清楚地读出。特别是韵脚音节，要读得饱满到位。

☞ 第二步，结合诗的意境，声情并茂地朗读。

发花辙

泊秦淮

杜牧

烟笼寒水月笼沙，夜泊秦淮近酒家。
商女不知亡国恨，隔江犹唱后庭花。

梭波辙

望洞庭

刘禹锡

湖光秋月两相和，潭面无风镜未磨。
遥望洞庭山水翠，白银盘里一青螺。

乜斜辙

江雪

柳宗元

千山鸟飞绝，万径人踪灭。
孤舟蓑笠翁，独钓寒江雪。

一七辙

闻王昌龄左迁龙标遥有此寄

李白

杨花落尽子规啼，闻道龙标过五溪。
我寄愁心与明月，随君直到夜郎西。

姑苏辙

芙蓉楼送辛渐

王昌龄

寒雨连江夜入吴，平明送客楚山孤。
洛阳亲友如相问，一片冰心在玉壶。

怀来辙

望天门山

李白

天门中断楚江开，碧水东流至此回。
两岸青山相对出，孤帆一片日边来。

灰堆辙

凉州词

王之涣

黄河远上白云间，一片孤城万仞山。
羌笛何须怨杨柳，春风不度玉门关。

遥条辙

咏柳

贺知章

碧玉妆成一树高，万条垂下绿丝绦。

不知细叶谁裁出，二月春风似剪刀。

由求辙

黄鹤楼送孟浩然之广陵

李白

故人西辞黄鹤楼，烟花三月下扬州。

孤帆远影碧空尽，唯见长江天际流。

言前辙

望庐山瀑布

李白

日照香炉生紫烟，遥看瀑布挂前川。

飞流直下三千尺，疑是银河落九天。

人辰辙

清明

杜牧

清明时节雨纷纷，路上行人欲断魂。

借问酒家何处有？牧童遥指杏花村。

江阳辙

闻乐天授江州司马

元稹

残灯无焰影幢幢，此夕闻君谪九江。

垂死病中惊坐起，暗风吹雨入寒窗。

中东辙

送日本国僧敬龙归

韦庄

扶桑已在渺茫中，家在扶桑东更东。

此去与师谁共到，一船明月一帆风。

（3）换气训练

①结合播报名单做换气练习

训练提示：

☞ 朗读名单时，名字之间的间隔要均匀，保持“中中重”的格式。

习近平主席签署主席令，首次授予为新中国建设和发展做出杰出贡献的功勋模范人物国家勋章和国家荣誉称号。其中，获得“共和国勋章”的有于敏、申纪兰、孙家栋、李延年、张富清、袁隆平、黄旭华和屠呦呦，获得国家荣誉称号的有叶培建、吴文俊、南仁东、顾方舟、程开甲、于漪、卫兴华、高铭暄、王蒙、秦怡、郭兰英、艾热提·马木提、申亮亮、麦贤得、张超、王文教、王有德、王启民、王继才、布茹玛汗·毛勒朵、朱彦夫、李保国、都贵玛、高德荣、热地、董建华、李道豫和樊锦诗。

②新闻性稿件中一些长句子播读时的换气训练

新华社北京 6 月 17 日电：国家主席习近平 17 日晚在北京主持中非团结抗疫特别峰会并发表题为《团结抗疫共克时艰》的主旨讲话。习近平强调，面对疫情，中非相互声援、并肩战斗，中非更加团结，友好互信更加巩固。中方珍视中非传统友谊，无论国际风云如何变幻，中方加强中非团结合作的决心绝不会动摇。中方将继续全力支持非洲抗疫行动。双方应坚持人民至上、生命至上，尽最大努力保护人民生命安全和身体健康，坚定不移携手抗击疫情，坚定不移推进中非合作，坚定不移践行多边主义，坚定不移推进中非友好，共同打造中非卫生健康共同体和更加紧密的中非命运共同体。会议发表《中非团结抗疫特别峰会联合声明》，向国际社会发出中非团结合作的时代强音。

③情声气结合训练

人的情感尽管变化多端，但归纳起来也不外乎喜、怒、忧、思、悲、恐、惊，即所谓的“七情”。而与“七情”相配合的气息的变化也是有基本规律的，它是随着“七情”的变化而变化的：当人们心情欢悦时，多半是提气的状态；当人们气愤恼怒时，多半是憋气的状态；当人们悲伤时，多半是长呼气状态；当人们惊惶恐惧时，多半是倒吸一口气的状态；当人们思虑或思念时，多半是托气的状态。

大家可根据“七情”的变化规律，自己造句来体会因情而发的气息的运动状态。

A. 设计不同情感、态度，调整气息状态。

例 1：“啊”

分别设计为：允诺；赞叹；质疑；惊恐。

例 2：“下雨了”

分别设计为：盼望已久；警告众人；兴致全无。

B. 设计不同语境，调整气息状态。

例 1：“听众朋友，您好！”

分别设计为：电台夜话栏目开始语；电台早间新闻开始语。

例 2：“观众朋友，晚上好！”

分别设计为：《新闻联播》栏目开始语；综艺晚会直播现场。

第三章

口腔控制训练

口腔控制是指为使语音准确清晰、声音圆润集中而对口腔各发音器官的发音动作进行适度调节，既是吐字发声训练的重要环节，也是初学者从松散的发音状态向训练有素的发音状态过渡的重要一步。口腔控制既关系到吐字的清晰度、力度，也关系到声音质量。

一、口部训练

1. 打开口腔

扫一扫看视频

①打开牙关：指双侧上后槽牙保持向上提起的感觉。这样就加大了口腔开度，丰富了共鸣。大家可以用含有 q 的音节来做夸张的练习，这样会取得明显效果。例如：前（qián）。

②提颧肌：颧肌稍带紧张感，使该部位肌肉向外上方稍稍提起，这就是提颧肌。提颧肌能使我们的发音更清晰、明亮。

③挺软腭：可以用夸张吸气和“半打哈欠”来体会，这时软腭一般是挺起的状态。适度保持这种状态去发音，你就可能听到不同于平时的声音效果。此外，有些字音［如“好（hǎo）］在发音时可以明显感觉到口腔后部的开度较大，用它去带发其他音节也会收到较好的效果。

④放松下巴：发音时下颌向内微收，开合动作保持自然。初练时可用手扶住下巴，放松肌肉，然后缓缓抬头打开口腔，再缓缓低头闭口，体会放松下巴的感觉。

2. 双唇练习

扫一扫看视频

流传的口部操很多，下面我们向大家介绍几节比较实用的口部操。

①喷——双唇紧闭，堵住气流，突然放开发出 po 音。注意，不要满唇用力，把力量集中在唇的中央三分之一：“po po po”。

②咧——将双唇撅起来，然后向嘴角用力，向两边伸展。这就是我们平常所说的“咧”，这样反复进行，这一节是听不到声音的。

③撇——双唇撅起来，然后向左歪再向右歪，交替进行。

④绕——双唇紧闭，撅起，然后向左转 360 度，再向右转 360 度，这样交替进行。这里应该注意，向左转多少圈，向右就应该转多少圈。

3. 舌头练习

扫一扫看视频

①伸舌——把口开大，提颧，要感觉鼻孔略微张开一些，然后努力地把舌头往外伸，舌尖越尖越好。伸出来后，再往回缩，缩到最大的程度，这样反复地做。

②刮舌——舌尖抵下齿背，舌体用力，用上门齿的齿沿刮舌尖和舌面，这样反复进行。

③捣舌——把一个像枣核一样的物体竖放在舌面上，比如一个橄榄核、一个枣核或者一小块糖，核尖或糖的一端正对着前舌，这是竖放。用舌面挺起的动作使它翻转起来，这样反复进行。

④弹舌——先把力量集中在舌尖，抵住上齿龈，堵住气流，堵住呼出的气流，然后突然打开爆发出 te 音，反复进行。这里应该注意，舌的中纵线要用力，越有力越好，这样反复进行，爆发出 te 音。

⑤顶舌——闭唇，用舌尖顶左右的内颊，交替进行，左边一下右边一下，左边一下右边一下。

⑥转舌——闭唇，把舌尖伸到口腔前庭，也就是把舌尖伸到齿唇的中间，先按顺时针方向环绕 360 度，然后再按逆时针方向环绕 360 度，这样交替进行。

⑦立舌——先把舌头自然地平放在下齿槽中，也就是很自然地放在那儿，然后，向左翻立起来，倒换过来，再向右翻立起来，这样来回交替进行。

4. 咀嚼练习

嘴角咧开，缩舌，用力做咀嚼动作。张口咀嚼与闭口咀嚼结合练习，每次做口部操的时候都应该多做几次。

二、发音练习

发唇部音时，要把力量集中于唇的中央三分之一处；发舌部音时，力量应集中于舌的中线，舌体取“收势”，把字音沿上腭中线，送到硬腭前部。忌满口用力、声音散。

1. 拼读

b

巴	白	宝	帮	必
本部	辨别	白布	标兵	表白

p

排	畔	盆	扑	配
评判	乒乓	偏旁	铺平	爬坡

m

妈	买	毛	面	门
埋没	麻木	面貌	明媚	门面

f

发	泛	房	肥	奋

丰富	奋发	方法	反复	防范
d				
搭	带	担	档	到
道德	电灯	带动	单调	打倒
t				
他	坛	特	推	吞
团体	贪图	梯田	推托	探听
n				
南	脑	内	泥	娘
男女	恼怒	泥泞	能耐	南宁
l				
来	铃	刘	龙	楼
理论	联络	料理	来路	嘹亮
g				
概	根	古	甘	工
改革	公共	骨干	个股	梗概
k				
凯	坎	课	口	哭
开垦	宽阔	可靠	困苦	坎坷
h				
海	河	好	黑	坏
黄河	横祸	缓和	航海	荷花
j				
家	剑	街	金	景
经济	紧急	坚决	交界	积极
q				
恰	前	强	桥	全
恰巧	亲切	请求	弃权	崎岖
x				
夏	先	香	小	瞎
虚心	喜讯	习性	想象	休息
zh				
展	注	追	重	招
政治	战争	执政	主张	郑重
ch				
拆	厂	车	陈	除
戳穿	查抄	长城	出产	抽查

sh

晒	山	蛇	水	说
事实	伤势	设施	时事	神圣

r

然	热	软	忍	荣
荏苒	扰攘	饶人	忍让	仍然

z

脏	咱	早	泽	走
总则	宗族	曾祖	罪责	栽赃

c

仓	层	辞	粗	寸
草丛	苍翠	层次	参差	残存

s

赛	三	扫	苏	随
诉讼	琐碎	色素	洒扫	四散

2. 扁唇音和圆唇音的连续练习

齐—合

低估	涤纶	抵触	地位	计划	基础
益处	嫡传	启动	解除	急促	积存

齐—撮

衣着	低云	抵御	缔约	检举	积蓄
的确	鲫鱼	机遇	编剧	基于	定局

3. 宽韵窄发 窄韵宽发

扫一扫看视频

宽韵窄发

妈妈骑马，马慢，妈妈骂马。

窄韵宽发

老毕篱下脱坯，老季窗西喂鸡。

村里新开一条渠，弯弯曲曲上山去。河水雨水渠里流，满山庄稼一片绿。

4. 圆唇扁发 扁唇圆发

圆唇扁发

调到敌岛打特盗，特盗太刁投短刀。挡推顶打短刀掉，踏盗得刀盗打倒。

扁唇圆发

坡上立着一只鹅，坡下就是一条河。弯弯的河，肥肥的鹅，鹅要过河，河要渡鹅。

除了口腔控制形成“枣核形”，在语流当中要做到圆唇扁发，扁唇圆发，宽韵窄发，窄韵宽发，大家要注意牙关的柔滑。

第四章

喉部控制训练

一、喉部控制的重要性

人体中，介于咽和气管之间的部分称为喉，它是发声系统中最具代表性的器官。声带是喉的一部分。如果说气息是人类发声的动力源，口腔和共鸣器官是调音区，那么喉部就是发声的声源区。喉部的构造决定了一个人的声音特征，但发出的声音是否好听，除去喉部构造的先天条件外，发声方法的正确与否也是非常重要的。因此，要想提高声音的质量和美感，使嗓音更持久、更自如，就必须重视发声过程中对喉部的支配与控制。

二、喉部控制要领

关于喉部控制的把握，我们可从两方面来进行：一是喉头的相对稳定；二是喉部的相对放松。说起控制，多数人会想到通过肌肉的紧张用力来控制所需部位。然而对于喉部控制的学习，不只紧张才是控制，喉部的适当放松也是一种控制。发声时，我们的两条声带并不是紧密闭合，而是轻松靠拢的。从感觉上来说，此时的喉部就处于一种相对放松的状态，因此喉部肌肉才能够自如灵活地运动，也才能较好地和由肺部呼出的气流协同配合，完成发音过程，发出悦耳的声音。

（一）喉头的相对稳定

扫一扫看视频

发声时，喉头应保持相对固定，因为提喉发声会使声音发紧，有“挤”出来的感觉；而压喉发声则会使声音听起来很“闷”，影响吐字的清晰度。因此我们发声时应注意保持喉头的相对稳定，找到自己合适的用声位置，使发出的声音通畅、自然、宽窄适度。

具体可通过以下方法来体会：

1. 吞咽口水，感受喉头的上下移动，之后再有意识地提起、降下喉头，反复进行，并灵活控制。

2. 对着镜子或用手摸着喉头，打开口腔保持发 ɑ 音的状态，同时设想听到、看到一个令人惊喜、惊讶或震惊的事情，但是发不出声来。这时便可感受到喉部在一提一放的紧张和松弛变化中所形成的喉头的上下位移。

3. 发音时舌位的高低前后以及口腔开度的大小变化都会连带着喉头上下移动，我们可利用一些音发音时的舌位和开口度等特点来训练喉头的上下控制力。例如发 ɑ、o、e、i、u、ü 的延长音，体会喉头上下移动的位移感。

4. 利用舌位高低前后、开口度大小的变化，由一个元音的延长音直接过渡到另一个元音的延长音，以此来体会和控制喉头的上下移动，并保持喉头在发音时的稳定。

ɑ—i　ɑ—ü　u—i　u—ü　ɑ—e　i—o　ü—o　ɑ—o

（二）喉部的相对放松

喉部压力越大，声音就越暗淡，这是由发音时声带紧密闭合的状态造成的。语音发声时，两条声带不是紧密闭合，而是轻松靠拢的。因此，喉部的放松控制可用吸气状态发音的感觉来体会。人在吸气时，声带是自然轻松张开的，而发声时，虽然声带不是张开的，但也可以寻找吸气时声带轻松张开的感觉进行发音，这样声带就能呈轻松靠拢状。所发出的声音，就是虚实结合、音色柔和的自然声音。

具体可用以下练习来体会：

1. 半打哈欠

提上腭，保持口腔静态控制，用嘴吸气，体会气流通过口腔到达声带的感觉，此时声带自然张开，紧接着发带有气声较多的 ɑ 的延长音，感受声带放松时发声的感觉。

扫一扫看视频

2. “气泡音”练习

通过调整气息，使喉部“吹”出气泡一样的声音。半打哈欠，提上腭，使口腔保持静态控制，再用发 ɑ 的状态发气泡音。声带的闭合状态要保持始终如一，气息和气泡的弹发时间要均匀，大小要一样。值得提醒的是，如果喉部紧张，气泡音是发不出来的。只有两条声带轻微闭合，再以少量的气息振动声带，发出的声音才能像从口腔里跑出的一个个小气泡：ɑ……ɑ……ɑ……

3. 单元音“气泡音”训练

状态积极、情绪饱满，在口腔保持静态控制前提下通过唇舌变化发出 6 个单元音，以此进行气泡音训练：ɑ……o……e……i……u……ü……

4. 结合声调训练

拉长字腹，体会不同声调发音时喉部的控制状态，并在慢发的过程中及时纠正不正确的发声状态；第二遍恢复正常速度，注意调值到位。例如：

播音	新闻	发展	播送
国歌	人民	读者	前进
北京	语言	永远	理论
下乡	调查	重点	政策

5. 结合古诗词训练

练习时，要体会在相同音高、音强上，拉开字腹、喉部放松的状态。并注意以情运气，以情带声。

江雪

柳宗元

千山鸟飞绝，万径人踪灭。
孤舟蓑笠翁，独钓寒江雪。

春江花月夜

张若虚

春江潮水连海平，海上明月共潮生。
滟滟随波千万里，何处春江无月明！
江流宛转绕芳甸，月照花林皆似霰；
空里流霜不觉飞，汀上白沙看不见。
江天一色无纤尘，皎皎空中孤月轮。
江畔何人初见月？江月何年初照人？
人生代代无穷已，江月年年望相似。
不知江月待何人，但见长江送流水。
白云一片去悠悠，青枫浦上不胜愁。
谁家今夜扁舟子？何处相思明月楼？
可怜楼上月裴回，应照离人妆镜台。
玉户帘中卷不去，捣衣砧上拂还来。
此时相望不相闻，愿逐月华流照君。
鸿雁长飞光不度，鱼龙潜跃水成文。
昨夜闲潭梦落花，可怜春半不还家。
江水流春去欲尽，江潭落月复西斜。
斜月沉沉藏海雾，碣石潇湘无限路。
不知乘月几人归，落月摇情满江树。

另外，提醒大家注意，在发声过程中，喉部控制是不能脱离呼吸控制和口腔控制的配合而单独进行的，只有三者协调配合，才能发出高质量的声音。

第五章

吐字归音训练

普通话音节分为声母、韵母（韵头、韵腹、韵尾）、声调，也可叫作字头、字颈、字腹、字尾、字神。根据汉语语音特点，将一个音节的发音过程分为“出字”“立字”“归音”三个阶段。通过对每一阶段的精心控制，使吐字达到清晰有力、珠圆玉润的境界。要求是：出字要叼住弹出，立字要拉开立起，归音要弱收到位。

出字

出字是指头（声母）和颈（介音，也叫韵头）的发音过程，即“咬字”阶段。咬字要求干净利落、弹发有力，并与韵头迅速结合。例如“电（diàn）”，d 是字头，i 是韵头，ɑ 是字腹，n 是字尾。

扫一扫看视频

整个字头的发音应具有一定的弹射力，这是整个音节是否有“力度”的关键。字头部位是否准确，咬字是否适当，是汉语语流中是否字字清晰并且有一定“亮度”的关键。

立字

立字是指韵腹（字腹）的发音过程。韵腹的发音应有“拉开立起”之势，要“立得住”。汉字音节中，口腔开合度最大、泛音共鸣最丰满、声音最响亮的就是韵腹（主要元音）。再加上韵腹是声调（字神）的主要体现者，声调和韵腹充实的声音结合在一起，在有声语言中形成抑扬顿挫的语言音乐美。

扫一扫看视频

归音

归音是指音节发音的收尾过程。要求字尾弱收，肌肉由紧渐松，口腔随之由开渐闭、渐松。归音干净利索，趋向鲜明，既不可拖泥带水留尾巴，也不可唇舌“不到家”。开尾音节收音时应注意用减弱的声波来收束音尾，不要改变口腔的大小，不可“ 吃字”“倒字”“丢字”。“吃字”即吃了字头，出字不好；“倒字”即韵腹发音有毛病，字没立住；“丢音”即归音不到家，丢了字尾。

扫一扫看视频

在口腔控制、吐字归音过程中，我们首先来学习拢、弹、滑、挂、依等几个关键字。通过这几个关键字的展开训练来进行口腔控制、吐字归音的综合练习。

滑，是指牙关在口腔造型时柔滑灵活。在造型的时候能够有一定的开度，在进行造型的过程中要圆滑地过渡。就像门的合页一样，要柔滑，还要无声，不能表现出生硬的状态。发音动作的每一个音节的过程形成“枣核形”。

滑有两层含义，一个是牙关柔滑，二是发音动作过程呈“枣核形”。在发音动作过程中要叼住字头、拉开字腹、收拢字尾。

在叼住字头的时候，分寸感很关键，就像大老虎叼着小老虎过山涧。虎妈妈叼着小老虎，不能因为怕小老虎掉到山涧里，就使劲地叼着小老虎，这样过了山涧，小老虎皮肉很嫩，就会被咬破。同理，我们发音时使劲“咬字”，就会显得很笨拙，字就被“咬”死了。但是，如果虎妈妈过山涧时怕把小老虎的皮肉咬破，就咬得很轻，那么过山涧的时候可能一跃就会把小老虎掉到山涧里。这样也是不行的。

拉开字腹，就是要把嘴张开，把字立起来，使其圆满、丰顺。收拢字尾要做到弱收，送气到家，归音到位。整个过程自然圆滑地连接起来，就形成了“枣核形”的结构。

弹，是指唇的弹动能力。指的是要做到发音轻巧有弹性，唇舌着力点集中。

依，是指唇齿相依。我们在说话的时候，唇和齿是相互配合的，在发音过程中，力量集中在唇的中央三分之一处。唇齿相依要有一定的分寸感，不是使劲地相依或者是僵持地相依。唇齿相依会给我们带来清晰集中的声音效果，同时也可以带来一种极具亲切感的发声效果。

拢，是指唇的展开与归拢。也就是要求我们发音的时候归音到位，送气到家，在控制的过程中有一种圆满的控制状态。

唇的搓和展，是沿着一个预定的轨迹有节律地控制，而不是随便地控制。我们可以通过练习绕口令来进行控制训练。

搓的练习：

调到敌岛打特盗，特盗太叼投短刀。挡推顶打短刀掉，踏盗得刀盗打倒。

展的练习：

哥挎瓜筐过宽沟，赶快过沟看怪狗。光看怪狗瓜筐扣，瓜滚筐空哥怪狗。

挺，是挺软腭，提笑肌。目的是扩大后声腔，使口腔打开。口腔的开度大了，发音造型就饱满充分，会获得积极、热情、明亮、饱满的声音效果。例如：

待到秋来九月八，我花开后百花杀。

冲天香阵透长安，满城尽带黄金甲。

口腔控制不是单纯地为了口腔造型，它还要和气息连贯在一起。所以进行口腔控制的训练要结合气息来进行练习。进行口腔控制的气息练习有以下几种方法：

1. 集中训练。通过“绿”的延长音来进行练习。

2. 打开口腔的练习。我们可以学习声乐里的一个基本功训练：mi ma mi ma……

在打开的过程中找到牙关柔滑开合的过程。

3. 结合气息。我们可以学习鼓点的训练：dong dong ba la ba la dong dong……

这个训练既练了气息的流动，也练习了唇的弹动能力。

4. 打开口腔的练习。打开口腔能够获得立字饱满的声音效果。我们可以通过半打哈欠的训练来完成。

一、吐字归音练习

这部分练习是用来体会和实现咬字器官对音节各部位的控制。具体要求是：字头部位准确、弹动轻快，字腹拉开立起、圆润饱满，字尾干净利索、趋向鲜明。

1. 声母、韵母拼合练习

下面是普通话中 21 个声母和韵母 a（开）、i（齐）、u（合）、ü（撮）的拼合练习。第一，要有一定力度，弹动轻快。第二，要注意唇形，即开口音唇形自然，口咧不要过大；齐齿音口咧不要太扁、太窄；合口音不要撅唇；撮口音唇形不要太圆，只撮上唇两角。

（1）开口

ba、pa、ma、fa、da、ta、na、la、ga、ka、ha、zha、cha、sha、ra、za、ca、sa

（2）齐齿

bi、pi、mi、di、ti、ni、li、ji、qi、xi

（3）合口

bu、pu、mu、fu、du、tu、nu、lu、gu、ku、hu、zhu、chu、shu、ru、zu、cu、su

（4）撮口

nü、lü、ju、qu、xu

（5）综合

ba、bi、bu；pa、pi、pu；ma、mi、mu；fa、fu；da、di、du；ta、ti、tu；na、ni、nu、nü；la、li、lu、lü；ga、gu；ka、ku；ha、hu；jia、ji、ju；qia、qi、qu；xia、xi、xu；zha、zhu；cha、chu；sha、shu；ra、ru；za、zu；ca、cu；sa、su

2. 声母、韵母拆合练习

b—a—ba	b—an—ban	p—a—pa	p—ai—pai
b—ai—bai	b—ang—bang	p—an—pan	p—ang—pang

3. 象声词练习

吧嗒嗒	哗啦啦	叮咚咚	淅沥沥
咕噜噜	滴溜溜	噼啪啪	滴答答
扑哧哧	扑腾腾	咕隆隆	当啷啷
嘀呖呖	噗噜噜	扑棱棱	乒乓乓
呼啦啦	轰隆隆	花楞楞	吱吱吱
刷啦啦	哐当当	扑通通	咯噔噔

4. 绕口令练习

（1）双唇音

b、p

一平盆面

一平盆面，烙一平盆饼，饼碰盆，盆碰饼。

b、m

白庙和白猫

白庙外蹲一只白猫，白庙里有一顶白帽。白庙外的白猫看见了白帽，叼着白庙里的白帽跑出了白庙。

b、p、m

爸爸抱宝宝

爸爸抱宝宝，跑到布铺买布做长袍，宝宝穿了长袍不会跑。布长袍破了还要用布补，再跑到布铺买布补长袍。

（2）唇齿音

f、h

黄幌子和方幌子

老方扛着个黄幌子，老黄扛着个方幌子。老方要拿老黄的方幌子，老黄要拿老方的黄幌子，老黄老方不相让，方幌子碰破了黄幌子，黄幌子碰破了方幌子。

理发和理化

我们要学理化，他们要学理发。理化不是理发，理发也不是理化。理化理发要分清，学会理化却不会理发，学会理发却不会理化。

（3）舌尖中音

d、t

打特盗

调到敌岛打特盗，特盗太刁投短刀。挡推顶打短刀掉，踏盗得刀盗打倒。

白石塔

白石塔，白石搭。白石搭白塔，白塔白石搭，搭好白石塔，石塔白又大。

（4）舌根音

g、k

哥挎瓜筐过宽沟

哥挎瓜筐过宽沟，赶快过沟看怪狗，
光看怪狗瓜筐扣，瓜滚筐空哥怪狗。

（5）舌面音

j、q

七加一

七加一，七减一，加完减完等于几？
七加一，七减一，加完减完还是七。

（6）翘舌音

zh、ch、sh、r

天上有个日头

天上有个日头，地下有块石头，嘴里有个舌头，手上有五个手指头。不管是天上的热日头、地下的硬石头、嘴里的软舌头、手上的手指头，还是热日头、硬石头、软舌头、手指头，反正都是练舌头。

sh、ch

三山撑四水

三山撑四水，四水绕三山。三山四水春常在，四水三山四时春。

zh、ch、sh

师部司令部指示

师部司令部指示：四团十连石连长带四十人在十日四时四十四分按时到达师部司令部，师长召开誓师大会。

（7）平舌音

z、c、s

子词丝

四十四个字和词，组成了一首子词丝的绕口词。

桃子、李子、梨子、栗子、橘子、柿子、槟子、榛子，栽满院子村子和寨子。

刀子、斧子、锯子、凿子、锤子、刨子、尺子，做出桌子、椅子和箱子。

名词、动词、数词、量词、代词、副词、助词、连词，造出诗词和唱词。

蚕丝、生丝、热丝、缫丝、染丝、晒丝、纺丝、织丝，自制粗细丝、人造丝。

5. 四呼训练

（1）开口呼

长江之歌

胡宏伟

你从雪山走来，春潮是你的风采；
你向东海奔去，惊涛是你的气概。
你用甘甜的乳汁，哺育各族儿女；
你用健美的臂膀，挽起高山大海。
我们赞美长江，你是无穷的源泉；
我们依恋长江，你有母亲的情怀。
你从远古走来，巨浪荡涤着尘埃；
你向未来奔去，涛声回荡在天外。
你用纯洁的清流，灌溉花的国土；
你用磅礴的力量，推动新的时代。
我们赞美长江，你是无穷的源泉；
我们依恋长江，你有母亲的情怀。
啊，长江！

（2）齐齿呼

班长

夜里天冷北风急，班长下岗月儿西。手拿针线灯下坐，为我熬夜缝军衣。线儿缝在军衣上，情意缝在我心里。

竹林

雨洒过时一起滋润，风吹过时一起低吟。争相拔节又一起成长，如此坚韧又如此虚心。你可曾见过一根孤竹，我生来的名字就叫竹林。

白雪

像柳絮，像飞蝶，情绵绵，意切切，我爱这人间最美的花朵，白雪飘飘，飘飘白雪。看她那晶莹的花瓣，铺满了天边的原野；看她那轻盈的舞姿，催开了红梅的笑靥。啊！白雪飘飘，飘飘白雪，她赠给大地一片皎洁，她撒向人间多少欢悦！

（3）合口呼

早春呈水部张十八员外

韩愈

天街小雨润如酥，草色遥看近却无。
最是一年春好处，绝胜烟柳满皇都。

故乡的小路

许德清

世上的路有无数，
最难忘还是我故乡的小路。
小路上飘着我童年的歌谣，
小路上留下我第一串脚步。
哎，故乡的小路，
就像恋歌一曲，唱着淳朴的乡音，
它引发我记忆的复苏。
世上的路有无数，
最难忘还是我故乡的小路。
小路牵着我思乡的梦幻，
小路丈量我人生的旅途。
哎，故乡的小路，
就像彩虹飞舞，连着妈妈的情怀，
它铺在我心灵的深处。

（4）撮口呼

村里新开一条渠

村里新开一条渠，弯弯曲曲上山去，河水雨水渠里流，满山庄稼一片绿。

别董大

高适

千里黄云白日曛，北风吹雁雪纷纷。
莫愁前路无知己，天下谁人不识君？

6. 十三辙训练

主要元音相同或相近，尾音相同的韵母归为一类就叫韵辙。我国传统戏曲中分十三辙。

十三辙的名目是：发花、梭波、乜斜、一七、姑苏、怀来、灰堆、遥条、由求、言前、人辰、江阳、中东。要特别指出的是，十三辙中每一辙的名目不过是符合这一辙的两个代表字，并没有其他的意义，所以同样也可以用这一辙的其他字来代表该辙，如“梭波辙”也可以叫“婆娑辙”，“言前辙”也可以称作“天仙辙”或“三千辙”。

练习时，韵腹拉开立起，韵尾归音到位，注意情声气的结合。

十三辙训练内容参见本书第 124～125 页。

7. 人名名单

播读人名名单时，要求字字清晰、饱满，力度均匀，快慢一致。

新华社北京 9 月 17 日电：国家主席习近平 17 日签署主席令，根据十三届全国人大常委会第十三次会议 17 日下午表决通过的全国人大常委会关于授予国家勋章和国家荣誉称号的决定，授予 42 人国家勋章、国家荣誉称号。

根据主席令，授予于敏、申纪兰（女）、孙家栋、李延年、张富清、袁隆平、黄旭华、屠呦呦（女）“共和国勋章”。

授予劳尔 · 卡斯特罗 · 鲁斯（古巴）、玛哈扎克里 · 诗琳通（女，泰国）、萨利姆 · 艾哈迈德 · 萨利姆（坦桑尼亚）、加林娜 · 维尼阿米诺夫娜 · 库利科娃（女，俄罗斯）、让 – 皮埃尔 · 拉法兰（法国）、伊莎白 · 柯鲁克（女，加拿大）“友谊勋章”。

授予叶培建、吴文俊、南仁东（满族）、顾方舟、程开甲“人民科学家”国家荣誉称号；授予于漪（女）、卫兴华、高铭暄“人民教育家”国家荣誉称号；授予王蒙、秦怡（女）、郭兰英（女）“人民艺术家”国家荣誉称号；授予艾热提 · 马木提（维吾尔族）、申亮亮、麦贤得、张超“人民英雄”国家荣誉称号；授予王文教、王有德（回族）、王启民、王继才、布茹玛汗 · 毛勒朵（女，柯尔克孜族）、朱彦夫、李保国、都贵玛（女，蒙古族）、高德荣（独龙族）“人民楷模”国家荣誉称号；授予热地（藏族）“民族团结杰出贡献者”国家荣誉称号；授予董建华“‘一国两制’杰出贡献者”国家荣誉称号；授予李道豫“外交工作杰出贡献者”国家荣誉称号；授予樊锦诗（女）“文物保护杰出贡献者”国家荣誉称号。

8. 地名名单

播读地名名单除了注意字音清晰、颗粒感饱满以外，还要根据地名的音节的不同而调整气息、把握好节奏，做到均匀稳定、持久、托住，运用灵活自如。

鹰潭至新疆喀什 K1661 次旅客列车途经江西、湖北、河南、陕西、甘肃、新疆六省区，沿途停靠九江、麻城、信阳、西安、咸阳、宝鸡、兰州、酒泉、嘉峪关、哈密、吐鲁番、库尔勒、阿克苏等 57 个车站，全程 71 小时 56 分。

9. 节目预告

听众朋友，你们好！中央人民广播电台《中国之声》现在开始播音。

下面预告这次播音时间的节目内容。

06：30 新闻和报纸摘要

07：00 新闻纵横

09：00 央广新闻

12：00 全球华语广播网

13：00 央广新闻

16：30 央广新闻晚高峰

18：30 全国新闻联播

19：00 央广新闻晚高峰

19：30 中国大舞台

20：00 小喇叭

20：30 直播中国

21：00 央广夜新闻

各位听众，本台这次播音时间的节目内容预告完了。

二、吐字归音综合训练

进行综合练习要在理解播读、朗诵材料的基础上进行，要言有所旨、情有所动、积极交流，而不能有字无句，有句无意。要使基础练习的效果逐渐地通向使用。

阳关新曲

李少君

白云常投影于雪山之巅
美人会迷恋镜中的映像

戈壁中，马蹄回音重复地回响
深谷里，潭水循环不停地流淌

我深知自己最易被阳关之美诱惑
边疆寄托了一个湖湘书生的英雄幻想

关外古城墙，野花摇曳，落日熔金
逍遥剑客一壶浊酒一骑沙尘扬长而去

大漠孤烟呼唤新时代的边塞雄风
黄河远上延展中国梦的辽阔境界情怀

阳关曲啊，千百年来一直弦歌不绝
恰如一轮明月悬挂于胸怀天下者的心头

月光下的中国

欧震

我一直想为月光下的中国写一首诗
我喜欢她宁静的样子
喜欢她温柔中的强大力量
在夜色里她银装素裹
仿佛无数雪花的绽放，散发着
梅的清香

在我的故乡，在江南的古镇
我曾经生活的那个老街
就像一片茶叶
浸泡在如水的岁月里
即使到了子夜
在银色的月光下
青石板上依然有异乡的游客
用稀疏的脚步独自品尝

明月当空，其实无须举头仰望
只要透过柳树的发丝
看一看小桥下的流水
月亮就会与你脉脉对视
让你感到怦然心动
让你情不自禁、流连忘返

近处的长亭，远方的古道
那些美丽的传说，真挚的友情、纯贞的爱情
那些倾国倾城的美人
那些临别折柳、相逢一笑
就像一首无谱的音乐
在月光下随风起伏

我想为月光下的中国写一首诗
月光下的中国，大河奔流

白浪溅起满天的星星
月光下的中国，长城巍峨
绵延万里的巨龙
砖的鳞甲闪着银光
如果你站在城墙上
还依稀可以听得到遥远的回声
那些兵器的撞击
那些战马的嘶鸣
英雄逐鹿，万丈豪情快意人生
壮士报国，一腔热血化剑为犁
五千年，仿佛就是一夜之间
衰草枯杨淹没了多少王朝的背影
明月清风中走来的是家国的兴盛

再悠远的历史，折叠起来
不过就是一本线装的古书
不必红袖添香
因为在月光下会阅读得更加清晰
因为月亮还是那轮月亮
千年万年她都始终高悬天空

我一直想为月光下的中国写一首诗
这个夜晚
我在北京，在一家酒店的房间
凭窗眺望
我感觉到了中国的心跳
我看见了车水马龙流光溢彩
我看见了月白风清一扫阴霾
我看见了崛起的城市万家的灯火
在月光下
做着同一个晶莹的梦
我在憧憬着
一个纯净的崭新的黎明
诞生
这个夜晚，在北京
我为月光下的中国写着一首诗
窗外的月亮正在上升

如挂起的云帆
驶入我的心海

安塞腰鼓（节选）

看！一捶起来就发狠了，忘情了，没命了！百十个斜背腰鼓的后生，如百十块被强震不断击起的石头，狂舞在你的面前。骤雨一样，是急促的鼓点；旋风一样，是飞扬的流苏；乱蛙一样，是蹦跳的脚步；火花一样，是闪射的瞳仁；斗虎一样，是强健的风姿。黄土高原，爆出一场多么壮阔、多么豪放、多么火烈的舞蹈哇——安塞腰鼓！

荷塘月色（节选）

月光如流水一般，静静地泻在这一片片叶子和花上。薄薄的轻雾浮起在荷塘里。叶子和花仿佛在牛乳中洗过一样，又像笼着轻纱的梦。虽然是满月，天上却有一层淡淡的云，所以不能朗照；但我以为这恰是到了好处——酣眠固不可少，小睡也别有风味的。月光是隔了树照过来的，高处丛生的灌木，落下参差的斑驳的黑影，峭楞楞如鬼一般；弯弯的杨柳的稀疏的倩影，却又像是画在荷叶上。塘中的月色并不均匀，但光与影有着和谐的旋律，如梵婀玲上奏着的名曲。

第六章

共鸣控制训练

一个物体振动发声，引起另一个物体的振动，使之产生共振的现象，被称为共鸣。人体的共鸣器官主要有胸腔、喉腔、咽腔、口腔、鼻腔、头腔等共鸣腔体。艺术发声共鸣的特点：以口腔共鸣为主、以胸腔共鸣为基础的声道共鸣方式。有声语言艺术发声对共鸣的控制，是一种综合的控制过程，要保证呼吸控制、口腔控制、喉部控制和共鸣控制的协调统一。通过共鸣控制对声音扩大和美化，改善声音质量，提高声音色彩表现力。

一、口腔共鸣训练

口腔共鸣是艺术发声方法之一。口腔共鸣的获得是要在发音时，口腔自然上下打开，笑肌微提，下腭自然放下稍后拉，上腭有上提的感觉。

扫一扫看视频

1. 单元音练习

用不同的音高发六个单元音 a、o、e、i、u、ü，体会不同音区共鸣的成分的变化。

2. 单音节练习

（1）bā、dā、gā、bā、dā、gā

pā、tā、kā、pā、tā、kā

（2）bā–dā–gā、pā–tā–kā、bā–dā–gā、pū– tā–kā

（3）bā、bá、bǎ、bà、pā、pá、pǎ、pà、dā、dá、dǎ、dà

3. 声母韵母拼合练习

b—a—bā　　p—a—pā

b—ai—bāi　　p—ai—pāi

b—an—bān　　p—an—pān

4. 两字词练习

澎湃　冰雹　拍照　平静　抨击　批评

快乐　宣纸　挫折　菊花　捐助　吹捧

5. 四字词练习

百炼成钢　排山倒海　满园春色　发奋图强

斗志昂扬　推陈出新　鸟语花香　龙飞凤舞
高瞻远瞩　快马加鞭　波澜壮阔　慷慨激昂

6. 象声词练习

哗啦啦　噼啪啪　咣啷啷　扑通通　呼噜噜
吧嗒嗒　滴溜溜　咕隆隆　噼啪啪　乒乓乓

7. 句段练习

白云飞，白云飘，飘上悬崖松树梢。崖越陡来松越俏，最陡的崖上谁在笑？啊！黄山的云啊，你那样美丽，那样骄傲！

二、胸腔共鸣训练

胸腔的空间及共鸣能量大，发出的声音有深度和宽度，声音更浑厚、宽广。首先，由于胸腔共鸣的呼吸控制在于腹式呼吸或者胸腹联合式呼吸，所以要保证胸腔一直处于放松状态。其次，提软腭，使气流冲击在软腭上面，使胸腔通过气管与发声器官（声带）连接畅通，保证共鸣的发生，这是胸腔共鸣的喉部控制要点。

扫一扫看视频

1. 从高到低，从实声到虚声发 a 音，体会不同音区共鸣成分的变化。

2. 用较低的声音发 hei、ha 音，声音不要过亮而要浑厚，感觉是从胸腔发出，可以用手去感觉胸腔的震动。

3. 通过词组和短诗的练习感受胸腔共鸣。

（1）暗淡　散漫　武汉　反叛

（2）百炼成钢　翻江倒海　追悔莫及　木已成舟

（3）小柳树，满地栽，金花谢，银花开。

（4）春眠不觉晓，处处闻啼鸟。夜来风雨声，花落知多少。

4. 句段练习。

我看樱花，往少里说，也有几十次了。在东京的青山墓地看，上野公园看，千鸟渊看……；在京都看，奈良看……；雨里看，雾中看，月下看……日本到处都有樱花，有的是几百棵花树拥在一起，有的是一两棵花树在路旁水边悄然独立。春天在日本就是沉浸在弥漫的樱花气息里！

（节选自冰心《樱花赞》）

三、鼻腔共鸣练习

鼻腔共鸣是通过软腭来实现的，标准的鼻辅音 m、n 和 ng 就是这样发声的。鼻腔共鸣可以使声音明丽、高亢，有人觉得鼻音重显得声音好听、有厚度，但是过多的鼻音犹如感冒，是不好的，会使声音浑浊、不自然。所以，关于鼻腔共鸣的练习，我们应该结合自己的声音有针对性地去练。如果鼻音较重，练声时，则少练带有声母 m、n 和鼻尾韵的音节。

（1）发 a、i、u 的音，加点鼻腔共鸣体会。

加鼻辅音：ma—mi—mu　　na—ni—nu

（2）用下列词组来检查是否过分使用鼻腔共鸣。

渊源 yuānyuán　　黄昏 huánghūn　　间断 jiànduàn

湘江 xiāngjiāng　　光芒 guāngmáng　　荒凉 huāngliáng

（3）用 m、n 开头的词组做练习，体会鼻腔共鸣。

妈妈　　买卖　　阴谋　　弥漫

隐瞒　　出门　　分秒　　人民

（4）句段练习。

蓝蓝的天上白云飘，白云下面马儿跑，挥动鞭儿响四方，百鸟齐飞翔。

四、头腔共鸣

头腔共鸣依靠鼻咽腔的咽壁力量与软腭，控制进入鼻腔的声音方向，使声音进入头腔，形成共鸣。这种控制要细心体会，才能取得很好的效果。

播音或者说话时一般用不到头腔共鸣。使用头腔共鸣时，声音高亢、明亮，铿锵有力，感觉声音是从眉心透出的。

发 i、a 上滑音体会一下头腔共鸣。

五、共鸣控制综合训练

共鸣控制是对发声状态的调整，积极的状态才能产生积极的声音，控制状态实际也是控制共鸣腔壁。

扫一扫看视频

整体感觉：声音像一根弹性的声柱，由胸部的支持垂直向上，到口咽处流动向前，高、中、低部共鸣的配合和转换自如流畅。

1. 寓言

水牛爷爷是森林世界公认的谦虚人，很受大家尊重。小白兔夸它：“水牛爷爷劲最大了！”“唉，过奖了，犀牛、野牛劲儿都比我大”；小山羊夸它：“水牛爷爷贡献最多了！”它就说：“唉，不能这样讲了，奶牛吃下的是草，挤出来的是奶，它的贡献比我多。”

（选自寓言故事《谦虚过度》）

2. 散文

夕阳落山不久，西方的天空，还燃烧着一片橘红色的晚霞。大海，也被这霞光染成了红色，而且比天空的景色更要壮观。因为它是活动的，每当一排排波浪涌起的时候，那映照在浪峰上的霞光，又红又亮，简直就像一片片霍霍燃烧着的火焰，闪烁着，消失了。而后面的一排，又闪烁着，滚动着，涌了过来。

天空的霞光渐渐地淡下去了，深红的颜色变成了绯红，绯红又变成浅红。最后，当这一切红光都消失了的时候，那突然显得高而远了的天空，则呈现出一片肃穆的神色。最早出现的启明星，在这蓝色的天幕上闪烁起来了。它是那么大，那么亮，整个广漠的天幕上只有它在那里放射着令人注目的光辉，活像一盏悬挂在高空的明灯。

夜色加浓，苍空中的“明灯”越来越多了。而城市各处的真的灯火也次第亮了起来，尤其是围绕在海港周围山坡上的那一片灯光，从半空倒映在乌蓝的海面上，随着波浪，晃动着，闪烁着，像一串流动着的珍珠，和那一片片密布在苍穹里的星斗互相辉映，煞是好看。

在这幽美的夜色中，我踏着软绵绵的沙滩，沿着海边，慢慢地向前走去。海水，轻轻地抚摸着细软的沙滩，发出温柔的唰唰声。晚来的海风，清新而又凉爽。我的心里，有着说不出的兴奋和愉快。

夜风轻飘飘地吹拂着，空气中飘荡着一种大海和田禾相混合的香味儿，柔软的沙滩上还残留着白天太阳炙晒的余温。那些在各个工作岗位上劳动了一天的人们，三三两两地来到这软绵绵的沙滩上，他们浴着凉爽的海风，望着那缀满了星星的夜空，尽情地说笑，尽情地休憩。

（选自峻青《海滨仲夏夜》）

3. 诗歌

教我如何不想她

刘半农

天上飘着些微云，
地上吹着些微风，
啊！
微风吹动了我的头发，
叫我如何不想她？

月光恋爱着海洋，
海洋恋爱着月光。
啊！
这般蜜也似的银夜，
教我如何不想她？

水面落花慢慢流，
水底鱼儿慢慢游。
啊！
燕子你说些什么话？
叫我如何不想她？

枯树在冷风里摇，
野火在暮色中烧。

21天语音发声训练手册

中国人民大学出版社
·北京·

使用说明

● 练声的目的

《21 天语音发声训练手册》是《普通话训练考级专用教材》的辅助训练手册。练声是运用科学系统的方法和材料，开发发声器官潜在能力的声音训练过程。通过 21 天的科学训练，我们的声音形象和语音面貌能获得明显的改变。练声和健身一样，是一个可以长期坚持的有益行为，21 天只是一个阶段性的时长，不代表你的“语音发声训练计划”到了 21 天就终止了，而是意味着你可以进入下一个 21 天的循环之中了。

● 练声的原则

Tip 1：练声要在一定的理论知识基础上进行，不能盲目瞎练。若没有科学理论的指导，盲目瞎练，不但无法练就好声音，反而容易对嗓子造成不可逆的损伤。这一点是十分重要的！

Tip 2：要结合自身的具体发声条件，做到量力而行、科学训练。要在专业训练过程中掌握科学方法，保护发声器官，不能盲目攀比声音的大小或质量。

Tip 3：要结合普通话语音特点的规律。要明白，练声的最终目的是语言表达与沟通交流。

Tip 4：训练要坚持不懈，持之以恒。在训练过程中，多思考、多揣摩，不断优化练声效果，使专业能力得到拓展和提高。

Tip 5：训练中要做到状态积极，量力而行，循序渐进。要把基本功训练与实践应用紧密地联系起来。要通过练功和有声语言实践两方面来提高嗓音质量和发声能力。

● 练声的时间

什么时间练声，可以因人而异。每天训练的时长相对弹性，应该根据嗓子的承受能力和练声的效果来定。对于初学者来说，时间可以短一些，比如说每次十五到二十分钟就可以了；随着嗓子承受能力的提高，可以逐步延长时间。感觉比较好、效果明显的时候，时间可以适当延长；相反，感觉不好、一时不见效果，就可以停下来另找时间练习。

● 练声的地点

练声的地点应该选择在噪声比较小、没有明显回音的地方，比如公园里。天气不好、气温比较低的时候，应该选择在适当的室内场地练声。

● 练声的内容

练声的基本内容包括常规练习和特殊练习两个部分。所谓常规练习就是每天都要进行的，针对气息控制、口腔控制、共鸣控制等发声各方面控制能力的发展所编排的练习。所谓特殊练习，是针对发声当中存在的各种问题所进行的练习。本书涉及的练声方法都是在没有老师面对面指导的情况下可以自己练的方法。

普通话语音参考《普通话训练考级专用教材》第 36～91 页
科学练声参考《普通话训练考级专用教材》第 119～171 页

第一周

普通话语音	科学发声
训练项目：	训练项目：
现状描述：	现状描述：
周训练目标：	周训练目标：
长期训练目标：	长期训练目标：

Date | 日期：　/　/　　Mon | 周一

Daily Goals | 每日目标

☐

☐

普通话语音 | 练习时长：	科学发声 | 练习时长：
今日练习项： ☐	今日练习项： ☐
总结感悟： ☐	总结感悟： ☐

Date | 日期： / / Tue | 周二

Daily Goals | 每日目标

☐
☐

普通话语音	练习时长：	科学发声	练习时长：
今日练习项： ☐	今日练习项： ☐
总结感悟： ☐	总结感悟： ☐

Date | 日期： / / Wed | 周三

Daily Goals | 每日目标

☐

☐

普通话语音	练习时长：	科学发声	练习时长：
今日练习项： ☐		今日练习项： ☐	
总结感悟： ☐		总结感悟： ☐	

Date | 日期：   /   /   Thu | 周四

Daily Goals | 每日目标

□
□

普通话语音	练习时长：	科学发声	练习时长：
今日练习项： □		今日练习项： □	
总结感悟： □		总结感悟： □	

Date | 日期：　/　/　　Fri | 周五

Daily Goals | 每日目标

☐
☐

普通话语音	练习时长：	科学发声	练习时长：
今日练习项： ☐		今日练习项： ☐	
总结感悟： ☐		总结感悟： ☐	

Date | 日期：　/　/　　Sat | 周六

Daily Goals | 每日目标

□

□

普通话语音	练习时长：	科学发声	练习时长：
今日练习项： □		今日练习项： □	
总结感悟： □		总结感悟： □	

Date | 日期： / /　　Sun | 周日

Daily Goals | 每日目标

□
□

普通话语音 | 练习时长：	科学发声 | 练习时长：
今日练习项： □	今日练习项： □
总结感悟： □	总结感悟： □

第二周

普通话语音	科学发声
训练项目：	训练项目：
现状描述：	现状描述：
周训练目标：	周训练目标：
长期训练目标：	长期训练目标：

Date | 日期：　　/　　/　　　　Mon | 周一

Daily Goals | 每日目标

□

□

普通话语音	练习时长：	科学发声	练习时长：
今日练习项： □		今日练习项： □	
总结感悟： □		总结感悟： □	

Date | 日期： / / Tue | 周二

Daily Goals | 每日目标

- ☐
- ☐

普通话语音	练习时长：	科学发声	练习时长：
今日练习项： ☐		今日练习项： ☐	
总结感悟： ☐		总结感悟： ☐	

Date | 日期：　/　/　　Wed | 周三

Daily Goals | 每日目标

□

□

普通话语音 | 练习时长：	科学发声 | 练习时长：
今日练习项： □	今日练习项： □
总结感悟： □	总结感悟： □

Date | 日期：　/　/　　Thu | 周四

Daily Goals | 每日目标

□

□

普通话语音	练习时长：	科学发声	练习时长：
今日练习项： □		今日练习项： □	
总结感悟： □		总结感悟： □	

Date | 日期： / / Fri | 周五

Daily Goals | 每日目标

□
□

普通话语音	练习时长：	科学发声	练习时长：
今日练习项： □		今日练习项： □	
总结感悟： □		总结感悟： □	

Date | 日期：　/　/　　Sat | 周六

Daily Goals | 每日目标

☐
☐

普通话语音	练习时长：	科学发声	练习时长：
今日练习项： ☐		今日练习项： ☐	
总结感悟： ☐		总结感悟： ☐	

Date | 日期：　/　/　　Sun | 周日

Daily Goals | 每日目标

□
□

普通话语音	练习时长：	科学发声	练习时长：
今日练习项： □	今日练习项： □
总结感悟： □	总结感悟： □

第三周

普通话语音	科学发声
训练项目：	训练项目：
现状描述：	现状描述：
周训练目标：	周训练目标：
长期训练目标：	长期训练目标：

Date | 日期：　/　/　　Mon | 周一

Daily Goals | 每日目标

□
□

普通话语音 | 练习时长：	科学发声 | 练习时长：
今日练习项：　□	今日练习项：　□
总结感悟：　□	总结感悟：　□

Date | 日期： / / Tue | 周二

Daily Goals | 每日目标

□
□

普通话语音	练习时长：	科学发声	练习时长：
今日练习项： □		今日练习项： □	
总结感悟： □		总结感悟： □	

Date	日期： / /	Wed	周三

Daily Goals | 每日目标

□

□

普通话语音 | 练习时长：	科学发声 | 练习时长：
今日练习项： □	今日练习项： □
总结感悟： □	总结感悟： □

Date | 日期： / / Thu | 周四

Daily Goals | 每日目标

□
□

普通话语音	练习时长：	科学发声	练习时长：
今日练习项： □		今日练习项： □	
总结感悟： □		总结感悟： □	

Date | 日期：　/　/　　　　Fri | 周五

Daily Goals | 每日目标

- [ ]
- [ ]

普通话语音 | 练习时长：	科学发声 | 练习时长：
今日练习项： ☐	今日练习项： ☐
总结感悟： ☐	总结感悟： ☐

Date | 日期：　/　/　Sat | 周六

Daily Goals | 每日目标

☐
☐

普通话语音	练习时长：	科学发声	练习时长：
今日练习项： ☐		今日练习项： ☐	
总结感悟： ☐		总结感悟： ☐	

Date | 日期： / / Sun | 周日

Daily Goals | 每日目标

□

□

普通话语音 | 练习时长：	科学发声 | 练习时长：
今日练习项： □	今日练习项： □
总结感悟： □	总结感悟： □

啊！
西天还有些儿残霞，
叫我如何不想她？

4. 主持词

2022年中央广播电视总台春节联欢晚会主持词

任鲁豫：亲爱的观众朋友们，大家

合：过年好！

任鲁豫：这里是中央广播电视总台2022年春节联欢晚会的直播现场，我们和全国各族人民、全世界的中华儿女相约守岁，喜迎壬寅虎年的到来。

李思思：这里是欢乐吉祥、喜气洋洋的团圆夜，天涯共此时，无论天南海北，无论荧屏内外，春晚让我们成为一家人。

尼格买提：这里是播种梦想、收获希望的丰收年，过去的一年，我们全面推进乡村振兴，意气风发地向着全面建成社会主义现代化强国奋进。

马凡舒：这里是张灯结彩、迎春纳福的北京城，还有4天北京2022年冬奥会就要开幕了，双奥之城北京已经做好了准备，向全世界敞开怀抱。

撒贝宁：这里是坚韧不拔、欣欣向荣的大中国，这里有可亲可敬的人民，这里有日新月异的发展，这里有赓续传承的伟业。

任鲁豫：今夜，让我们奏响新征程上的迎春曲；今夜，让我们唱起中国年里的欢乐颂。我们掌声欢迎易烊千玺、李宇春、邓超带我们共同感受这风华正茂的时代感！

第七章

声音弹性训练

声音弹性，是指人们的声音对于变化着的思想感情的表现能力。简单地说就是声音的色彩、气息的状态随感情变化而产生的伸缩性、可变性。

声音弹性包括声音的高与低、强与弱、实与虚、明与暗、刚与柔、厚与薄、纵与收等多层次对比变化。在进行声音弹性训练时，不仅要注意声音的形式变化，同时也要注意导致声音形式变化的感情因素。

一、扩展音域训练

扩展音域最常使用的训练方法有两种，一种是上绕下绕练习，另外一种是用同一首诗歌进行不同音高的朗读练习。

扫一扫看视频

1. 螺旋式上绕下绕练习

从自然音高开始。所谓自然音高，就是说你张口就可以来的，可以比较自然地发出来的音高。如发 ɑ 音或者 i 音时，层层上绕，气息要拉住，小腹逐渐收紧。

ɑ—ɑ—ɑ—ɑ—

i—i—i—i—

下绕练习相反，也就是从自然音高开始发 ɑ 音或者 i 音，层层下绕，气息要托起，上绕要拉住，下绕时候要托起，小腹逐渐放松。

2. 不同音高朗读

同一首诗歌，用不同的音高来进行朗读练习。例：

白日依山尽，黄河入海流。
欲穷千里目，更上一层楼。

朗读时不是单纯地去做声音练习，还要结合诗歌的内容、意境和情感表达上的要求来进行练习。

训练提示：

☞ 一是做上述两种练习时都要量力而行，从自然音色比较好的音高开始，逐步地向高低两方面扩展。

☞ 二是要把握住音色。发高音的时候不要过分窄尖，发低音的时候不要过分宽空，要力求做到上下行的时候音色是统一的、和谐的。

☞ 三是喉头要稳定。喉头的位置要稳定，高音不要过分上提，低音不要过分下压。

☞ 四是调整声音的指向。这是一个感觉的问题。我们可以理解为声束的走向，发高音的时候是偏向后的，而低音的时候是偏向前的。

☞ 五是要调整气息的压力。发高音时候要加压、拉住；发低音的时候要减压、托起。这个拉住和托起也是一种感觉，利用这种感觉把气息控制住。

二、声音对比训练

要获得声音的弹性，就必须增强声音的伸缩性和可变性。加强声音单项对比训练是增强声音伸缩性和可变性的有效途径，包括高低、强弱、虚实、快慢、松紧等对比练习。

（上）（下）

扫一扫看视频

1. 高与低

（1）单一的高低变化

训练提示：

☞ 指在本人音域范围内的音调相对的高与低。

☞ 先用低调说，然后一级一级升高，再一级一级降下来。

☞ 一句高一句低，高低交替。

☞ 在一句话内由低到高，再由高到低。

例：伟大的祖国，伟大的人民。

（2）有层次的高低变化

例 1：（高）床前明月光，（次高）疑是地上霜。（次低）举头望明月，（低）低头思故乡。

例 2：（低）它轻轻扇动翅膀飞起来，（高）越飞越高，（更高）越飞越高。

（3）明显对比的高低变化

例 1：（高）对面是高耸入云的大山，（低）脚下是波涛汹涌的急流。

例 2：（高）孩子们有的在跑，（低）有的在跳，（高）有的坐在那里发呆。

2. 强与弱

例 1：诗歌《登鹳雀楼》（见上页）和《长江之歌》（见本书第 138 页）。

扫一扫看视频

训练提示：

☞ 假设一个人在家小声读。

☞ 假设请老师面对面指导，试读。

☞ 假设在排练场面对导演和观众试诵。

☞ 假设在剧场正式演出。

例 2：他的心怦怦地跳着。（“怦怦”的声音较强。）

例 3：（弱）他暗自下定决心；（强）我决不能那样做！

例 4 :（弱）第一锤打下来，他的双手感到有些震动。（增强）第二锤，震得他虎口发麻。（强）第三锤打下来，他整个身子都弹了起来。

3. 虚与实

扫一扫看视频

（1）纯实声练习

例：台湾是中华人民共和国的神圣领土的一部分。

（2）虚声练习

例：风轻悄悄的，草软绵绵的。

（3）虚实结合

例 1 :（实）这些树有的笔挺，像威武雄壮的战士；（虚实之间）有的端庄，像文静的书生；（虚）有的婀娜多姿，像是天上的仙女。（用不同音色加强景物的形象）

根据段落中句子感情色彩的变化而变化。

例 2 :（实）我轻轻地问：（虚）“大夫来过了吗？”（用虚声表示声音轻和亲切的感情色彩）

例 3 :（实）虽然大多数人都是这样，（虚）但也有例外。（以虚声留下悬念，使人感兴趣）

在有声语言表达中表现大声呼喊时，常用虚声来模拟，例如：

他爬上山顶大声呼喊：（虚）“阿毛，你在哪里？”

4. 快与慢

例 1 :（慢）他慢慢站起来，轻轻掸了掸身上的土，缓缓朝村边的树林走去。

例 2 :（快）他赶紧躲向路边，但飞驰而过的汽车还是溅起无数泥点打在他身上。

一个段落中的不同句子，也可用速度变化表现不同的感情色彩。

例 3 :（慢）一望无边的草原上，只有羊群在静静地吃着草。（渐快）突然，天边出现一团乌云。紧接着，雷声大作，雨点噼里啪啦地掉了下来。

例 4 :他匆匆跑上楼，用力拉开房门，（渐慢）只见孩子正在床上酣睡着，他一颗心才算落了地。

5. 松和紧

例 1 :（紧）各位听众，下面播送新华社消息。

例 2 :（松）听众朋友，今天我们来谈一个轻松的话题。

例 3 :（松）他绷着脸说：（紧）“你这样做是违反纪律的！”

三、声音弹性训练

1. 对话

甲：喂——，喂——，阿毛——。

乙：唉——。

甲：快——来——呀——。

乙：什么事——呀——。

甲：咱们去看——电——影——。

乙：好——嘞——。

训练提示：此练习可先轻后响，也可先响后轻；可原地练习，也可变换实际距离体会；可只改变音量，也可在改变音量的同时适当改变音高。注意保持声音位置和气息的支撑。

2. 喊话

我们对着高山喊：祖国，我爱你！我们对着大地喊：祖国，我爱你！

我们对着森林喊：祖国，我爱你！我们对着大海喊：祖国，我爱你！

训练提示：练习声音的层次感、立体感：高、中、低、底。有声语言创作中，表现大声呼喊时，常用虚声来模拟。

3. 打电话

假设信号不好，听不清。这时既要提高音调，又要吐字清楚，还要加长音程。

甲：喂，你是北京吗？

乙：喂，我是北京，你哪里？

甲：我是山西。

乙：什么？是陕西吗？

甲：是山西，大山的山，山西……

注意事项：

练习以上的准备动作和练习材料时，切记两点要求：

一是保持一定音高（即共鸣位置不变，小声时音不低下来，大声时音不高上去）。

二是注意气息控制，保持声音力度。小声不虚，大声不喊，防止轻声时气音过多。声音越轻，气息越要控制好。

练习声音的逐渐变化：由小到大，由弱到强，由近到远，由低到高，由短到长。

四、声音弹性综合训练

1. 古诗词

古诗词是练习声音弹性的好材料，朗读时要求气息贯通而有深浅、多少、急徐等方面的变化。练读时应注意虚实明暗、强弱高低、刚柔断连的处理。

早发白帝城

李白

朝辞白帝彩云间，千里江陵一日还。

两岸猿声啼不住，轻舟已过万重山。

望庐山瀑布

李白

日照香炉生紫烟，遥看瀑布挂前川。

飞流直下三千尺，疑是银河落九天。

钗头凤·红酥手

陆游

红酥手，黄縢酒，满城春色宫墙柳。
东风恶，欢情薄。一怀愁绪，几年离索。错！错！错！

春如旧，人空瘦，泪痕红浥鲛绡透。
桃花落，闲池阁。山盟虽在，锦书难托。莫！莫！莫！

2. 散文

野马渡

松龄

当我在月夜里持一盏渔火，挥手告别那个伫立船头的老船工，像一个浪迹天涯的旅人，背驮沉重的行囊远离你时，为什么你湍急的河流不停地梳理着岸边默默饮泣的水草，而又用一滴晶莹的露珠溅湿那一朵野花的眼睛。

山坳的帐篷里，住着年迈的阿妈。留在草原上的姑娘用一根牧鞭，守护着渐渐长大的羊群，在她的瞩目里，今生我会像一只山鹰骄傲地飞过积雪的山顶吗？而那袅袅上升的炊烟啊，是一条长长的飘带，千里万里系着亲人绵绵不断的祝福。

蹚过伊犁河，翻过西天山，万水千滩，急流险滩，我该怎样泅渡那横陈于生命旅途中的每一条河流。又该怎样寻觅送我至彼岸，却又常常迷失在烟海茫茫中的那每一个渡口。

野马渡啊野马渡，最初的野马群是怎样像一队热血粗壮的汉子，兀立浪花翻卷的岸边，埋首豪饮，仰天长啸，旋即升起一股冲天的飓风，劈开一条水路，昂首远去。那裂帛般撕开的水面，至今还飘扬着野马飞腾的雄姿。

古老的伊犁河日夜奔流不息，逝者如斯，回眸凝望，野渡无人舟自横。当年的老船工早已演绎成美丽的传说，一条彩虹似的大桥飞架天堑。夕阳西下，牧归的老牛从桥上走过，悠悠的羊群像雪白的浪花漫过桥顶，桥下汲水的姑娘，彩裙一闪，拎走晚霞朵朵。可我仍然像一匹雄性的野马，奔驰在岸边，风雨中渴盼一位勇敢的骑手，扬鞭催马，一次次飞越生命的野马渡。

3. 诗歌

祖国啊，我亲爱的祖国

舒婷

我是你河边上破旧的老水车，
数百年来纺着疲惫的歌；
我是你额上熏黑的矿灯，
照你在历史的隧洞里蜗行摸索；

我是干瘪的稻穗，是失修的路基；
是淤滩上的驳船
把纤绳深深
勒进你的肩膊；
——祖国啊！

我是贫困，
我是悲哀。
我是你祖祖辈辈
　　痛苦的希望啊，
是“飞天”袖间
千百年未落到地面的花朵；
——祖国啊！

我是你簇新的理想，
刚从神话的蛛网里挣脱；
我是你雪被下古莲的胚芽；
我是你挂着眼泪的笑涡；
我是新刷出的雪白的起跑线；
是绯红的黎明
　　正在喷薄；
——祖国啊！

我是你的十亿分之一，
是你九百六十万平方的总和；
你以伤痕累累的乳房
喂养了
迷惘的我、深思的我、沸腾的我；
那就从我的血肉之躯上
去取得
你的富饶、你的荣光、你的自由；
——祖国啊，
我亲爱的祖国！

（《祖国啊，我亲爱的祖国》是当代诗人舒婷于 1979 年创作的一首抒情现代诗。此诗精选了一组组意象，描述了中国过去的贫穷，和人民千百年来的梦想与苦难，亦展现了中国让人振奋的崛起和新生，深情地抒发了诗人自己对祖国的无比热爱、无限期盼和献身决心。前两节沉郁、凝重，充满对祖国灾难历史、严峻现实的哀痛；后两节清新、明快，流露出祖国摆脱苦难、正欲奋飞的欢悦；全诗交融着深沉的历史感与强烈的时代感，涌动激情，读来令人荡气回肠。）

大写的中国

碑林路人

当我用纤细的笔墨勾勒你的样子
当我用蹩脚的方言诵读你的名字
当一首首赞美的诗篇涌出我的笔端
我多想说，我是如此地爱你，我的祖国

我的祖国是大写的中国
是大片肥沃的土地，开出鲜艳的花朵
我的祖国是骄傲的中国
是千年文化的滋养，结出文明的硕果

我的书页里，夹着祖国最悠远的诗歌
那是唐诗宋词和元曲里最经典的韵仄
我的书桌上，摆着祖国最厚重的宣墨
那是大篆、小楷、汉隶、行草龙飞凤舞的集合

我的祖国，是三月里鸟语花香的南国
她有着无尽的稻田，无尽的湖泊
她是青砖黛瓦、是雕梁画栋
是每一个院落里都生长着诗意的中国

我的祖国，是十月里大雪纷飞的北国
她有着无边的森林，无边的沼泽
她是秦砖汉瓦、是茶马古道
是每一个山峦
都刻着刚毅的顶天立地的中国

我的祖国
是黄河冲积的平原上一首气势磅礴的歌
我的祖国
是长江流过的城市里一条蜿蜒曲折的河
当我用温情的手掌抚摸我的祖国
我看见大写的笔划从我心中划过

我的祖国，是用汉字堆砌的中国
是上下五千年文化熏染的中国
我的祖国，是挥毫泼墨的中国
是写意的花鸟、工笔的山河

祖国，你是母亲绣篮里五彩的丝线
你是父亲刚劲的笔触最后的回峰
你是一笔一划写就的方块字
是横平竖直汇聚在一起的中国风

我的大写的中国啊
我用仰望的姿势翻开你的诗篇
你的每一座山峰都是一个放大的汉字
它们在我的生命里生根
在我的血液里长大
我的大写的中国

第八章

嗓音科学保护

嗓音保护最根本的一条就是正确用声。

凡是有不正确发音习惯的人，要尽快改掉毛病，掌握科学的发声方法，并且要使它日臻完善。

另外，要避免超时、超量、超负荷运作，在嗓音疲劳的时候，可以用气泡音来帮助消除疲劳。气泡音是在声带全振、气息的流量最小、压力最自然的状态下发出的，是一节很好的整理运动。在练声之前，也可以先发发气泡音，作为准备工作。

除了注重掌握科学发声方法以外，为了保护嗓音，防止疾患，还需要在日常生活当中，注意以下几点：

一、发声器官的健康。它是依赖于整个身体状况的。虽然日常体育锻炼很必要，但是要注意采取适当的运动方式，比如长期进行举重、推铅球、短跑、长跑等激烈的运动就不太适合。特别是在练声的前后，更不要进行激烈的运动。

二、精神上要有张有弛，保证心理健康。神经衰弱会使发声器官失调，造成喉肌弱症，喉神经瘫痪和声嘶等现象。精神长期处于紧张状态，发声的时候心理负担过重，容易形成心理源性发声障碍，产生出字迟缓，不能控制地重复发音，音哑、声嘶，甚至完全失声等现象。

三、睡眠要充足。睡眠不足会引起声带充血、喉肌疲劳，致使声音黯淡嘶哑。

四、要避免烟酒刺激。抽烟会使声带黏膜干燥、充血、肥厚，使喉下分泌物增多，从而引起声音变低、音色喑哑等。饮酒除了对喉部有直接刺激之外，还会使大脑以及发声器官功能失调。这一点要特别注意。

五、饮食要适量。避免进食自己不习惯的刺激性食物，比如有的人吃含糖量比较高的食物，会引起暂时性的不适应，不习惯就不要食用。

六、妇女经期经常伴有声带充血、水肿、声音嘶哑等问题，这时候就要减少用声一两天。如果儿童正处在变声期，用声要适度，避免高喊。

七、要谨慎用药。治疗急性炎症，最好不要使用激素类药物，应该禁止无病服药，用药小心。

嗓音是练出来的，不是养出来的。

第九章

科学练声方案

扫一扫看视频

本章给大家分享一套系统性的科学练声方案。各位可根据自己的情况有选择、有针对性地组合操练。

1. 气泡音：闭口和张口共 30 秒。
2. 轻度哼鸣：20 秒。
3. 膈肌训练（狗喘气）：闭口 1 分钟，改良的“嘿”“哈”共 30 秒。
4. 慢吸快呼：2 次，20 秒。
5. 慢吸慢呼：2 次，20 秒。
6. 快吸慢呼：4 次，2 分钟。
7. “丝”音：20 秒、30 秒各 2 次，1 分钟。
8. “衣”音：20 秒、30 秒各 2 次，1 分钟。
9. 搓脸：10 秒。
10. 转颈：10 次，10 秒。
11. 松下巴：10 秒。
12. 提颧肌：10 次，10 秒，手辅和自行交替进行。
13. 咀嚼：闭口、张口各 20 次，30 秒。
14. 半打哈欠：5 次，10 秒。
15. 撮唇：10 次，20 秒。
16. 合口左右撅唇：10 次（左、右为一次），30 秒。
17. 转唇：8 × 8 拍，30 秒。
18. 双唇打响：30 次，30 秒。
19. 弹唇：1 分钟。
20. b 本音：60 次，1 分钟。
21. ba 本音：60 次，1 分钟。
22. ba—ba—ba—ba—，1 分钟。
23. 顶腮：30 次，30 秒。
24. 刮舌：20 次，20 秒。
25. 伸卷舌：20 次，20 秒。

26. 立舌：10 次，30 秒。
27. 转舌：8 × 8 拍，1 分钟。
28. 弹舌：30 秒。
29. d 本音：60 次，1 分钟。
30. da 音：60 次，1 分钟。
31. da—da—da—da—：60 次，1 分钟。
32. g 本音：60 次，1 分钟。
33. ga 本音：60 次，1 分钟。
34. ga—ga—ga—ga—：60 次，1 分钟。
35. ge 音：60 次，1 分钟。
36. ge—ge—ge—ge—：60 次，1 分钟。
37. 数数儿：一口气从 1 数到 30，3 次，3 分钟。
38. 数数儿：一口气数 10 个八拍，3 次，3 分钟。
39. 数枣：要求尽可能一口气数 20 个枣以上，2 次，2 分钟。
40. 数葫芦：要求一口气数 20 个葫芦以上，2 次，2 分钟。
41. 喊操：变换节奏进行，2 分钟。
42. 绕口令：任选 10 段，10 分钟。
43. 有针对性的语段或诗词片段练习：10 分钟。

第十章

发声练习常见问题及纠正方法

现将有关发声练习中常见的一些问题和原因做一简要说明，大家可以对照自身出现的问题进行练习和纠正。

1. 鼻音重

问题表现：

音色暗淡、发闷，从鼻中发出的堵塞的声音，听着像感冒了似的。

产生原因：

（1）发音时口腔开度不够，软腭松懈下垂，咽肌松软无力，致使鼻腔通道打开，使本无鼻音的字音经鼻腔和口腔同时发出。

（2）有些人主观上追求声音的明亮，把字音的着力点放在鼻腔中，混淆了鼻音与鼻腔共鸣。

纠正方法：

（1）挺软腭。

用“半打哈欠”的感觉将软腭提起，放松舌根、牙关，让后声腔开度加大，关闭鼻腔通路。需要注意的是，这里说的是“半打哈欠”，或者说“打哈欠”开始的状态，当“打哈欠”真正进入高潮时，喉咙已经过于撑大，声音随之向后。

（2）用挺软腭的状态发六个单元音：ɑ、o、e、i、u、ü。注意，字音的着力点应该在硬腭的前端。

（3）鼻韵母的拆合练习。

练习时，先发准主要元音，然后发鼻韵尾，再把它们合并起来发音。

ɑ—n—ɑn	ɑ—ng—ɑng	i—ɑ—n—iɑn	e—ng—eng
u—ɑ—n—uɑn	i—ɑ—ng—iɑng	u—ɑ—ng—uɑng	
ü—ɑ—n—üɑn	i—ng—ing	e—n—en	o—ng—ong
u—e—n—uen	u—ɑ—ng—uɑng	ü—n—ün	

（4）非鼻音音节练习

yɑ	ye	yɑo	you
wɑi	jiɑ	jiu	qiɑ

qiu	xia	xiu	biao
piao	bie	pie	bai
pai	gai	kai	hai
zhuai	chuai	shuai	

2. 喉音重

问题表现：

声音过于低沉，字音含混不清，听起来像闷在喉咙里。

产生原因：

（1）发音时喉部过于紧张，破坏了正常发音的自如状态。

（2）气息短浅，上胸部紧张，舌根过于用力，后声腔开得过大，声音停留在喉咽部振动。

（3）有些人为了追求浑厚的音色，形成了浓重的喉音。所谓“喉音”，是指带有挤压色彩的粗糙声音，容易出现在句尾。这种情况在男声中比较多见，特别是处于青春期的青少年，为了使声音具有“男子气”，常常故意压低声音，带上明显的喉音色彩。

纠正方法：

（1）找到正确的舌头活动部位。

在发音过程中，舌头的活动部位主要集中在舌体的前部和中部。在发舌根音时，须注意舌根的运动是向上的，没有向下的动作，所以发音时舌根不要往下压。

（2）身体放松，调整好呼吸。

发音时，头部要放平，气息要有一定的深度并加以控制。另外，发音时应该感受呼出气流在口腔中的走向，使气流轻轻上提，顺着软腭、硬腭中纵线到达硬腭前端，在口腔内呈一条抛物线向外流出。

（3）用“半打哈欠”或“闻花香”的感觉来体会舌根、喉咙、下巴放松的感觉。当软腭上提时，口腔后部声音通道便畅通无阻，所以能加强口腔共鸣，使喉部负担相对减轻。

（4）咬字器官力量训练。

双唇力量：

泡沫　评比　饱满　名牌　貌美　鞭炮　斑驳

舌尖力量：

体能　特盗　推动　电脑　年度　动态　剔透

舌面力量：

仙剑　先去　期间　进行　气息　继续　奇迹

体会正确声音着力位置：

飞翔　举例　棉田　勘探　夺冠　劝导　飘扬

（5）结合古诗练习。

大家可以结合一些短诗来练习，练习时应注意带入感情，结合之前所述要求，在理解诗句内容的前提下，以最松弛的状态投入古诗的吟诵中。例如，李白的《早发白帝城》：

早发白帝城

李白

朝辞白帝彩云间，千里江陵一日还。
两岸猿声啼不住，轻舟已过万重山。

3. 声音挤捏

问题表现：

声音单薄、发扁，立体感不强。

产生原因：

（1）发音时，舌根下压或舌根僵硬、喉咙捏紧，导致声音发出的道路阻塞，声音在经过咽腔、喉腔时没有获得共鸣，也就难以引起口腔的共鸣。

（2）有些人主观上追求发“亮音”，即产生明亮、靠前的声音效果，结果使喉头吊高升起，产生捏挤现象。

纠正方法：

（1）改变不正确的呼吸方式时，要采用胸腹联合式呼吸法，气息要保持一定的自如度。

（2）发音时要自然张口，尤其注意下颚要放松，抬起软腭，放松牙关。用这种状态柔和地发出延长的 u 音，体会喉部的松弛感，然后再发其他几个主要元音。

（3）练习气泡音，感受声带放松的状态。

（4）词的训练。

练习的主要目的是加大口腔的开度。

鸟语花香　　喜笑颜开　　惊涛骇浪
中国伟大　　天然宝藏　　翻江倒海

4. 声音闷暗

问题表现：

音色沉闷，缺少光泽和亮度。

产生原因：

口腔肌肉松散无力或受牙关不开的影响，声音在口腔中得不到充分的共鸣，导致发出的声音靠后，字音不清，听起来感觉有声无字，俗称“音包字”。

纠正方法：

（1）加强字音出字力度的练习。

字头出字时，成阻部位要有力，只有适当绷紧口腔内壁的肌肉才能做到。

（2）双唇音与开口呼韵母相拼的音节练习。

这种练习可以锻炼唇舌的力度和口腔的开合度。练习时出字要有力，韵腹要拉开立起，并收好字尾。

b—ang—bang　　p—ang—pang
m—ang—mang　　b—ai—bai

（3）把握声母、韵母的正确发音部位。

注意，发音部位靠后的声母、韵母应有往前送的意识。在不影响音色的前提下，发音部位略微往前移动。如声母 g、k、h 和韵母 ao、ua 等相拼时，就可适当前移发音部位，以避免造成声音闷暗。例如：

高—高潮　　靠—牢靠　　号—号召

瓜—瓜果　　夸—夸赞　　花—花袜

（4）四字词练习。

一马平川　　万里河山　　心明眼亮　　高阳转降

（5）绕口令练习。

长扁担比短扁担长半扁担，
短扁担比长扁担短半扁担。
长扁担和短扁担要绑在板凳上，
板凳不能绑比长扁担短半扁担的短扁担，
也不能绑比短扁担长半扁担的长扁担。

5. 声音散

问题表现：

音色单薄，声音不集中；缺少口腔共鸣，声音无力度、亮度。

产生原因：

（1）发声器官各部位肌肉松懈无控制。

（2）发音时，前口腔开度过大，失去了一部分口腔共鸣。

纠正方法：

加强双唇及舌头力量，同时注意牙关松弛，后口腔要打开。

（1）注意口腔前部活动幅度不要过大。

（2）练习声音的集中。

连发 ba、da、ga、ta、ka、la 等音节，有意识地将力量集中于一点发音，像子弹从嘴里喷射出去一样击中一个目标。同时还要注意结合呼吸控制，声音要通过硬腭前端透出。

（3）象声词练习。

喇啦啦　　咕隆隆　　吧嗒嗒　　滴溜溜

噼啪啪　　哗啦啦　　当啷啷　　乒乒乓

（4）词的练习。

爆破　　评比　　表达　　对比　　判断　　片头　　特别

（5）加强“合口、撮口”音的练习。

呼（hū）　　午（wǔ）　　枯（kū）　　胡（hú）　　古（gǔ）

须（xū）　　学（xué）　　寻（xún）　　徐（xú）　　剧（jù）

芜湖徐如玉

芜湖徐如玉，出去屡次遇大雾。

曲阜苏于卢，上路五度遇大雨。

6. 喊叫

问题表现：

声音呈现喊叫状态；说话费力，无气息支撑，发出的音色尖锐、刺耳、粗糙。

产生原因：

（1）吸气部位浅，舌根、颈部、下颚肌肉紧张，喉咙被卡紧，导致声音呈现喊叫状态。

（2）盲目追求高音量。

纠正方法：

（1）调整好呼吸

吸气部位要深，加强呼气的控制，放松咽、喉腔，同时注意软腭提起，舌根及下巴也要松弛。

（2）不可强加音高

无论发什么声音，加大音量时不可强加音高。训练时应有意识地使声音向中低、宽阔的方向发展。

（3）在自如的中声区发六个主要元音的延长音。

ɑ——o——e——i——u——ü——

练习时注意起音要柔和，声音要拉开立起，通过硬腭前端发出。

（4）平时多练习一些柔和色彩的诗词、民歌、短句、字词。

风调雨顺　　山河美丽　　山明水秀　　花红柳绿

绿草苍苍，白雾茫茫；有位佳人，在水一方。

7. 声音发虚

问题表现：

音色苍白发虚，在换气时带有明显的呼气声。

产生原因：

（1）发声时声带过于松弛，声带的挡气量小，共鸣腔配合不上，无法产生丰富的共鸣。虚声发音时，声带之间不完全闭合，留有较大的缝隙，因而需要较大的气息量，但发声的效率却不高。长期这样说话，声带的弹性会逐渐减弱。

（2）气息弱，呼吸肌肉群无力或咽肌力量不强，口、咽共鸣不利。长时间用虚声，声带经常不能轻松闭合，需要频繁补气，这样就会加重喉部肌肉与呼吸器官的负担。

（3）一些人一味追求虚声，觉得只有虚声才最有表情的魅力，以此为美，这就走入误区了。长期使用虚声，形成不良习惯，会使发声能力降低，发不出明亮有力的声音，声音显得细弱，表现力自然大受局限。此外，和单一的亮声一样，单一的虚声表达会给人单调之感，甚至让人觉得矫揉造作，这同样会妨碍语言的表现力。

纠正方法：

（1）建立实声意识。

声音过虚的调整，首先应该在认识上走出误区。虚实结合的声音富于变化的色彩，具有较强的表现力。从意识上明确用声要明亮而且坚实，采用的是以口腔共鸣为主的实声，同时辅以微量的胸腔共鸣和鼻腔共鸣。

（2）注意发音器官的锻炼。

在练习中加强发音器官的锻炼，多做增加口腔共鸣的练习。从嗓音保健的角度来看，虚实声也比较符合自然语言的发声规律。同时，要以自己的生活口语音色为参照，进行实声发音的锻炼，声音尽量舒展明朗些，用面对众人讲话的较大音量进行练习。在语言表达时，也要以实声为主，注意虚实结合，不断丰富声音的表现力。

（3）练习一些力度较大的词组、诗歌或绕口令。

伟大的祖国　　伟大的人民

龙腾虎跃　　豪情壮志　　翻江倒海　　百炼成钢　　铁证如山

8. 声音颤抖

问题表现：

声音无规则地振动，声音紧张、刺耳，音高不稳定，音准困难等。

产生原因：

（1）声音颤抖往往是情绪激动、紧张所导致的，可以深呼吸进行调整，然后慢慢地说，尽量保持镇定。

（2）有些人单纯追求“明亮”的声音，即产生明亮、靠前的声音效果，盲目追求高音量，导致喉头和气息上提，声音失去了“根基”，摇摆不定。

（3）忽视了共鸣器官各部分的协调，用力过于夸张，喉咙开得过大，肌肉僵硬，声音抖动，音高极不稳定。

纠正方法：

（1）控制好喉头位置，要求发声的准确性，加强音准观念和发声动作的稳定性。

（2）树立正确的用声意识。发音时在自如、偏实的中声区运行；加大音量时不可加强音高；训练时应有意识地使声音向中低、宽阔的方向发展。

（3）加强呼吸控制。首先要掌握正确的呼吸方法，例如口鼻同时吸气，打开喉咙的通道，两肋向侧向张开，“吸气如闻花香”等。

（4）打开喉咙。用“半打哈欠”的状态来体会打开喉咙的感觉。选用 o、u 等母音训练声音，会更加容易打开喉咙。

9. 破音

问题表现：

发高音，念去声，声音易劈。

产生原因：

（1）声带闭合不全、声带急慢性炎症、声带小结等声带疾病。

（2）气息控制不好，声带闭合不好或有黏稠分泌物时，会出现破裂音。声带不能有机地随气息强弱变化而适当调节。因为气息没有帮上忙、嗓子过分用力而导致破音。

（3）喉头的不稳定造成气压的改变，以及声带的张力和气息对声带的牵张力突然改变也会造成破音。

纠正方法：

（1）若嗓音病变，建议查喉镜，明确诊断，找到破音的原因。

（2）注意呼吸的自然、顺畅。只要感觉呼吸时肌肉紧张或有“堵”的感觉就不对。

（3）要注意用自如的中声区说话，口腔一定要自然，不要过分找“打开喉咙”的感觉。无论发什么声音，加大音量时不可加强音高，训练时应有意识地使声音向中低、宽阔的方向发展。

（4）注意情绪的控制。当情绪过于激动时容易出现呼吸、声音较猛烈的现象，容易造成声带的负担过重，使声音出现“破”的现象。

10. 声音尖细

问题表现：

声音高而尖，听起来极不自然，甚至刺耳。

产生原因：

（1）气息弱，呼吸肌肉群无力或咽肌力量不强。

（2）喉部肌肉及舌根紧张，牙关没打开，口腔、咽腔共鸣不利。

纠正方法：

（1）加强呼吸控制训练。慢吸慢呼，发“丝”声。

调节好呼吸基本状态，然后如闻花香一般以鼻缓缓吸气。气息吸入程度不可至满，感觉前胸微起或已达两腋便不能再吸，以避免和杜绝肩颈肌肉紧张及耸起。气息吸入程度适当不吸不呼，控制现状 10 秒钟，然后如春蚕吐丝般以口缓缓呼气或口型呈发“一”的状态，轻发“丝”声将气呼出。

（2）打开牙关：指双侧上后槽牙保持向上提起的感觉。这样就加大了口腔开度，丰富了共鸣。大家可以用含有 q 的音节来做夸张的练习，会取得明显效果。如：前（qián）。

（3）膈肌咽壁训练。深吸气以后，用这一口气发出两三个扎实的 hei 音，hei 音发好以后，还可以进行其他练习，比如说还可以交替发出 i 音和 a 音，或者发出 ha 音。

（4）增加胸腔共鸣训练。

胸腔共鸣训练可以扩大音量，增加低频泛音，使声音听起来洪亮、浑厚、结实。

1）可以把手放在胸口上来体会一下。发 ha 音时，看你的胸部是不是产生了振动。如果有振动，就证明你有胸腔共鸣。一般来说，较低而又柔和的声音易于产生胸腔共鸣。

2）发夸大的上声来体会，如：好（hǎo）、百（bǎi）、散（sǎn）、走（zǒu）等。

3）增加胸腔共鸣的适当音色后，用这一段的声音练习下列含有 a 音的词，a 开口度大，易于产生胸腔共鸣。

暗淡　散漫　武汉　计划　到达　自发　出家

百炼成钢（bǎiliàn-chénggāng）

翻江倒海（fānjiāng-dǎohǎi）

4）句段练习。

春眠不觉晓，处处闻啼鸟，夜来风雨声，花落知多少。

11. 声音僵硬

问题表现：

声音生硬死板，连贯性不强，没有弹性，死气沉沉，无精打采，容易引起听觉疲劳。

产生原因：

（1）控制呼吸的力量和动作死板，如控制呼吸力量过大，肌肉失去弹性。

（2）发声器官某部位肌肉缺乏韧性、弹性，如舌尖、舌面、舌根或上下唇等有关肌肉。

纠正方法：

（1）口部操训练。

如果属于唇舌较僵的，应当多做口部操，加强舌前部和上唇中部的力量，发音时口腔开度和舌头动程都应适当加大。为了让声音少走鼻腔，还可以通过意念进行引导，感觉字音不是顺上腭而是沿舌面送出的。

（2）气息弱控制训练。

1）呼吸：

吸气深，呼气均匀练习：缓慢持续地发出 ai、uai、uang、iang 四个韵母。

2）结合声调训练：

①同声韵四声夸张练习

体会随音高变化而调整呼吸控制运动状态。

巴（bā）	拔（bá）	把（bǎ）	罢（bà）
猫（māo）	毛（máo）	卯（mǎo）	帽（mào）
方（fāng）	房（fáng）	仿（fǎng）	放（fàng）

…………

②夸张四声练习

用以下四音节词做夸大声调，延长发音，控制气息的训练。汉语声调的抑扬顿挫赋予音节优美旋律，读起来会产生美的感受。

花红柳绿（huāhóng-liǔlǜ）

谈笑风生（tánxiào-fēngshēng）

鸟语花香（niǎoyǔ-huāxiāng）

（3）气息强控制训练。

气要吸得深，保持一定量。如果气不够，喉咙会紧张，但也不要吸满。呼气要均匀、通畅、灵活。可通过以下练习进行强控制训练。

1）弹发：

一是用京剧老生笑的感觉，吸气后发“哈”音，“hà—hà—hà—hà—hà”，体会气沉丹田的感觉。

二是反复弹发“hèi—hà—hòu”，体会膈肌和腹肌的作用。

三是发“pēng—pā—pī—pū—pāi”，体会气息上下贯通，力度加强。

2）绕口令练习:《数葫芦》

（4）结合格律诗训练。

古诗词是练习声音弹性的好材料，朗读时要求气息贯通而有深浅、多少、急徐等方面的变化。练读时应注意虚实明暗、强弱高低、刚柔断连的处理。

训练提示：

① 按呼吸控制运动状态与声调结合的要求，用较慢的速度将音节颗粒清楚地读出。特别是韵脚音节，要读得饱满到位。

② 结合诗的意境，声情并茂地朗读。

③ 用同一首诗歌，不同的音高来进行朗读练习。朗读时不是单纯地去做声音练习，还要结合诗歌的内容、意境和情感表达上的要求来进行练习。

泊秦淮

杜牧

烟笼寒水月笼沙，夜泊秦淮近酒家。

商女不知亡国恨，隔江犹唱后庭花。

（5）虚实结合练习。

日照　香炉　生　紫烟，

（实虚）→（虚）→（实）→（虚）

遥看　瀑布　挂　前川，

（虚实）→（实）→（虚）→（实）

飞流　直下　三　千尺，

（实虚）→（虚）→（实）→（虚）

疑是　银河　落　九天。

（虚实）→（实）→（虚）→（实）

12. 声音漏气

问题表现：

说话时感到气不够用，换气费劲，体力消耗大；影响声音集中度，音色折损，影响发声；声音往往偏低并难以控制。

产生原因：

（1）呼吸肌肉群控制能力弱，喉部阻气力量不够，声带闭合不严。

（2）吸气过满，导致声带不能准确地闭合；也可能是声带的柔韧性还不够，还需要将声带再延展一些。

（3）声带产生了病变，如声带小结。声带小结相当于声带上磨出的一些小茧，是需要祛除的。

纠正方法：

（1）加强气息控制，加强咬字，避免漏气。用咳嗽的感觉来体会横膈膜的力量和声带的闭合力，以及两者之间的有机配合。

（2）深吸一口气后，发 ga 音。

舌根音 g 是舌根与软腭相接，气流在这一部位受到阻碍后发出的一种辅音，它是能帮我们一开始就将声带闭合起来的辅音之一。吸一小口气，发 ga—ga—ga—ga—ga。

（3）在深呼吸后短促呼气，以锻炼横膈膜的弹力。练声时可以用 i、a 母音分别做短音和长音练习。

（4）双音节练习。

舌根阻声母成阻部位靠后，音色偏暗，注意“后音前发”，以避免产生喉音或压喉现象。

改革	国歌	广告	尴尬
革故鼎新	改弦更张	盖棺定论	

13. 音高失当

问题表现：

用声偏高，过分提高声音，一味往高音上走，以致声音越来越紧，尖利刺耳，并且只能往高音推，不能往低音落。用声偏低，过分压低声音，形成浓重的喉音色彩，浑浊暗淡，一点儿高音都出不来，听起来沉重压抑。

产生原因：

（1）用声偏高可能和学习播音时加强吐字力度有关，在放大音量以及精神状态相对积极的情况下，很容易产生。

（2）用声偏高或偏低，往往与模仿别人的声音有关。有些人觉得自己的声音不如别人，尤其是广播电视中的播音员、主持人的声音，对别人的声音就由欣赏进而变为模仿，抛开自己的声音特点，勉强去够别人用声的音高。这样时间一长，便形成了偏高或偏低的发声习惯。

（3）用声偏高或偏低，往往抛开自己的自如声区，这样久而久之便养成了不良的用声习惯。语言传播用声，是以生活口语用声为基础，分别向高、低两端作适当拓宽，音高幅度大约在一个半至两个 8 度左右，其中又以中音为主的自如声区用得较多，高低两端的声音用得较少。用声偏高，声带闭合过紧，喉部负担就会加重，极易疲劳；用声偏低，声带闭合费劲，声音仿佛是挤捏出来的，喉部负担同样很重。

纠正方法：

（1）通过录音比较，检查自己的用声是否脱离了生活口语发声常用的中音区，如有偏离应尽快调整。也可以借助钢琴等键盘乐器，确定自己的最大音域范围，找到其中的自如声区（除去最高和最低的两个音，便是以中音区为主的自如声区）。

（2）喉部适当放松、吸气不要过于饱满也有助于克服这一问题。发音时，要注意情绪的稳定性，尽可能地保持声音的自然状态。不要盲目地模仿别人的声音，这种模仿对嗓音的损害更大。因为通过电声设备处理过的声音，已不是发音人的原声，有些成分被美化和放大，有些成分则被衰减，比照这样的声音学发声，嗓子更容易出毛病。

14. 声音哑

问题表现：

声音嘶哑、发沙。

产生原因：

多为声带慢性疾病，声带闭合不好。如感冒、咳嗽等上呼吸道感染，睡眠休息不好，烟酒过度等都会使声带受刺激充血而发出沙哑声。

纠正方法：

（1）平日多喝水。保持体内水的平衡可以充分地滋润声带。尤其长时间讲话时，应多喝温开水保持咽喉湿润。

（2）避免过多清嗓。这种行为发生时，气流会猛烈地震动声带，从而损伤声带。如果觉得嗓子嘶哑难受，可适当小口饮水。

（3）由于感冒或感染造成声音嘶哑时，建议尽量不要讲话。

（4）限制工作之外的说话时间，减少不必要的长时间聊天或打电话。

（5）说话音量要适当，避免大声喊，善用麦克风以应付音量不足的问题。

（6）说话速度不宜过快，且说话之间要有停顿吸气，一句话不要拉得太长。

（7）悄悄话是不正确的说话方式，应尽量避免。

（8）变声期、月经期、妊娠期要注意声带休息。

（9）戒烟、酒、辛辣食物；喉部不适要及时就医。

第四部分　普通话水平测试专项训练

第一章

单音节字词

第一节　单音节字词项常见问题

单音节字词测试项是为了测查应试人声母、韵母、声调读音的标准程度。100个音节中，70%选自《普通话水平测试用普通话词语表》“表一”，30%选自“表二”。100个音节中，每个声母出现次数一般不少于3次，每个韵母出现次数一般不少于2次，4个声调出现次数大致均衡。限时3.5分钟，共10分。语音错误，每个音节扣0.1分。语音缺陷，每个音节扣0.05分。超时1分钟以内，扣0.5分；超时1分钟以上（含1分钟），扣1分。

1. 语音错误

语音错误原则上是指普通话语音（音位）系统中，把一个音（音位）误读作另一个音（音位）。即将普通话的甲类声母读作乙类声母，或将普通话的甲类韵母读作乙类韵母，或将普通话的甲类声调读作乙类声调。从音位学角度看，语音错误是音位的音类错误。测试中，一个音节声、韵、调三个构成成分中只要一个成分出现错误，该音节即视为错。普通话语音基础较差的应试者最容易出现语音错误。语音错误表现在两个方面：

一是读错字。

读错字的情况包括以下几种：将形近字误读，如畔（pàn）—绊（bàn），坯（pī）—胚（pēi），亳（bó）—毫（háo），嵩（sōng）—蒿（hāo），忻（xīn）—圻（qí）等。生僻字误读，某字是生僻的还是常见的，因人因地而异。如“涮”（shuàn）字对北方人而言并不生僻，因为“涮羊肉”是个常用词，但对多数南方人来讲却比较生僻，因此容易读错。也有一些字，所表示的意义有较强的专业色彩，一般人也容易误读，如啮（niè）字。字义相同、相近或相关也会引起误读，如褶（zhě）—皱（zhòu）等。此外，有些汉字，常以词语形式出现，在单音节字词测试中出现时，这些字就容易被误读。

叱——叱（chì）咤风云　　妁——媒妁（shuò）之言

侈——奢侈（chǐ）　　倜——风流倜（tì）傥（tǎng）

菅——草菅（jiān）人命　　邋——邋（lā）遢

圳——深圳（zhèn）　　愎——刚愎（bì）自用

殄——暴殄（tiǎn）天物　　　　鹄——鸿鹄（hú）之志

靥——笑靥（yè）如花　　　　叵——居心叵（pǒ）测

二是发错音。

发错音包括以下情况：（1）因受过去异读的影响而读错音。异读是指一个字在习惯上具有的几个不同的读法。普通话里的异读词经过整理后已大大减少，但有人仍沿用旧有的异读，造成错误。（2）受方音影响而发错音。声母方面，平翘不分、边鼻音混淆、f 和 h 混淆、送气音与不送气音混淆等。韵母方面，主要表现在前鼻韵和后鼻韵的区分上。声调方面，表现在调值不到位，受他人或习惯影响误读，因一些播音员、主持人的读音影响或因自己的习惯读音影响而错读字音。如：室 shì—shǐ，亚 yà—yǎ，较 jiào—jiǎo（后一个音为误读）。

2. 语音缺陷

语音缺陷是指发音没有完全达到标准程度的情况，它介于"正确"与"错误"之间。从音位学角度看，语音缺陷是音值不准，有欠缺，属同一音位的变体错。如舌面前音 j、q、x 读得太接近 z、c、s 或读成舌叶音，读翘舌音声母时舌尖接触或接近上腭的位置过于靠前，但还没有完全错读为舌尖前音，合口呼、撮口呼的韵母圆唇度明显不够，语感差，声调调型、调势基本正确，但调值明显偏低或偏高。

3. 应试方法错误

应试方法不正确会导致不必要的失分。有的应试者不清楚普通话测试的测查角度，自认为普通话不错，因此，在普通话测试过程中发音随意，不注意发音的规范化和标准化，从而影响了测试成绩。有的应试者在普通话测试过程中刻意地发音导致矫枉过正，使字音听感差，造成语音缺陷从而失分。当然，也有应试者不注重平时的普通话语音训练，而是在测前临时抱佛脚，测试成绩可想而知。

4. 应试心理调适不当

应试者应试前若不清楚测试规程，将影响自身测试时的心理状态，进而直接影响普通话测试成绩。不熟悉测试规程在测试中必然会紧张，紧张容易造成思维障碍，如思维不清晰、说话不连贯等。过度紧张、气息不畅、呼吸失调会造成读音时声音发颤，语速过快或过慢，发音吐字不清，归音不到位。由于心理失控和呼吸障碍，头脑出现空白，以致连平时熟悉的常用字都不认识。有的应试者因心情紧张，不注意吐字归音，动程明显不够。如此种种，导致一些不必要的发音失误和缺陷，直接影响了普通话测试成绩。

第二节　单音节字词项应试策略

研究表明，"单音节字词"失分仅次于"命题说话项"（失分最多且普遍感觉较难的测试项），"单音节字词"测试难，一是难在要求精准，二是难在识字。音节由声、韵、调组成，要读准一个字，要求声、韵、调三者都精准到位，稍有偏差或失误就会被判缺陷或错误。我们日常所见汉字都是在具体语境中出现，把某个字单独抽离出来，可能会出现暂时的“回生现象”。再加上生僻字的干扰，以及习惯性误读、声调缺陷的影响等，便觉得难了。那么，如何攻克单音节字词测试中的难点呢？

1. 声、韵、调发音要准确到位

普通话水平测试过程中，读单音节字词时，许多应试者读音错误率高、缺陷明显，以致测试成绩不理想。究其原因，乃在于最基本的声母、韵母、声调的发音要领没有把握好，因而造成发音错误或发音不够圆润。因此，平时学习和练习普通话时要采取灵活多样的方法严格规范声母、韵母及声调的发音。要做到：

（1）声母要发准。在100个音节里，每个声母出现次数一般不少于3次。声母发音要找准部位，方法正确。既不能把普通话里的某一类声母的发音读成另一类声母，也不能把普通话里的某一类声母的正确发音部位用较接近的部位代替，造成读音缺陷。须找准自己所讲方言的语音系统与普通话语音系统的对应规律，按照普通话语音记字音，并通过认读练习发准这些字的普通话读音。如鼻边音分不清的应试者，应该在训练中既分别记住哪些字是边音声母，哪些字是鼻音声母，又要练习含有这两个声母的所有音节的发音，把二者结合起来，才可能把字认对，音念准。

（2）韵母要到位。100个音节里，每个韵母出现次数一般不少于2次。韵母有单韵母、复韵母和鼻韵母。单韵母发音要吐字如珠，不拖泥带水。复韵母和鼻韵母要有动程，归音要到位，发出来的音要圆润。韵母的读音缺陷多表现为合口呼、撮口呼的韵母圆唇程度明显不够，语感差；或者开口呼韵母开口度明显不够，听感性质不符，或者复韵母动程不够等。鼻韵母发音还要注意韵尾归音的问题。

（3）声调要发全。在100个音节中，4个声调出现次数大致均衡。必须把普通话4个声调的调值发全，既要清楚地读出平、升、曲、降的区别，又要掌握好高低升降的程度。调值明显偏低或偏高，特别是四声的相对高点或低点明显不够的，判为声调读音缺陷。读单音节字词要和谐自然，不能把声韵调割裂开来，顾此失彼。

2. 不要将形近字误读

汉字的形体很多是相近或相似的，单独认读，稍不注意很容易读错。形近字误读有两种情况。一是有的人朗读速度过快，把很简单的字也读错了。二是有些日常生活中不多用的字，在词语中能念准，但读单字一下子难以念准，极易念错。比如“赅”“骇”在书面上有“言简意赅”“惊涛骇浪”等成语，如单独出现，一下子难以把握，可能读错。因此，要注意分辨字形、字义，不要受形近字、近义字的影响而误读。平时要养成良好的阅读习惯，遇到不认识的字或拿不准字音的字，要弄准字音，而不可马马虎虎，信口开河。

3. 多音字可选读一音

单音节字词中有不少多音字，朗读时念任何一个音都是对的。比如“处”，念“chù”或“chǔ”都算对。不必费时间琢磨到底读哪一个音。

4. 学习和掌握《普通话异读词审音表》

注意哪些字的音统读了，哪些字的音改变了。要按照这个表所审定的音来念。

5. 速度要快慢适中

读 100 个音节，限时 3.5 分钟。超时 1 分钟以内，扣 0.5 分；超时 1 分钟以上（含 1 分钟），扣 1 分。读单音节字词，只要每个音节读完整，一个接一个地往下读，就不会超时。有的人担心时间不够，快速抢读，有的字未读完全，"吃"掉了，降低了准确率，因此切忌抢读。朗读也不能太慢，不能每个字都揣摩，速度太慢，说明基础太差，不熟练，准备不足。超时则要一次性扣分。

6. 要从左至右横向朗读

单音节字词 100 个，测试题一般分为 10 排，每排 10 个字。朗读时从第一排起从左至右，不要从第一个字起从上往下读。

7. 读错了及时纠正

一个字允许读两遍，应试者发觉第一次读音有口误时可以改读，按第二次读音评判。如果对有的字拿不准是否读错了，不必再去想它，以免影响后面的朗读。

8. 调整心理状态，积极应考

很多人在测试前会紧张。心理学研究表明，适度的紧张对考试是有帮助的，它能使人积极应对问题情景。测试时漫不经心、过度放松反倒对测试不利。测试时要能保持积极的情绪状态，克服过度紧张，顺利、圆满地完成测试。

第三节　单音节字词综合训练

本节所选单音节字均对普通话声母、韵母、声调有较全面的覆盖。

训练要求：声母、韵母、声调要读准确，音节要清晰、饱满。

（一）

摆　飞　呐　请　事　格　财　剜　儿　缠

鹊　纽　鹤　抱　想　水　股　分　圆　女

惨　办　闹　晒　乖　叉　佛　蜷　蹭　观

撤　踝　聂　棒　疮　淡　让　冷　吸　沉

糠　自　坯　哨　乳　偶　憔　矩　冬　零

孙　篇　新　夸　哑　涩　脓　弱　飘　宙

读　流　歇　翁　嫁　抠　吞　诱　甸　真

扫一扫听音频

湿 母 她 画 潦 金 弦 腮 琼 砖

姚 窘 宋 邪 局 座 坏 堆 美 瘟

思 裙 波 撞 掘 盒 总 摸 襁 洒

（二）

啪 挠 鹤 痣 宋 癌 紫 源 罪 摸

壮 略 向 同 发 春 白 铝 某 弱

付 表 讲 多 穷 亏 乳 盾 捌 苏

苫 秦 蝻 判 裆 翁 蛆 沈 偶 村

淋 冲 抠 瘸 死 飞 巧 变 往 儿

成 由 黑 赢 木 名 类 日 乖 格

雌 贱 才 哑 晌 习 腻 涛 蛙 梯

犁 蛩 纫 蹬 君 甲 广 夸 诗 灭

拍 方 鱼 很 从 云 坡 跑 丢 吃

熊 矮 而 壮 孔 罪 页 拔 锁 归

（三）

贩 搓 旁 翁 秒 助 面 寸 皮 同

抓 多 忙 命 呆 树 堆 骗 鸟 拈

奥 顿 您 闸 乡 奴 卷 嫂 修 铁

聘 短 近 给 瘫 鞋 韵 光 拗 集

庸 黄 吝 棵 蛆 肯 俊 略 怨 叫

女 旅 法 自 映 软 盾 色 外 绕

信 吹 加 半 抓 团 生 遇 三 香

绝 奏 拨 氧 志 丑 非 善 娃 谈

他 乳 撑 狠 潮 情 岩 梢 权 优

快 扭 颇 翁 铁 酱 荫 瞟 素 若

（四）

甩 专 委 虐 仅 兵 府 卯 拱 春

胸 舔 法 鹤 指 砸 偶 餐 让 笙

掐 蟹 流 聘 停 弩 刮 崩 迷 屯

绿 俏 恨 榄 钙 夹 纳 代 肺 胞

梦 潘 膜 客 而 雌 枕 豪 抠 名

线 运 挎 葱 劝 荒 女 宋 灯 催

抢 梨 尝 日 邹 鹅 堤 妄 室 用

嫂 迟 裆 寺 御 涮 撞 决 踹 粉

自 浊 疮 锅 捐 碑 润 嘴 说 句

初 存 吱 收 洼 寞 二 松 巡 土

（五）

快 需 彻 泼 四 沸 若 砸 测 醇

热 艘 踪 郁 坏 窘 感 斥 秽 诚

听 梗 壁 糙 且 标 烁 踢 粱 儒

奋 环 亮 用 铭 甲 摒 枪 垮 嫩

全 星 况 软 肯 虐 楞 驯 段 固

陋 女 丢 歪 谬 税 涵 察 穷 而

辫 靠 戳 免 妆 破 灭 韵 材 玩

凤 微 牛 贫 释 俩 规 贼 瓢 滨

房 岛 约 倦 花 却 乖 状 值 雕

俩 冲 流 甲 科 洼 挑 阳 二 颖

（六）

裙 氛 蔑 哲 乳 丢 朋 舶 皇 怪

厢 君 尊 披 鬼 搔 欢 奇 琼 篷

祠 女 话 疮 庄 敏 潺 脖 聚 惨

火 梁 源 筷 勺 而 性 选 只 若

猴 别 卖 田 岳 讨 刃 努 追 吻

兵 船 情 略 宝 瓷 心 牛 窘 法

反 错 啡 容 啼 柘 鸥 贼 吮 抓

仰 嘶 绢 羹 苗 灾 腔 兑 尔 饼

拴 齿 玷 送 莲 虐 耍 垢 斜 歪

寸 瘸 窗 香 床 奴 松 耳 妙 瓶

（七）

坑 乖 水 乒 丢 彤 塘 耕 穷 封

室 广 苞 目 柱 涯 坏 颊 掉 森

张 吁 蔑 挖 篇 频 锥 姐 魔 夸

释 若 棺 原 别 暂 跛 瘟 烁 月

讯 降 赃 色 珊 女 绕 纯 刺 俩

焕 均 滑 闹 姊 拳 洪 娃 埃 却

囤 标 而 踢 凯 鳞 返 匪 骏 粱

二 迁 雄 奏 材 帝 练 新 平 粘

宦 轩 克 飞 肉 蹂 池 求 维 抓

沸 窘 来 权 瓜 悦 宗 疮 导 捶

（八）

炼 甜 二 民 宾 嗤 蕊 留 吁 簇

儿 映 丢 破 扑 办 棉 税 完 换

寻 宋 飘 删 女 床 攘 娘 湿 沫

谍 菇 拐 肖 若 戈 谆 粱 金 元

贷 铐 虐 寞 侄 窜 问 体 鸥 架

发 盆 啬 变 俩 列 仔 穷 形 北

酸 奋 州 次 昆 尔 恍 崩 操 用

责 请 司 剃 歪 铁 黑 抓 块 懦

化 捐 唱 逊 颊 足 缺 症 娃 瞄

妨 唇 破 尺 仍 洒 彬 童 褥 侄

（九）

犬 谢 汾 冶 迁 捧 撕 瓜 绵 次

晾 公 鹊 时 环 累 窗 啼 奏 吮

约 铸 沼 站 翩 佩 菌 驼 顿 麦

饵 猪 坐 餐 森 漩 卷 你 玻 女

花 常 俩 匈 拿 由 冕 税 备 日

窘 子 所 求 凯 悯 咱 租 巡 槽

兑 违 鳖 姐 怪 蒜 测 墙 呆 港

潦 嗡 换 抓 俄 戳 型 鼎 我 狂

铝 剽 婴 痛 丢 罚 牛 口 卫 磺

费 薯 王 掀 卷 折 杂 给 嫩 掂

（十）

没 白 喷 浮 桶 狼 开 寸 箕 日

穷 央 冰 丢 女 话 错 创 旧 笑

尧 按 区 说 死 紫 怪 踢 比 标

破 都 俩 快 攒 词 随 张 上 忍

雄 昂 研 月 品 农 宽 宪 袄 命

缝 钉 捏 特 抡 惯 卡 广 怀 怎

翠 搜 赵 锄 视 栓 擦 绝 近 箱

移 穴 掐 翁 新 群 橘 说 谁 吹

苏 贼 河 括 烈 你 跳 早 揣 顺

第二章

多音节词语

第一节　多音节词语项常见问题

多音节词语测试主要测查应试人声母、韵母、声调及变调、轻声和儿化读音的标准程度。在实际测试过程中，我们发现有相当多的人由于不了解多音节词语测试的目的、要求和方法，犯错特别多，失分率也相当高。

1. 语音错误和缺陷

方言区的应试者由于受方言的影响，在多音节词语的发音方面容易出现声、韵、调的读音错误和缺陷，这与普通话水平测试第一题“读单音节字词”中的声韵调问题类似，如：声母方面最突出的问题就是平翘舌音相混、鼻边音相混；韵母方面最突出的问题是前、后鼻韵母相混，撮口呼和合口呼韵母发音时圆唇度明显不够，开口呼韵母的开口度明显不够、后元音发音靠近央元音、复韵母和鼻韵母发音时动程过短、复韵母和鼻韵母发音时归音不到位等；声调方面最主要的问题是声调调型和调值错误，调值明显偏低或偏高，特别是四声的相对高点或低点明显不一致的。

2. 语流音变错误

多音节词语测试项有异于单音节字词测试项出现的问题，主要是在连续发音时出现的语流音变问题。在多音节词语中，音变现象主要包括上声变调、轻声和儿化。在念读多音节词语时，如果变调不正确，则会使整个语音带上浓厚的方音，如果轻声、儿化不正确，则会使普通话不纯正。

3. 词的轻重格式不区分

词的轻重格式也是方言区的人们普遍存在的语音问题。双音节词的轻重格式错误相对要少一些，三音节词和四音节词的轻重格式错误发生率则相当高。很多人将三音节词和四音节词的每个音节读得一样重，这不仅会影响词义，也破坏词的韵律美。

4. 多音节词字读

有的应试人在读多音节词语的时候，仍然像读单音节字词一样，把词割裂成一个一个的音节来读，就是把词字化，这样不仅破坏了词义，也破坏了词的节奏。

前述问题不管是哪一类错误或者缺陷，根据《大纲》规定，一个错误扣 0.2 分，一个缺陷扣 0.1 分。以上问题都可能导致测试时失分率偏高。

第二节　多音节词语项应试策略

1. 正确辨读声母、韵母和声调

（1）声母要发准。多音节词语测试中最容易出问题的就是平翘舌音搭配和鼻边音搭配的词语。平翘舌音搭配的词语要么都发成平舌音，要么都发成翘舌音，在读这些词语时，感觉舌头在做平舌、翘舌动作转换时很不灵活；在读鼻边音搭配的词语时，感觉鼻音和边音发音方法不能自如地转换。测试时，要特别注意此类问题，力求避免出现这类错误或者缺陷。针对“平翘舌音相混、鼻边音相混”的问题，首先要特别注意平翘舌音声母发音部位的准确，其次要能辨别哪些音节是翘舌音、哪些音节是平舌音并能正确发音。在方言区中，“鼻边不分”的现象也很普遍。除了正确掌握鼻音 n 和边音 l 的发音方法外，还要能够辨别哪些音节是鼻音、哪些音节是边音。

（2）韵母要到位。某些方言区的人对于区分普通话复韵母、鼻韵母的宽窄会感到困难，须认真听辨体会发音，加强分辨能力。前鼻音韵母和后鼻音韵母，特别是 en 与 eng、in 与 ing 混淆不清的现象是普遍存在的。分清韵尾 n 和 ng 的发音部位是读准前、后鼻音韵母的关键。n 是舌尖音，舌尖抵住上齿龈，ng 是舌根音，舌根抵软腭。另外就是区分哪些词是前鼻韵母，哪些词是后鼻韵母。所有复韵母、鼻韵母发音时都要注意将动程拉出来，而且还要顾及韵头、韵腹、韵尾的发音特点。韵头的发音短促，韵腹发音最响亮，开口度最大，韵尾发音轻短、模糊。所有韵母的发音都要注意归音到位，否则发音就会有缺陷。当然多音节词语的归音不可能像单音节那样饱满，除位于词语末尾音节的归音必须到位外，其余音节只要舌位朝着韵尾的方向移动都是正确的。

（3）声调要正确。普通话声调的发音是一个连续渐变的过程，注意阴平 [55]、阳平 [35]，上声 [214]、去声 [51] 的调值精准和调型正确。另外，在练读去声相连的多音节词语时，除词语末尾的音节调值读为 [51] 外，其余音节的调值一般都是 [53]，如电话、气象，否则就会显得生硬，不够自然。

2. 处理好多音节词语的音变

（1）上声正确变调。在普通话四个声调中，上声调值 [214] 最长。为了保证语流的流畅，绝大多数情况下，上声在语流中都读变调。多音节词语的变调难点多集中在上声的变调上，而上声变调的规律一是上声跟上声相连，前一个上声变读阳平调，调值为 [35]，而后一个上声读原调，调值为 [214]。二是上声在非上声前变读半上，调值为 [211]。应试人一定要理解记忆上声变调的两条规律并应用到实际的发音中去判别每个上声音节如何变调，从而达到正确发音的目的。除此之外，上声读原调时要特别注意调值的精准，特别是要把 [214] 中的 [1] 读到位，真正体现上声先降后升的特点。

（2）正确判别轻声。普通话中的轻声往往有区别词性和词义的作用，因此，我们应当特别注意有些必须读成轻声的音节。受方言影响，很多方言区的应试人语音中没有轻声，也没有轻声意识，或者把普通话里的轻声音节读成次轻音。造成这种情况的原因，一是不知道哪些词该读轻声，二是不会正确念读轻声。

（3）读准儿化音节。儿化这种语流音变现象也是普通话所独有的，是普通话语音是否纯正的标志之一。同轻声一样，有些应试人往往把普通话里的儿化音节读成独立的“er”音节，或者儿化音节卷舌不到位，这些都大大降低了普通话的标准程度。

3. 注意词的轻重格式

一句话中音节有轻重强弱的不同，造成这种变化除了音节与音节之间声调的区别外，还因为构成一句话的每个音节在音量上是不均衡的，也就是说，多音节词的各个音节有着约定俗成的轻重强弱差别，称为词的轻重格式，主要有以下几种：

（1）双音节词的轻重音格式。中重格式：前一个音节读中音，后一个音节读重音。双音节词绝大多数是这个格式，如：国际、货币。重中格式：前一个音节读重音，后一个音节读中音。如：要求、思想。重次轻格式：前一个音节读重音，后一个音节读次轻音，后面轻读的音节，声母、韵母一般没有变化，原调调值仍依稀可辨。如：手艺、清楚、唠叨。最轻格式：即轻声词语。如：我们、妈妈。

（2）三音节词的轻重音格式。中中重格式：末尾的音节读重音，第一个音节读中音，这是绝大多数三音节词的轻重音格式。例如：播音员、共青团、常委会。中重轻格式：枪杆子、命根子、过日子。中轻重格式：保不齐、备不住、小不点（儿）。

（3）四音节词的轻重音格式。中重中重格式：丰衣足食、日积月累。中轻中重格式：社会主义、集体经济。重中中重格式：惨不忍睹、义不容辞。

在进行多音节词语测试时，要正确处理轻重音格式，朗读时不能每个音节都均匀使力，也不能把每个音节的声韵调原原本本、不折不扣地读出来，这样语感上不仅不自然，让人感到很生硬，不像纯正的普通话，也会造成测试项扣分。

4. 注意节奏

词是语言中最小的能够独立运用的有音有义单位。多音节词的内部结构很紧密，在测读过程中不能破坏词的内部结构。因而，在测读多音节词语时，一定不能将词“字化”，即一个字一个字地读，这样会破坏词的内部结构和节奏。

（1）词语停连。在进行多音节词语测试时，要注意词内音节要连读，词与词之间的音节要有适当停顿，一个词一个词地读，不要偏快也不要偏慢。

（2）语速快慢适中。《大纲》规定：读多音节词语 100 个音节，限时 2.5 分钟。超时 1 分钟以内，扣 0.5 分；超时 1 分钟以上（含 1 分钟），扣 1 分。读多音节词语，只要每个音节读完整，一个词接一个词地往下读，就不会超时。有的人担心时间不够，快速抢读，有的字未读完全“吃”掉了，降低了准确率。因此，切忌抢读。念读也不能太慢，不能每个字都揣摩或试读，速度太慢，影响词语节奏，也说明基础太差，准备不足。而超时则要一次性扣分。

5. 多音多义字的正确读音

普通话中有些构词的音节可以有多个读音。测试时，可选读其中任何一个读音，都认定为正确。但无论选读哪个读音，都必须读准该音节的声母、韵母和声调。比如“熟悉”一词中的“熟”可以读“shú”，也可以读“shóu”；但无论选读哪个音，都必须发音正确才可计分，但若有语境区分的，要注意结合语境辨别，如游说（yóushuì）、应付（yìngfu）、晕倒（yūndǎo）、参差（cēncī）、心广体胖（pán）等。

第三节　多音节词语综合训练

扫一扫听音频

本节所选多音节词语，均对普通话声母、韵母、声调有较全面的覆盖，并考虑到轻声、儿化以及上声变调等内容的练习。

训练要求：除要求每个音节准确、清晰、饱满外，要考虑到以双音节词为单位，注意音节之间的内部联系。

（一）

日程　快乐　作家　表扬　暖和　沿边儿　准确　再见　愿望　学费

胜利　山脉　裙子　人们　皮肤　难怪　安静　家庭　墨水儿　耐用

乐队　专长　一心　胸怀　忘却　退休　损坏　说法　求得　谱曲

捏造　偶尔　色彩　人质　钟点　挨个儿　八卦　草丛　颤音　当票

非分　关节　河口　茴香　锦缎　恐慌　垒球　论说　木耳　神权

（二）

勉强　而且　品行　吞并　朋友　一块儿　表扬　颠簸　没错　污秽

恶心　越发　劝说　墨水儿　雄伟　儿孙　上司　咳嗽　眨眼　悲惨

差点儿　晕车　滑雪　扩大　排球　三角　采用　冠军　暖气　推广

嫉妒　织女　日夜　非常　老头儿　凤凰　柠檬　同志　挂帅　牢房

远虑　恰好　告诫　侍候　肘子　人才　忠臣　棕榈　加工　载荷

（三）

翡翠　否定　宣战　快活　了解　脑袋　罢工　阳伞　气象　墨水儿

锐角　夹层　类推　容忍　百货　陨灭　磷酸　玩意儿　采访　产品

争论　确实　奖券　几何　制造　衰竭　耳朵　同学　夸张　朋友

儿女　匪徒　凶犯　窗户　留念　狠心　破产　可怜　华夏　排球

刁钻　苏醒　导语　徇私　稿子　永远　老头儿　南方　冰棍儿　麻雀

（四）

斜线	同盟	青草	胖墩儿	私人	打败	铲除	爽快	瓜分	赞美
旦角儿	壮年	薄荷	掌管	取消	磋商	对头	巧合	委员	皇族
人们	军用	罪证	其他	阁下	略微	做客	温暖	出圈儿	山沟
恒星	老汉	莫非	太阳	成效	假使	贫穷	反映	桌子	包袱
不慎	个头儿	落魄	宣布	钟点儿	遣散	辅佐	炮击	寒流	琵琶

（五）

吵嘴	主持	心眼儿	瓜分	那样	女儿	群众	广大	委婉	首府
赔款	瑞雪	私营	专用	价格	发烧	不料	率领	起名儿	枉费
疟疾	顶牛儿	穷苦	夸奖	谅解	恰当	标准	便宜	朋友	谈话
串门儿	训谕	喧扰	冤魂	窃听	辩证	播音	合作	声调	时候
日晕	揣摩	词典	操场	算了	所在	干杯	统销	坎坷	韭菜

（六）

灵敏	满载	背面	把握	口哨儿	后代	耳目	电视	中断	池塘
梳子	宁可	告终	食品	下本儿	畏惧	寿命	疯狂	话剧	祝贺
算盘	眼角	经济	相反	破烂儿	热潮	书籍	整数	议院	蟋蟀
摆摊儿	汇报	所属	修改	磁头	运输	抗击	分界	城郊	春播
胳膊	打杂儿	窑洞	表里	愿望	少量	知道	自称	回去	作品

（七）

雨伞	背包	感动	个体	舌头	考古	商品	幼年	开刃儿	瞄准
冷水	弱者	印刷	日子	扇面儿	谅解	尽快	搞好	刀光	权力
小辫儿	早晚	清楚	清汤	狂风	杀害	内乱	护送	沉默	围剿
相仿	利润	敏感	表层	保管	家族	症候	金鱼儿	享有	仁爱
针眼儿	二月	运气	大修	中选	潜艇	反对	本着	挥手	减产

（八）

金属	枪眼儿	宁愿	准则	产量	可否	嫂子	宽大	腹部	老头儿
活泼	降临	纯粹	儿戏	阻挡	整修	叫唤	野人	怀孕	拟定
边防	交纳	忽视	切开	铜钱	效率	残余	刨根儿	疫苗	列国
寻找	打鸣儿	如意	文学	位置	小米	钢材	领土	折磨	通俗

脸蛋儿 手枪 配偶 感动 赛跑 假使 农家 火警 梅花 半岛

（九）

吊桥 裁军 委屈 过半 解散 小孩儿 洗澡 采用 讲究 村子
农民 政策 甚至 轮换 文字 饱和 胸怀 芦苇 枪炮 出圈儿
趣味 玩意儿 黄色 耐热 介于 询问 年岁 应变 评判 变法儿
团长 广州 记录 土产 全国 藏匿 取暖 贫困 兄妹 化学
黑板 百万 随便 相接 着陆 前头 款待 气愤 体重 驾驶

（十）

圆圈 工夫 回溯 面条儿 贫农 美好 卡片 旅行 背诵 排球
法定 饭桌儿 瞎抓 免得 滑动 打量 能人 减少 抗击 否则
促进 春天 玩意儿 庸碌 绳子 宣教 影响 快慰 祖国 恳切
采访 传播 村庄 年头儿 勋爵 和蔼 日晕 首先 流畅 耳朵
魔鬼 本质 格局 从前 日出 糯米 损失 从容 财产 奔驰

第三章

朗读短文

第一节　朗读短文的要求

朗读短文从《普通话水平测试用朗读作品》中选取，目的是测查应试人使用普通话朗读书面作品的水平。在测查声母、韵母、声调读音标准程度的同时，重点测查连读音变、停连、语调以及流畅程度。

按照《普通话水平测试大纲》评分规则，以朗读作品的前 400 个音节（不含标点符号和括注的音节）为限。每错 1 个音节，扣 0.1 分；漏读或增读 1 个音节，扣 0.1 分。声母或韵母的系统性语音缺陷，视程度扣 0.5 分、1 分。语调偏误，视程度扣 0.5 分、1 分、2 分。停连不当，视程度扣 0.5 分、1 分、2 分。朗读不流畅（包括回读），视程度扣 0.5 分、1 分、2 分。超时扣 1 分。

一、语音和表达准确

朗读，就是用响亮的声音，准确、规范、恰当、流畅地表达作品。在这几个要素中，首先要做到准确。准确的含义有三方面：字音准确、表达准确、语意准确。

字音准确是指声母、韵母、声调的发音正确，轻声、儿化、变调等符合音变规律，即普通话语音要标准。

表达准确是指在朗读作品过程中，不可增字、减字、改字、颠倒字，即要忠实于原作。

语意准确是指在表达的过程中，不能因语音的停断使作品意义产生歧义或让句子的结构有错误。

《大纲》对准确的要求是：对每篇材料的前 400 个音节（不含标点符号和括注的音节）做累积计算，每错 1 个音节，扣 0.1 分；漏读或增读 1 个音节，扣 0.1 分。

准确，是朗读作品最起码、最基本的要求，同时也是整个普通话水平测试的核心。从单音节字到双音节词语再到朗读和说话，语音和表达方面对准确的要求越来越高：首先，第一题只要求声母、韵母、声调的发音要准确；第二题除以上外，还要求轻声、儿化、变调要准确；朗读中，一、二题的要求全有，还增加了“一、不”变调、“啊”音变等内容；说话时，则不但要求以上语音诸因素的发音要准确，而且对词汇和语法也做出了准确的要求。其次，在读单双音节时，应试人如果发现自己发音错误或识字错误或发音有缺陷，还可以重读，但朗读中却不允许这样。它要求完整、准确地把作品表达出来。如果在作品中任何一个地方停顿下来改正错误，就要扣分（扣重读分和停断不当的分）。

二、语调规范

语调，是各种语言因素的综合表现，语调是由连贯语句的语声高低、快慢停顿以及轻重变化等构成的。普通话的语调是个极为复杂的问题，朗读文字作品的语调更是一个不易说清楚的技巧问题。

普通话的语调复杂而且不易说清楚，所以《大纲》上的表述也较模糊。用“问题突出”“比较明显”“略有反映”来判断应试人普通话语调的规范程度。如果不规范，则存在着方言语调。

方言语调是一个不可量化的概念，扣分也就不可能做到像单、双音节的错误和缺陷扣分，朗读中的错漏扣分那样精确。

《大纲》规定：“语调偏误，视程度扣 0.5 分、1 分、2 分”。在朗读的各项扣分中，方言语调的扣分是最重的。所以，克服方言语调，提高普通话语调的规范程度，就显得非常必要。

方言语调是指受方言影响在语句中存留的各种方言语音现象。不同方言区的人一开口说普通话，一般都带有本方言区的语音色彩。如粤方言区 zh、ch、sh 与 j、q、x 容易相混，四川方言虽属北方方言，但在声母、韵母、声调以及音变方面都与普通话有一些差别，存在着声母边鼻音不分、平翘舌音相混、韵母 o 与 e 及 uo 混淆、前后鼻韵母分不清楚、声调调值不准、音变不符合规律等问题……凡有各种语音问题，普通话的语调就不规范，语感就不纯正，就有方言味儿。这种“味儿”就是方言语调。所以，方言语调往往是与成系统的方言语音紧密相连的，朗读中第一项语音错误的扣分多，方言语调则扣分多；语音错误较少，方言语调扣分就较少。

三、停连恰当

停连，就是指停顿和连接。

在朗读中，句子有高低的变化（句调）、字音有轻重的不同（语句重音和非语句重音）、语速有快慢的差别、句子和句子之间有停顿和断句。这些要素有机组合、恰当运用，能使作品语意清晰、表意准确、生动自然，否则就会破坏语意的完整性甚至造成歧义和语句结构的错误。以上要素中，以重音和停顿最为重要。

朗读作品时显著的停顿都有标点符号，但为了突出某一事物，强调某一观点，表达某种感情，可在句中没有标点符号的地方做适当的停顿，这就是逻辑停顿。逻辑停顿不能破坏词和语法的完整性。至于安排多少逻辑停顿则与语速快慢有关，语速快，逻辑停顿少，语速慢，逻辑停顿适当增加。例如朗读较长的句子，我们用“|”表示较短的逻辑停顿，用“‖”表示较长的逻辑停顿。

在闽西南|苍苍茫茫的|崇山峻岭之中，点缀着数以千计的|圆形土楼，充满神奇的山寨气息。这就是|被誉为‖“世界民居奇葩”、世上独一无二的|神话般的|山区建筑模式的‖客家人|民居。

逻辑停顿切忌读破词，读破句。如果将最后的“客家人民居”，读成“客家人民|居”就错了。逻辑停顿很短暂，具有停连、停连的特点，即在整体的连贯中稍有停顿，从听觉上讲只感到好似一种节奏，而不是休止。

重音就是朗读者要着意强调的地方。它的作用在于显示语法关系、逻辑要点和语句感情。如果重音的位置错了，往往会混淆语句固有的语法关系，如作品 28 号《迷途笛音》中的一个分句：“他们却把我一个人留在原地……”（着重号表示重音），“一个人”如果不念重音，便和“我”一起充当“把”的介词宾语，显然不符合原句的意义，语法结构的显示也是错误的。作品的原意是“一个人”作“留在原地……”的状语，指明迷路的原因是别人都离开了。此处重音的表示除了声音稍重外，更主要的是通过在“一个人”前面作一停顿表示出来的。一般来说，重音的前面都要用停顿（断句）来强调，可见，语意的准确和完美表达与停连的位置密切相关，所以《大纲》规定：停连不当，视程度扣 0.5 分、1 分、2 分。

四、语速流畅

语速是指说话或朗读时的速度，指在单位时间里吐字的快慢。

普通话水平测试的五项内容，都有限时的要求。《大纲》对朗读一项的要求是：“限时 4 分钟，超时扣 1 分。”限时的目的是为了在正常语速下判定应试人的普通话水平。语速过快，易形成语音缺陷，语速过慢，作品表达的流畅性要受影响，所以，应根据内容、体裁的不同，在字音、内容准确，语调规范的前提下，用合适的语速，自然流畅地表达作品。

五、基调准确

基调是体现作品总的感情色彩的基本语调，要把握好。作品中的对话在朗读时要与叙述语言区别开来，一般朗读叙述语言语调较低，朗读人物语言时语调略高，但不要去扮演人物，模仿人物的嗓音，切记朗读不是朗诵，朗诵是艺术表演形式。

第二节 朗读短文应试策略

朗读是把文字作品转化为有声语言的一种创作活动。

在普通话水平测试中，应试者要用普通话，准确、规范、恰当、流畅地把文章读出来。按照《大纲》所规定的评分标准，应试人应做到：语音和表达要准确（不可错漏）、语调要规范（不能存在方言语调）、停断位置要恰当（不能造成歧义或句子结构的错误，同时表达也要连贯）、语速快慢要合适（做到自然流畅）、不能超时，否则就要视情况的不同扣分。

一、语音和表达准确

出现问题的原因主要有：

语音基础较差、缺乏良好的心理素质、测试前准备不足。语音基础较差导致发音错误较多，而且这些错误一般是成系统的，所以扣分率高；心理素质不好，临场就会紧张、慌乱，语音错误、表达错误频出，口误增多；准备不足也会导致失分，如对作品不够熟悉、发音器官紧张等。发音器官紧张，发音就会僵化生硬，造成不应有的发音错误和缺陷，语调也容易不规范。

备考对策：

1. 做好语音准备

语音准备是最重要也最长效的准备。应试人的语音问题，有的只表现为少数的平翘不分，有的是声、韵、调都有发音错误或缺陷。单一型的较好纠正，复合型的纠正起来较难。这些问题有主次之分、轻重之别。应抓住主要问题，突出重点，争取取得最佳效果。训练过程中，教师要指出问题、纠正错误，学生要刻苦练习，纠正方音。

2. 做好心理准备

应试人对普通话水平测试要有正确的认识，消除紧张心理。测试的目的是更好地学习和使用普通话，提高普通话口语表达水平。第一次测试成绩不理想，还可以在间隔一定时间后申请第二次（甚至更多次）测试，直到达到自己满意的等级为止。应试者对测试，思想上要重视、心理上要放松、行动上要抓紧。学生要与教师一起，客观分析语音情况，并积极训练，做到心中有数、临阵不慌。

3. 做好生理准备

通过一些简单的活动，锻炼各发音器官，使发音器官处在一种积极、良好的发音状态，克服因发音器官紧张而带来的语音错误和缺陷。一般说来，每个人在测试前都会有不同程度的紧张。测试之前的一段时间是最为紧张的时候。应试者可利用这段时间做做发音前的生理准备。这就像运动员比赛前的热身、歌唱演员上台前的亮嗓（喊嗓）一样重要和必要。测试中发现，不少应试者发音时因呼吸不匀、声带发出颤音、面部肌肉紧张、口腔状态不好（打不开口腔，口腔内各发音部位配合不好）导致语音错漏，所以做好生理准备也是克服语音错漏的一个积极对策。

二、语调规范

出现方言语调的原因主要有：

1. 应试者来自方言区，平常说普通话的时间也较少，加之普通话基础较差，所以在测试时便不可避免地露出各种方音。

2. 由于方言与普通话差异较大，很容易在朗读中出现声调的错误及系统性缺陷。声调错误或缺陷是导致方言语调形成的最直接原因。

3. 语流音变的规律掌握不熟练或发音不到位。如上声变调、“一”和“不”变调、词语的轻重音格式、“啊”音变、轻声、儿化等的发音错误或缺陷，也是造成方言语调的重要原因。

4. 由于不知道朗读和朗诵的区别，把朗读误以为是朗诵，把对作品的转述当成了表演，朗读时语调夸张、声调忽高忽低、四声相对高度不一致，语速忽快忽慢，声音前高后低、前强后重等，形成了一种固定的“朗诵腔”。这些也是方言语调的具体体现。

备考对策：

1. 养成平时用普通话进行思维、阅读（包括默读）、会话的习惯。一个人的思维和阅读习惯深受母语影响，如果母语是某种方言，则这种习惯很难改变。在一定语言环境中，会话可能在较短时间内由方言改为普通话，而思维和阅读习惯是根深蒂固的，需经过长期的训练方能奏效。训练采用复述、描述、评述、解说、报告、日常谈话、致辞、讲故事、演讲、辩论等方式进行。

2. 强化声调和音变训练。训练中要努力读准普通话四声的调值，避免由于语调变化而使字调发生变化。此外，还要加强音变训练，掌握各种音变规律，反复练习，直到各种音变都读准、读自然为止。

3. 明确朗读语言的要求，运用恰当方式表现作品。《大纲》提供的60篇作品，或叙事性强，或抒情突出，或重在描写；体裁以散文为主。所以，在表达上不需要过度的声音高低对比、强弱变化；在情感处理上不需要付出诗歌朗诵般的强烈激情；在音色的处理上不需要刻画小说人物时的惟妙惟肖、栩栩如生……不能片面追求朗诵语言的吟咏性、相声语言的诙谐性、戏剧台词的夸张性等。朗读是一种比较庄重和质朴的再创作。朗读者的任务是传达而非表演，不追求情节性和趣味性，强调准确性和深刻性，不追求渲染性和夸张性，强调严谨性和规范性。就是说，朗读的语言具有规整性的特点。这规整性犹如文学创作中的白描手法，既不佶屈聱牙、生涩隐晦，又不浓墨重彩、奇险浮饰，更不哗众取宠、插科打诨。

训练的方式主要有：

1. 跟读：听示范朗读，跟读。注意字音的准确、语调的规范和表达技巧的运用。注意在准确的基础上对整篇作品基调的把握。

2. 说读：根据作品的思想内容选择适当的表现方式，朴实自然地把内容“说”（读）出来，表达时做到既不要无动于衷，又不要自作多情。

三、停连恰当

出现停连不当的原因主要有：

1. 由于理解作品有误，导致停连位置不当造成歧义或错误。

2. 由于心理紧张，导致读破句，句子不连贯不流畅，停顿过多、重读较多。

停连是有声语言的“标点符号”，在朗读过程中，声音中断、休止的地方就是停顿。反之，那些不中断、不休止的地方（特别是有标点符号而不中断、不休止的地方）就叫连接。

应试人应掌握普通话朗读有关知识，明白重音、停顿等技巧在朗读中的重要作用。结合实践训练朗读技巧，提高朗读水平。熟悉和了解作品，扫清文字障碍、查清字的发音、理清句子关系及结构、分清文章主次和内容，做到心中有数，沉着应战。

四、语速流畅

测试中发现，朗读时与语速有关的情况主要有三方面：

1. 语速合适，普通话较流畅，无不恰当停顿，但字音错误较多（普通话属于流畅而不标准一类）。

2. 语速较合适，普通话不流畅，字音错漏较多，有停连不当现象（普通话属于比较流畅，比较标准一类）。

3. 语速不合适（过慢），普通话不很流畅，吐字较生硬，无不恰当停顿，但字音较标准，错漏较少（属于普通话较标准而不流畅一类）。

以上只有第三类才真正属于语速不当问题。语速过慢主要是由于读得太仔细、唯恐字音有错漏的心理造成，少数应试者语速稍快，则主要是由于紧张、慌乱所致。

应对策略：

1. 养成平时说话平稳适中的习惯。

2. 反复朗读作品，控制语速，做到快而不乱、慢而不断、自然流畅。

3. 听示范录音，跟读作品，掌握语速。

4. 测试前先测试和调整语速，做好心理和生理准备，临场不急不慌，从容应对。

说明：各项问题及对策是分项提出，但解决问题时应综合运用各种对策；朗读成绩（测试成绩）的好坏，除以上提到的诸因素外，还与应试人的文化素质、心理素质密切相关。要取得较好的成绩，还必须提高文化素质和心理素质。

第三节　普通话水平测试用朗读作品

说明

1. 60 篇朗读作品供普通话水平测试第三项——朗读短文测试使用。

2. 朗读作品的顺序，按篇名的汉语拼音字母顺序排列。

3. 为方便应试人备测，本教材为每篇朗读作品增编了难点音和易错音的“语音提示”，提示中加注的汉语拼音原则依据《汉语拼音正词法基本规则》拼写。

4. 应试人只朗读作品的前 400 个音节（不含标点符号和扩注的音节）。每篇作品在第 400 个音节后用“//”标注。

5. 为适应朗读的需要，作品中的数字一律采用汉字的书写方式书写，如：“1998 年”写作“一九九八年”，“23%”写作“百分之二十三”。

6. 朗读作品的“语音提示”中，注音均标注变调。

7. 作品中的必读轻声音节，拼音不标调号。一般轻读，间或重读的音节，拼音加注调号，并在拼音前加圆点提示，如：“因为”，拼音写作“yīn · wèi”，“差不多”，拼音写作“chà · bù duō”。

8. 作品中的儿化音节分两种情况。第一种是书面上加“儿”，拼音时在基本形式后加 r，如：“小孩儿”，拼音写作“xiǎoháir”；第二种是书面上没有加“儿”，但口语里一般儿化的音节，拼音时也在基本形式后加 r，如：“胡同”，拼音写作“hútòngr”。

作品1号

朗读提示 这是一篇托物言意之作，也是一曲献给根据地抗日军民的赞歌，通过对白杨树不平凡形象的赞美，歌颂了中国共产党领导下的抗日军民和整个中华民族的紧密团结、力求上进、坚强不屈的革命精神和斗争意志。所以，朗读时语言要热情奔放，气势要雄浑、铿锵有力，但不乏浓浓的诗意和质朴的情感。

说明：汉字作品中加注的数字番号为易读错处，与拼音一一对应。

那是力争上游的一种树，笔直的干，笔直的枝。它的干呢，通常是丈把高，像是加以人工似的①，一丈以内，绝无旁枝；它所有的丫枝②呢，一律向上，而且紧紧靠拢，也像是加以人工似的，成为一束③，绝无横斜逸出；它的宽大的叶子也是片片向上，几乎④没有斜生的，更不用说倒垂了；它的皮，光滑而有银色的晕圈⑤，微微泛出淡青色。这是虽⑥在北方的风雪的压迫下却保持着倔强⑦挺立的一种树！哪怕只有碗来粗细罢，它却努力向上发展，高到丈许，两丈，参天耸立⑧，不折不挠⑨，对抗着西北风。

这就是白杨树，西北极普通的一种树，然而决不是平凡的树！

它没有婆娑⑩的姿态，没有屈曲盘旋⑪的虬枝⑫，也许你要说它不美丽——如果美是专指"婆娑"或"横斜逸出"之类而言，那么，白杨树算不得树中的好女子；但是它却是伟岸，正直，朴质⑬，严肃，也不缺乏温和，更不用提它的坚强不屈与挺拔，它是树中的伟丈夫⑭！当你在积雪初融的高原上走过，看见平坦的大地上傲然挺立这么一株或一排白杨树，难道你就只觉得⑮树只是树，难道你就不想到它的朴质，严肃，坚强不屈，至少也象征了北方的农民；难道你竟一点儿也不联想到，在敌后的广大 // 土地上，到处有坚强不屈，就像这白杨树一样傲然挺立的守卫他们家乡的哨兵！难道你又不更远一点想到这样枝枝叶叶靠紧团结，力求上进的白杨树，宛然象征了今天在华北平原纵横决荡用血⑯写出新中国历史的那种精神和意志。

节选自茅盾《白杨礼赞》

扫一扫听音频

语音提示

① 似的 shì · de
② 丫枝 yāzhī
③ 一束 yíshù
④ 几乎 jīhū
⑤ 晕圈 yùnquān
⑥ 虽 suī
⑦ 倔强 juéjiàng
⑧ 耸立 sǒnglì
⑨ 不折不挠 bùzhé-bùnáo
⑩ 婆娑 pósuō
⑪ 屈曲盘旋 qūqū pánxuán
⑫ 虬枝 qiúzhī
⑬ 朴质 pǔzhì
⑭ 丈夫 zhàngfū
⑮ 觉得 jué · dé
⑯ 血 xuè

作品2号

朗读提示 注意老板话语的朗读，但语气不要太夸张。同时也要注意对比布鲁诺和阿诺德的行为，朗读布鲁诺的行为时语气要略显责备之情，朗读阿诺德的行为时语气要带赞扬之情。

两个同龄的年轻人同时受雇于一家店铺，并且拿同样的薪水①。

可是一段时间后，叫阿诺德的那个②小伙子青云直上，而那个叫布鲁诺的小伙子却仍③在原地踏步。布鲁诺很不满意老板的不公正待遇。终于有一天他到老板那儿④发牢骚了。老板一边耐心地听着他的抱怨，一边在心里盘算⑤着怎样向他解释清楚他和阿诺德之间的差别⑥。

“布鲁诺先生，”老板开口说话了，“您现在到集市上去一下，看看⑦今天早上⑧有什么⑨卖的。”

布鲁诺从集市上回来向老板汇报说，今早集市上只有一个农民拉了一车土豆⑩在卖。

“有多少？”老板问。

布鲁诺赶快戴上帽子又跑到集上，然后回来告诉老板一共四十袋土豆。

“价格是多少？”

布鲁诺又第三次跑到集上问来了价格。

“好吧，”老板对他说，“现在请您坐到这把椅子上一句话也不要说，看看阿诺德怎么⑪说。”

阿诺德很快就从集市上回来了。向老板汇报说到现在为止只有一个农民在卖土豆，一共四十口袋⑫，价格是多少多少；土豆质量⑬很不错，他带回来一个让老板看看。这个农民一个钟头以后还会弄⑭来几箱西红柿，据他看价格非常公道。昨天他们铺子的西红柿卖得很快，库存已经不 // 多了。他想这么便宜的西红柿，老板肯定会要进一些的，所以他不仅带回了一个西红柿做样品，而且把那个农民也带来了，他现在正在外面等回话呢。

此时老板转向了布鲁诺，说：“现在您肯定知道为什么阿诺德的薪水比您高了吧！”

节选自张健鹏、胡足青主编《故事时代》中《差别》

扫一扫听音频

语音提示

① 薪水 xīn · shuǐ

② 那个 nà · ge (nèi · ge)

③ 仍 réng

④ 那儿 nàr

⑤ 盘算 pán · suan

⑥ 差别 chābié

⑦ 看看 kàn · kan

⑧ 早上 zǎo · shang

⑨ 什么 shén · me

⑩ 土豆 tǔdòu (tǔ dòur)

⑪ 怎么 zěn · me

⑫ 口袋 kǒu · dai

⑬ 质量 zhìliàng

⑭ 弄 nòng

作品 3 号

朗读提示 注意作者前后态度的变化，在知道丑石是陨石之前，朗读时语气要略带不屑，但也不能太露骨，朗读到那块丑石原来是陨石时，要带有惊奇而又遗憾的心情。

我常常遗憾我家门前那块[1]丑石：它黑黝黝[2]地卧在那里，牛似的[3]模样[4]；谁[5]也不知道是什么[6]时候[7]留在这里的，谁也不去理会它。只是麦收时节，门前摊了麦子，奶奶[8]总是说：这块丑石，多占地面呀，抽空[9]把它搬走吧。

它不像汉白玉那样[10]的细腻，可以刻字雕花，也不像大青石那样的光滑，可以供[11]来浣纱[12]捶布。它静静地卧在那里，院边的槐阴没有庇覆[13]它，花儿[14]也不再在它身边生长。荒草便繁衍[15]出来，枝蔓[16]上下，慢慢地[17]，它竟锈上了绿苔[18]、黑斑。我们这些做孩子的，也讨厌起它来，曾合伙要搬走它，但力气[19]又不足；虽[20]时时咒骂[21]它，嫌弃[22]它，也无可奈何，只好任它留在那里了。

终有一日，村子里来了一个天文学家。他在我家门前路过，突然发现了这块[23]石头[24]，眼光立即[25]就拉直了。他再没有离开，就住了下来；以后又来了好些人，都说这是一块陨石[26]，从天上落下来已经有二三百年了，是一件了不起的东西[27]。不久便来了车，小心翼翼地将它运走了。

这使我们都很惊奇！这又怪又丑的石头，原来是天上的啊！它补过[28]天，在天上发过[29]热、闪过[30]光，我们的先祖或许仰望过[31]它，它给了他们光明、向往、憧憬[32]；而它落下来了，在污土里，荒草里，一躺就 // 是几百年了！

我感到自己的无知，也感到了丑石的伟大，我甚至怨恨它这么[33]多年竟会默默地忍受着这一切！而我又立即深深地感到它那种不屈于误解、寂寞的生存的伟大。

节选自贾平凹《丑石》

扫一扫听音频

语音提示

① 那块 nàkuài (nèikuài)

② 黑黝黝 hēiyǒuyǒu（口语中也读 hēiyōuyōu）

③ 似的 shì · de

④ 模样 múyàng

⑤ 谁 shéi (shuí)

⑥ 什么 shén · me

⑦ 时候 shí · hou

⑧ 奶奶 nǎi · nai

⑨ 抽空 chōukòng

⑩ 那样 nàyàng

⑪ 供 gōng

⑫ 浣纱 huànshā

⑬ 庇覆 bìfù

⑭ 花儿 huā'ér

⑮ 繁衍 fányǎn

⑯ 枝蔓 zhīmàn

⑰ 慢慢地 mànmàn · de（口语中多儿化，读 mànmānr · de）

⑱ 绿苔 lǜtái

⑲ 力气 lì · qi

⑳ 虽 suī

㉑ 咒骂 zhòumà

㉒ 嫌弃 xiánqì

㉓ 这块 zhèkuài (zhèikuài)

㉔ 石头 shí · tou

㉕ 立即 lìjí

㉖ 陨石 yǔnshí

㉗ 东西 dōng · xi

㉘ 补过 bǔ · guo

㉙ 发过 fā · guo

㉚ 闪过 shǎn · guo

㉛ 仰望过 yǎngwàng · guo

㉜ 憧憬 chōngjǐng

㉝ 这么 zhè · me

作品 4 号

朗读提示 这虽然是一篇叙事文章，但富有哲理，启发人们发现自我，创造机会，可采用自然深沉的感情基调，并用平实、质朴的声音表达出作者的感受。

在达瑞八岁的时候①，有一天他想去看电影。因为②没有钱，他想是向爸妈要钱，还是自己挣钱。最后他选择了后者。他自己调制③了一种汽水④，向过路的行人出售。可那时正是寒冷的冬天，没有人买，只有两个人例外——他的爸爸⑤和妈妈⑥。

他偶然有一个和非常成功的商人谈话的机会。当他对商人讲述了自己的“破产史”后，商人给了他两个重要的建议：一是尝试为别人解决一个难题；二是把精力集中在你知道的、你会的和你拥有的东西⑦上。

这两个建议很关键。因为对于一个八岁的孩子而言，他不会做的事情⑧很多。于是他穿过⑨大街小巷，不停地思考：人们⑩会有什么⑪难题，他又如何利用这个⑫机会?

一天，吃早饭时父亲让达瑞去取报纸。美国的送报员总是把报纸从花园篱笆⑬的一个特制的管子里塞⑭进来。假如你想穿着睡衣舒舒服服⑮地吃早饭和看报纸，就必须离开温暖的房间，冒着寒风，到花园去取。虽然⑯路短，但十分麻烦⑰。

当达瑞为父亲取报纸的时候，一个主意⑱诞生了。当天⑲他就按响邻居⑳的门铃㉑，对他们说，每个月只需付给他一美元㉒，他就每天早上㉓把报纸塞到他们的房门底下。大多数人都同意了，很快他有 // 了七十多个顾客。一个月后，当他拿到自己赚的钱时，觉得自己简直是飞上了天。

很快他又有了新的机会，他让他的顾客每天把垃圾袋放在门前，然后由他早上运到垃圾桶里，每个月加一美元。之后他还想出了许多孩子赚钱的办法，并把它集结成书，书名为《儿童挣钱的二百五十个主意》。为此㉔，达瑞十二岁时就成了畅销书作家，十五岁有了自己的谈话节目，十七岁就拥有了几百万美元。

节选自 [德] 博多 · 舍费尔《达瑞的故事》，刘志明译

扫一扫听音频

语音提示

① 时候 shí · hou

② 因为 yīn · wèi

③ 调制 tiáozhì

④ 汽水 qìshuǐr

⑤ 爸爸 bà · ba

⑥ 妈妈 mā · ma

⑦ 东西 dōng · xi

⑧ 事情 shì · qing

⑨ 穿过 chuān · guo

⑩ 人们 rén · men

⑪ 什么 shén · me

⑫ 这个 zhè · ge (zhèi · ge)

⑬ 篱笆 lí · ba

⑭ 塞 sāi

⑮ 舒舒服服 shūshūfúfú（口语中也读 shū · shufūfū）

⑯ 虽然 suīrán

⑰ 麻烦 má · fan

⑱ 主意 zhǔ · yi（口语中也读 zhú · yi）

⑲ 当天 dàngtiān

⑳ 邻居 lín · jū

㉑ 门铃 ménlíngr

㉒ 一美元 yìměiyuán

㉓ 早上 zǎo · shang

㉔ 为此 wèicǐ

作品 5 号

朗读提示 这篇文章前一部分主要描写了雪景，朗读时要把作者对美丽雪景的喜爱之情和雪地里孩子们打闹的欢乐情景表现出来，后一部分主要写了大雪对农作物的益处，朗读时要客观、朴素、自然。

这是入冬以来，胶东半岛上第一场[1]雪。

雪纷纷扬扬，下得很大。开始还伴着一阵儿[2]小雨，不久就只见大片大片的雪花，从彤云密布[3]的天空中飘落下来。地面上一会儿[4]就白了。冬天的山村，到了夜里就万籁俱寂[5]，只听得雪花簌簌地[6]不断往下落，树木的枯枝被雪压断了，偶尔咯吱[7]一声响。

大雪整整下了一夜。今天早晨[8]，天放晴了，太阳[9]出来了。推开门一看，嗬！好大的雪啊！山川、河流、树木、房屋，全都罩上了一层厚厚的雪，万里江山，变成了粉妆玉砌[10]的世界。落光了叶子的柳树上挂满了毛茸茸[11]亮晶晶的银条儿[12]；而那些冬夏常青的松树和柏树[13]上，则挂满了蓬松松沉甸甸[14]的雪球儿[15]。一阵风吹来，树枝轻轻地摇晃，美丽的银条儿和雪球儿簌簌地落下来，玉屑[16]似的[17]雪末儿[18]随风飘扬，映着清晨的阳光，显出一道道五光十色的彩虹。

大街上的积雪足有一尺多深，人踩上去，脚底下发出咯吱咯吱的响声。一群群孩子在雪地里堆雪人，掷[19]雪球儿。那欢乐的叫喊声，把树枝上的雪都震落下来了。

俗话说，“瑞雪兆丰年”。这个话有充分的科学根据，并不是一句迷信的成语。寒冬大雪，可以冻死一部分越冬的害虫；融化了的水渗[20]进土层深处，又能供应[21] // 庄稼[22]生长的需要。我相信这一场十分及时的大雪，一定会促进明年春季作物，尤其是小麦的丰收。有经验的老农把雪比做是“麦子的棉被”。冬天“棉被”盖得越厚，明春麦子就长得越好，所以又有这样一句谚语[23]：“冬天麦盖三层被，来年枕着馒头[24]睡。”

我想，这就是人们为什么[25]把及时的大雪称为“瑞雪”的道理吧。

节选自峻青《第一场雪》

扫一扫听音频

语音提示

① 场 cháng

② 一阵儿 yízhènr

③ 彤云密布 tóngyún-mìbù

④ 一会儿 yíhuìr（口语中也读 yìhuǐr）

⑤ 万籁俱寂 wànlài-jùjì

⑥ 簌簌地 sùsù · de

⑦ 咯吱 gēzhī

⑧ 早晨 zǎo · chén

⑨ 太阳 tài · yáng

⑩ 粉妆玉砌 fěnzhuāng-yùqì

⑪ 毛茸茸 máoróngróng（口语一般读 máorōngrōng）

⑫ 银条儿 yíntiáor

⑬ 柏树 bǎishù

⑭ 沉甸甸 chéndiàndiàn（口语一般读 chéndiāndiān）

⑮ 雪球儿 xuěqiúr

⑯ 玉屑 yùxiè

⑰ 似的 shì · de

⑱ 雪末儿 xuěmòr

⑲ 掷 zhì

⑳ 渗 shèn

㉑ 供应 gōngyìng

㉒ 庄稼 zhuāng · jia

㉓ 谚语 yànyǔ

㉔ 馒头 mán · tou

㉕ 为什么 wèishén · me

作品6号

朗读提示 这是一篇对读书人充满深情厚意的议论文，所以朗读时要把作者语重心长、耐人寻味的心声表述出来，语气要厚重、坚实。

我常想读书人是世间幸福人，因为①他除了拥有现实的世界之外，还拥有另一个更为浩瀚②也更为③丰富的世界。现实的世界是人人都有的，而后一个世界却为④读书人所独有。由此我想，那些失去或不能阅读的人是多么⑤的不幸，他们的丧失是不可补偿⑥的。世间有诸多⑦的不平等，财富的不平等，权力的不平等，而阅读能力的拥有或丧失却体现为⑧精神的不平等。

一个人的一生，只能经历自己拥有的那一份欣悦，那一份苦难，也许再加上他亲自闻知的那一些关于自身以外的经历和经验。然而，人们通过阅读，却能进入不同时空的诸多他人的世界。这样，具有阅读能力的人，无形间获得了超越有限生命的无限可能性。阅读不仅使他多识了草木虫鱼之名，而且可以上溯⑨远古下及未来，饱览存在的与非存在的奇风异俗。

更为重要的是，读书加惠于人们的不仅是知识的增广，而且还在于精神的感化与陶冶。人们从读书学做人，从那些往哲先贤以及当代才俊⑩的著述中学得他们的人格。人们从《论语》⑪中学得智慧的思考，从《史记》中学得严肃的历史精神，从《正气歌》中学得人格的刚烈，从马克思学得人世 // 的激情，从鲁迅学得批判精神，从托尔斯泰学得道德的执著⑫。歌德的诗句刻写着睿智⑬的人生，拜伦的诗句呼唤着奋斗的热情。一个读书人，一个有机会拥有超乎个人生命体验的幸运人。

节选自谢冕《读书人是幸福人》

扫一扫听音频

语音提示

① 因为 yīn · wèi

② 浩瀚 hàohàn

③ 更为 gèngwéi

④ 为 wéi

⑤ 多么 duō · me

⑥ 补偿 bǔcháng

⑦ 诸多 zhūduō

⑧ 体现为 tǐxiànwéi

⑨ 上溯 shàngsù

⑩ 才俊 cáijùn

⑪ 《论语》Lúnyǔ

⑫ 执著 zhízhuó

⑬ 睿智 ruìzhì

作品 7 号

朗读提示 这篇文章的角色对话很多，朗读时要注意把孩子稚嫩和渴望的语言与父亲疲惫、不耐烦的语言进行对比，同时也要注意区分父亲发怒时和平静之后的语言。

一天，爸爸①下班回到家已经很晚了，他很累也有点儿②烦，他发现五岁的儿子靠在门旁正等着他。

“爸，我可以问您一个问题吗？”

“什么③问题？”“爸，您一小时可以赚多少钱？”“这与你无关，你为什么问这个④问题？”父亲生气地说。

“我只是想知道⑤，请告诉⑥我，您一小时赚多少钱？”小孩儿⑦哀求道。“假如你一定要知道的话，我一小时赚二十美金。”

“哦，”小孩儿低下了头，接着又说，“爸，可以借我十美金吗？”父亲发怒了：“如果你只是要借钱去买毫无意义的玩具的话，给我回到你的房间睡觉去。好好⑧想想⑨为什么你会那么⑩自私。我每天辛苦工作，没时间和你玩儿⑪小孩子的游戏。”

小孩儿默默地回到自己的房间关上门。

父亲坐下来还在生气。后来，他平静下来了。心想他可能对孩子太凶了——或许孩子真的很想买什么东西⑫，再说他平时很少要过⑬钱。

父亲走进孩子的房间：“你睡了吗？”“爸，还没有，我还醒着。”孩子回答。

“我刚才可能对你太凶了，”父亲说，“我不应该发那么大的火儿⑭——这是你要的十美金。”“爸，谢谢⑮您。”孩子高兴地从枕头⑯下拿出一些被弄皱⑰的钞票，慢慢地⑱数着。

“为什么你已经有钱了还要？”父亲不解地问。

“因为⑲原来不够，但现在凑够了。”孩子回答：“爸，我现在有 // 二十美金了，我可以向您买一个小时的时间吗？明天请早一点儿回家——我想和您一起吃晚餐。”

节选自唐继柳编译《二十美金的价值》

扫一扫听音频

语音提示

① 爸爸 bà · ba

② 点儿 diǎnr

③ 什么 shén · me

④ 这个 zhè · ge (zhèi · ge)

⑤ 知道 zhī · dào

⑥ 告诉 gào · su

⑦ 小孩儿 xiǎoháir

⑧ 好好 hǎohǎo（口语中多儿化，读 hǎohāor）

⑨ 想想 xiǎng · xiang

⑩ 那么 nà · me

⑪ 玩儿 wánr

⑫ 东西 dōng · xi

⑬ 要过 yào · guo

⑭ 火儿 huǒr

⑮ 谢谢 xiè · xie

⑯ 枕头 zhěn · tou

⑰ 弄皱 nòngzhòu

⑱ 慢慢地 mànmàn · de（口语中多儿化，读 mànmānr · de）

⑲ 因为 yīn · wèi

作品 8 号

朗读提示 作品中三次写繁星，由于年龄、阅历、心情和地点、氛围的不同，表现出的意境和感受也不同。朗读时要注意三次写繁星时行文感情处理的不同：第一次是在自家院子，所见的天空有限，显得深而且远，有回到母亲怀里的感觉；第二次是在南京的菜园地，作者当时挣脱了封建家庭的樊笼，因此觉得星星很亲切，光明无所不在；第三次是在海上，船动星移。

我爱月夜，但我也爱星天。从前在家乡七八月的夜晚在庭院里纳凉的时候[1]，我最爱看天上密密麻麻的繁星。望着星天，我就会忘记一切，仿佛[2]回到了母亲的怀里似的[3]。

三年前在南京我住的地方[4]有一道后门，每晚我打开后门，便看见一个静寂的夜。下面是一片菜园，上面是星群密布的蓝天。星光在我们的肉眼里虽然[5]微小，然而它使我们觉得光明无处不在。那时候我正在读一些天文学的书，也认得[6]一些星星[7]，好像它们就是我的朋友[8]，它们常常在和我谈话一样。

如今在海上，每晚和繁星相对，我把它们认得很熟了。我躺在舱面上，仰望天空。深蓝色的天空里悬着无数半明半昧[9]的星。船在动，星也在动，它们是这样低，真是摇摇欲坠呢！渐渐地我的眼睛[10]模糊[11]了，我好像看见无数萤火虫在我的周围飞舞。海上的夜是柔和的，是静寂的，是梦幻的。我望着许多认识[12]的星，我仿佛看见它们在对我眨眼，我仿佛听见它们在小声说话。这时我忘记了一切。在星的怀抱中我微笑着，我沉睡着。我觉得自己是一个小孩子，现在睡在母亲的怀里了。

有一夜，那个在哥伦波上船的英国人指给我看天上的巨人。他用手指着：// 那四颗明亮的星是头，下面的几颗是身子，这几颗是手，那几颗是腿和脚，还有三颗星算是腰带。经他这一番指点，我果然看清楚[13]了那个天上的巨人。看，那个巨人还在跑呢！

节选自巴金《繁星》

扫一扫听音频

语音提示

① 时候 shí · hou

② 仿佛 fǎngfú

③ 似的 shì · de

④ 地方 dì · fang

⑤ 虽然 suīrán

⑥ 认得 rèn · de

⑦ 星星 xīng · xing

⑧ 朋友 péng · you

⑨ 半明半昧 bànmíng-bànmèi

⑩ 眼睛 yǎn · jing

⑪ 模糊 mó · hu

⑫ 认识 rèn · shi

⑬ 清楚 qīng · chu

作品 9 号

朗读提示 这是一篇关于童年美好回忆的作品，语言自然清新。朗读时可以使用甜美的声音，把作者的童趣勾勒出来。最后一个自然段和倒数第二自然段的最后一句话是全文的画龙点睛之笔，朗读时应饱含着深深的思乡之情和爱国之情。

假日到河滩上转转①，看见许多孩子在放风筝②。一根根长长的引线，一头③系在天上，一头系④在地上，孩子同风筝都在天与地之间悠荡，连心也被悠荡得恍恍惚惚了，好像又回到了童年。

儿时放的风筝，大多是自己的长辈或家人编扎⑤的，几根削⑥得很薄⑦的篾⑧，用细纱线扎成各种鸟兽的造型，糊⑨上雪白的纸片，再用彩笔勾勒⑩出面孔与翅膀的图案。通常扎得最多的是“老雕”“美人儿⑪”“花蝴蝶”等。

我们家前院就有位叔叔⑫，擅扎⑬风筝，远近闻名。他扎的风筝不只体形好看，色彩艳丽，放飞得高远，还在风筝上绷一叶用蒲苇⑭削成的膜片，经风一吹，发出“嗡嗡”的声响，仿佛是风筝的歌唱，在蓝天下播扬，给开阔的天地增添了无尽的韵味，给驰荡⑮的童心带来几分疯狂。

我们那条胡同⑯的左邻右舍⑰的孩子们放的风筝几乎⑱都是叔叔编扎的。他的风筝不卖钱，谁⑲上门去要，就给谁，他乐意自己贴钱买材料。

后来，这位叔叔去了海外，放风筝也渐与孩子们远离了。不过年年叔叔给家乡写信，总不忘提起儿时的放风筝。香港回归之后，他在家信中说到，他这只被故乡放飞到海外的风筝，尽管⑳飘荡游弋㉑，经沐风雨，可那线头儿㉒一直在故乡和 // 亲人手中牵着，如今飘得太累了，也该要回归到家乡和亲人身边来了。

是的。我想，不光是叔叔，我们每个人都是风筝，在妈妈手中牵着，从小放到大，再从家乡放到祖国最需要的地方㉓去啊！

节选自李恒瑞《风筝畅想曲》

扫一扫听音频

语音提示

① 转转 zhuàn · zhuan
② 风筝 fēng · zheng
③ 一头 yìtóur
④ 系 jì
⑤ 编扎 biānzā
⑥ 削 xiāo
⑦ 薄 báo
⑧ 篾 miè
⑨ 糊 hú
⑩ 勾勒 gōulè
⑪ 美人儿 měirénr
⑫ 叔叔 shū · shu
⑬ 擅扎 shànzā
⑭ 蒲苇 púwěi
⑮ 驰荡 chídàng
⑯ 胡同 hútòngr
⑰ 舍 shè
⑱ 几乎 jīhū
⑲ 谁 shéi (shuí)
⑳ 尽管 jǐnguǎn
㉑ 游弋 yóuyì
㉒ 线头儿 xiàntóur
㉓ 地方 dì · fang

作品 10 号

朗读提示 区分朗读爸爸的行为和妈妈的行为。在朗读爸爸的行为时要责备中带有理解，最后表现出对爸爸深沉的爱，不能大声地斥责。

爸不懂得怎样表达爱，使我们一家人融洽[1]相处[2]的是我妈。他只是每天上班下班，而妈则把我们做过[3]的错事开列清单，然后由他来责骂我们。

有一次我偷了一块糖果，他要我把它送回去，告诉[4]卖糖的说是我偷来的，说我愿意替他拆箱卸[5]货作为赔偿[6]。但妈妈[7]却明白[8]我只是个孩子。

我在运动场打秋千[9]跌断了腿，在前往医院的途中一直抱着我的，是我妈。爸把汽车停在急诊室[10]门口，他们叫他驶开，说那空位[11]是留给紧急车辆停放的。爸听了便叫嚷道："你以为这是什么[12]车？旅游车？"

在我生日会上，爸总是显得有些不大相称[13]。他只是忙于吹气球，布置餐桌，做杂务。把插着蜡烛的蛋糕推过来让我吹的，是我妈。

我翻阅照相册时，人们总是问："你爸爸[14]是什么样子的？"天晓得！他老是忙着替别人拍照。妈和我笑容可掬[15]地一起拍的照片，多得不可胜数[16]。

我记得妈有一次叫他教[17]我骑自行车。我叫他别放手，但他却说是应该放手的时候[18]了。我摔倒之后，妈跑过来扶我，爸却挥手要她走开。我当时生气极了，决心要给他点儿[19]颜色看。于是我马上爬上自行车，而且自己骑给他看。他只是微笑。

我念大学时，所有的家信都是妈写的。他 // 除了寄支票外，还寄过一封短柬[20]给我，说因为[21]我不在草坪上踢足球了，所以他的草坪长得很美。

每次我打电话回家，他似乎[22]都想跟我说话，但结果[23]总是说："我叫你妈来接。"

我结婚时，掉眼泪的是我妈。他只是大声擤[24]了一下鼻子，便走出房间。

我从小到大都听他说："你到哪里去？什么时候回家？汽车有没有汽油？不，不准去。"爸完全不知道怎样表达爱。除非……

会不会是他已经表达了，而我却未能察觉？

节选自［美］艾尔玛·邦贝克《父亲的爱》

扫一扫听音频

语音提示

① 融洽 róngqià
② 相处 xiāngchǔ
③ 做过 zuò · guo
④ 告诉 gào · su
⑤ 卸 xiè
⑥ 赔偿 péicháng
⑦ 妈妈 mā · ma
⑧ 明白 míng · bai
⑨ 秋千 qiūqiān
⑩ 急诊室 jízhěnshì
⑪ 空位 kòngwèi
⑫ 什么 shén · me
⑬ 相称 xiāngchèn
⑭ 爸爸 bà · ba
⑮ 笑容可掬 xiàoróng-kějū
⑯ 不可胜数 bùkě-shèngshǔ
⑰ 教 jiāo
⑱ 时候 shí · hou
⑲ 点儿 diǎnr
⑳ 柬 jiǎn
㉑ 因为 yīn · wèi
㉒ 似乎 sìhū
㉓ 结果 jiéguǒ
㉔ 擤 xǐng

作品 11 号

朗读提示 本篇写了作者从足球比赛领悟出的感受，朗读时应该注意语调自然，感情真切，节奏适中。

一个大问题一直盘踞[1]在我脑袋[2]里：

世界杯怎么[3]会有如此巨大的吸引力？除去足球本身的魅力[4]之外，还有什么[5]超乎其上而更伟大的东西[6]？

近来观看世界杯，忽然从中得到了答案：是由于一种无上崇高的精神情感——国家荣誉感！

地球上的人都会有国家的概念，但未必时时都有国家的感情。往往人到异国，思念家乡，心怀故国，这国家概念就变得有血有肉[7]，爱国之情来得非常具体。而现代社会，科技昌达，信息快捷，事事上网，世界真是太小太小，国家的界限似乎[8]也不那么[9]清晰[10]了。再说足球正在快速世界化，平日里各国球员频繁转会，往来随意，致使越来越多的国家联赛都具有国际的因素。球员们不论[11]国籍，只效力于自己的俱乐部，他们比赛时的激情中完全没有爱国主义的因子[12]。

然而，到了世界杯大赛，天下大变。各国球员都回国效力，穿上与光荣的国旗同样色彩的服装。在每一场比赛前，还高唱国歌以宣誓对自己祖国的挚爱与忠诚。一种血缘[13]情感开始在全身的血管[14]里燃烧起来，而且立刻热血[15]沸腾[16]。

在历史时代，国家间经常发生对抗，好男儿[17]戎装[18]卫国。国家的荣誉往往需要以自己的生命去换 // 取。但在和平时代，唯有这种国家之间大规模对抗性的大赛，才可以唤起那种遥远而神圣的情感，那就是：为祖国而战！

节选自冯骥才《国家荣誉感》

扫一扫听音频

语音提示

① 盘踞 pánjù
② 脑袋 nǎo · dai
③ 怎么 zěn · me
④ 魅力 mèilì
⑤ 什么 shén · me
⑥ 东西 dōng · xi
⑦ 有血有肉 yǒuxuè-yǒuròu
⑧ 似乎 sìhū
⑨ 那么 nà · me
⑩ 清晰 qīngxī
⑪ 不论 búlùn
⑫ 因子 yīnzǐ
⑬ 血缘 xuèyuán
⑭ 血管 xuèguǎn
⑮ 热血 rèxuè
⑯ 沸腾 fèiténg
⑰ 男儿 nán'ér
⑱ 戎装 róngzhuāng

作品 12 号

朗读提示 本篇是优美的写景散文。作者抓住夕阳落山不久至月到中天这段时间的光线和色彩的变化，描绘了夏夜海滨特有的景色和劳动者的闲适、欢愉的休憩场面，抒发了对美好生活的赞美之情。所以，朗读时要热情、真切，让听者从你的声音里感受到大自然的多彩多姿和生活之美。

夕阳落山不久，西方的天空，还燃烧着一片橘红色的晚霞。大海，也被这霞光染成了红色，而且比天空的景色更要壮观。因为①它是活动的，每当一排排波浪②涌起③的时候④，那映照在浪峰上的霞光，又红又亮，简直就像一片片霍霍燃烧着的火焰⑤，闪烁⑥着，消失了。而后面的一排，又闪烁着，滚动着，涌了过来⑦。

天空的霞光渐渐地淡下去了，深红的颜色变成了绯红⑧，绯红又变成浅红。最后，当这一切红光都消失了的时候，那突然显得高而远了的天空，则呈现出一片肃穆的神色。最早出现的启明星，在这蓝色的天幕上闪烁起来了。它是那么⑨大，那么亮，整个广漠⑩的天幕上只有它在那里放射着令人注目的光辉，活像一盏悬挂在高空的明灯。

夜色加浓，苍空中的“明灯”越来越多了。而城市各处的真的灯火也次第⑪亮了起来，尤其是围绕⑫在海港周围山坡上的那一片灯光，从半空倒映在乌蓝的海面上，随着波浪，晃动⑬着，闪烁着，像一串流动着的珍珠，和那一片片密布在苍穹⑭里的星斗互相辉映，煞⑮是好看。

在这幽美的夜色中，我踏着软绵绵⑯的沙滩，沿着海边，慢慢地向前走去。海水，轻轻地抚摸⑰着细软的沙滩，发出温柔的 // 刷刷声。晚来的海风，清新而又凉爽。我的心里，有着说不出的兴奋⑱和愉快。

夜风轻飘飘地吹拂⑲着，空气中飘荡着一种大海和田禾相混合⑳的香味儿㉑，柔软的沙滩上还残留着白天太阳炙晒㉒的余温。那些在各个工作岗位上劳动了一天的人们，三三两两地来到这软绵绵的沙滩上，他们浴着凉爽的海风，望着那缀满了星星的夜空，尽情地说笑，尽情地休憩㉓。

选自峻青《海滨仲夏夜》

扫一扫听音频

语音提示

① 因为 yīn · wèi

② 波浪 bōlàng

③ 涌起 yǒngqǐ

④ 时候 shí · hou

⑤ 火焰 huǒyàn

⑥ 闪烁 shǎnshuò

⑦ 过来 guò · lái

⑧ 绯红 fēihóng

⑨ 那么 nà · me

⑩ 广漠 guǎngmò

⑪ 次第 cìdì

⑫ 围绕 wéirào

⑬ 晃动 huàngdòng

⑭ 苍穹 cāngqióng

⑮ 煞 shà

⑯ 软绵绵 ruǎnmiánmián

⑰ 抚摸 fǔmō

⑱ 兴奋 xīngfèn

⑲ 吹拂 chuīfú

⑳ 混合 hùnhé

㉑ 香味儿 xiāngwèir

㉒ 炙晒 zhìshài

㉓ 休憩 xiūqì

作品13号

朗读提示 这是一篇说明文，但字里行间又充满了对生命之源——水的赞美之情，朗读时注意融入这种情感，做到客观说明和情感表达的有机结合。

生命在海洋里诞生绝不是偶然的，海洋的物理和化学性质①，使它成为孕育原始生命的摇篮。

我们知道，水是生物的重要组成部分②，许多动物组织的含水量在百分之八十以上，而一些海洋生物的含水量高达百分之九十五。水是新陈代谢的重要媒介，没有它，体内的一系列生理和生物化学反应③就无法进行，生命也就停止。因此，在短时期内动物缺水要比缺少食物更加危险。水对今天的生命是如此重要，它对脆弱的原始生命，更是举足轻重了。生命在海洋里诞生，就不会有缺水之忧。

水是一种良好的溶剂。海洋中含有许多生命所必需的无机盐，如氯化钠④、氯化钾、碳酸盐、磷酸盐，还有溶解氧，原始生命可以毫不费力地从中吸取它所需要的元素。

水具有很高的热容量，加之海洋浩大，任凭夏季烈日曝晒⑤，冬季寒风扫荡，它的温度变化却比较⑥小。因此，巨大的海洋就像是天然的“温箱”，是孕育原始生命的温床。

阳光虽然⑦为⑧生命所必需，但是阳光中的紫外线却有扼杀⑨原始生命的危险。水能有效地吸收紫外线，因而又为原始生命提供⑩了天然的“屏障⑪”。

这一切都是原始生命得以产生和发展的必要条件。//

节选自童裳亮《海洋与生命》

扫一扫听音频

语音提示

① 性质 xìngzhì

② 部分 bù · fen

③ 反应 fǎnyìng

④ 氯化钠 lǜhuànà

⑤ 曝晒 pùshài

⑥ 比较 bǐjiào

⑦ 虽然 suīrán

⑧ 为 wéi

⑨ 扼杀 èshā

⑩ 提供 tígōng

⑪ 屏障 píngzhàng

作品 14 号

朗读提示 朗读这篇文章注意前半部分和后半部分要做不同的处理，朗读前半部分时语速缓慢，表现悲痛、不解、低沉的心情，朗读后半部分时要坚定、沉稳，语速稍快。

读小学的时候①，我的外祖母去世了。外祖母生前最疼爱我，我无法排除自己的忧伤，每天在学校的操场上一圈儿②又一圈儿地跑着，跑得累倒在地上，扑在草坪上痛哭。

那哀痛的日子③，断断续续地持续了很久，爸爸④妈妈⑤也不知道如何安慰我。他们知道与其骗我说外祖母睡着了⑥，还不如对我说实话：外祖母永远不会回来了。

“什么⑦是永远不会回来呢？”我问着。

“所有时间里的事物，都永远不会回来。你的昨天过去，它就永远变成昨天，你不能再回到昨天。爸爸以前也和你一样小，现在也不能回到你这么⑧小的童年了；有一天你会长大，你会像外祖母一样老；有一天你度过了⑨你的时间，就永远不会回来了。”爸爸说。

爸爸等于给我一个谜语，这谜语比课本上的“日历挂在墙壁，一天撕去一页，使我心里着急⑩”和“一寸光阴一寸金，寸金难买寸光阴”还让我感到可怕；也比作文本上的“光阴似箭，日月如梭”更让我觉得有一种说不出的滋味。

时间过得那么⑪飞快，使我的小心眼儿⑫里不只是着急，还有悲伤。有一天我放学回家，看到太阳⑬快落山了，就下决心说：“我要比太阳更快地回家。”我狂奔⑭回去，站在庭院前喘气的时候，看到太阳//还露着半边脸，我高兴地跳跃⑮起来，那一天我跑赢了太阳。以后我就时常做那样的游戏，有时和太阳赛跑，有时和西北风比快，有时一个暑假才能做完的作业，我十天就做完了；那时我三年级，常常把哥哥⑯五年级的作业拿来做。每一次比赛胜过时间，我就快乐得不知道怎么⑰形容。

如果将来我有什么要教给我的孩子，我会告诉⑱他：假若你一直和时间比赛，你就可以成功！

节选自（台湾）林清玄《和时间赛跑》

扫一扫听音频

语音提示

① 时候 shí · hou

② 圈儿 quanr

③ 日子 rì · zi

④ 爸爸 bà · ba

⑤ 妈妈 mā · ma

⑥ 睡着了 shuìzháo · le

⑦ 什么 shén · me

⑧ 这么 zhè · me

⑨ 度过了 dùguò · le

⑩ 着急 zháojí

⑪ 那么 nà · me

⑫ 心眼儿 xīnyǎnr

⑬ 太阳 tài · yáng

⑭ 狂奔 kuángbēn

⑮ 跳跃 tiàoyuè

⑯ 哥哥 gē · ge

⑰ 怎么 zěn · me

⑱ 告诉 gào · su

作品 15 号

朗读提示 本篇文章的对话比较多，特别注意学生和胡适两种角色语言的区别，朗读时稍作夸张，把两者截然不同的观点通过自己的声音鲜明地突出出来。

三十年代初，胡适在北京大学任教授。讲课时他常常对白话文大加称赞，引起一些只喜欢[①]文言文而不喜欢白话文的学生[②]的不满。

一次，胡适正讲得得意的时候，一位姓魏的学生突然站了起来，生气地问："胡先生[③]，难道说白话文就毫无缺点吗？"胡适微笑着回答说："没有。"那位学生更加激动了："肯定有！白话文废话太多，打电报用字多，花钱多。"胡适的目光顿时变亮了。轻声地解释说："不一定吧！前几天有位朋友[④]给我打来电报，请我去政府部门工作，我决定不去，就回电拒绝了。复电是用白话写的，看来也很省字。请同学们根据我这个[⑤]意思[⑥]，用文言文写一个回电，看看[⑦]究竟是白话文省字，还是文言文省字？"胡教授刚说完，同学们立刻认真地写了起来。

十五分钟过去，胡适让同学举手，报告用字的数目，然后挑了一份用字最少的文言电报稿，电文是这样写的：

"才疏学浅，恐难胜任，不堪[⑧]从命。"白话文的意思是：学问[⑨]不深，恐怕很难担任这个工作，不能服从安排。

胡适说，这份写得确实不错，仅用了十二个字。但我的白话电报却只用了五个字：

"干不了[⑩]，谢谢[⑪]！"

胡适又解释说："干不了"就有才疏学浅、恐难胜任的意思；"谢谢"既 // 对朋友的介绍表示感谢，又有拒绝的意思。所以，废话多不多，并不看它是文言文还是白话文，只要注意选用字词，白话文是可以比文言文更省字的。

节选自陈灼主编《实用汉语中级教程》（上）中《胡适的白话电报》

扫一扫听音频

语音提示

① 喜欢 xǐ · huan

② 学生 xué · sheng

③ 先生 xiān · sheng

④ 朋友 péng · you

⑤ 这个 zhè · ge (zhèi · ge)

⑥ 意思 yì · si

⑦ 看看 kàn · kan

⑧ 不堪 bùkān

⑨ 学问 xué · wen

⑩ 干不了 gàn · bùliǎo

⑪ 谢谢 xiè · xie

作品 16 号

朗读提示 黑暗中的火光可以冲破朦胧的夜色，闪闪发亮，令人神往。尽管它也许很远，但却能给人以希望，给人以力量，它指引人们走向光明。朗读时要表达出文中体现的对火光的敬意。

很久以前，在一个漆黑的秋天的夜晚，我泛舟在西伯利亚一条阴森森的河上。船到一个转弯[1]处，只见前面黑黢黢[2]的山峰下面一星火光蓦地[3]一闪。

火光又明又亮，好像就在眼前……

“好啦，谢天谢地！”我高兴地说，“马上就到过夜的地方[4]啦！”

船夫扭头朝身后的火光望了一眼，又不以为然地划[5]起桨来。

“远着呢！”

我不相信他的话，因为[6]火光冲破朦胧[7]的夜色，明明在那儿[8]闪烁[9]。不过船夫是对的，事实上，火光的确[10]还远着呢。

这些黑夜的火光的特点是：驱散黑暗，闪闪发亮，近在眼前，令人神往。乍[11]一看，再划几下就到了……其实却还远着呢！……

我们在漆黑如墨的河上又划了很久。一个个峡谷和悬崖，迎面驶来，又向后移去，仿佛[12]消失在茫茫的远方，而火光却依然停在前头[13]，闪闪发亮，令人神往——依然是这么近，又依然是那么远……

现在，无论是这条被悬崖峭壁的阴影笼罩的漆黑的河流，还是那一星明亮的火光，都经常浮现在我的脑际，在这以前和在这以后，曾有许多火光，似乎[14]近在咫尺[15]，不止使我一人心驰神往。可是生活之河却仍然[16]在那阴森森的两岸之间流着，而火光也依旧非常遥远。因此，必须加劲划桨……

然而，火光啊……毕竟……毕竟就 // 在前头！……

节选自［俄］柯罗连科《火光》，张铁夫译

扫一扫听音频

语音提示

① 转弯 zhuǎnwān
② 黑黢黢 hēiqūqū
③ 蓦地 mòdì
④ 地方 dì · fang
⑤ 划 huá
⑥ 因为 yīn · wèi
⑦ 朦胧 ménglóng
⑧ 那儿 nàr
⑨ 闪烁 shǎnshuò
⑩ 的确 díquè
⑪ 乍 zhà
⑫ 仿佛 fǎngfú
⑬ 前头 qián · tou
⑭ 似乎 sìhū
⑮ 咫尺 zhǐchǐ
⑯ 仍然 réngrán

作品 17 号

朗读提示 这是一篇充满诗情画意的散文，作者紧紧抓住济南冬天与众不同之处——温情，表达了对济南冬天的赞美喜爱之情。朗读时把这种情感融汇到自己的声音中。

对于一个在北平住惯的人，像我，冬天要是不刮风，便觉得是奇迹；济南①的冬天是没有风声的。对于一个刚由伦敦回来的人，像我，冬天要能看得见日光，便觉得是怪事；济南的冬天是响晴②的。自然，在热带的地方③，日光永远是那么④毒，响亮的天气，反有点儿⑤叫人害怕⑥。可是，在北方的冬天，而能有温晴的天气，济南真得⑦算个宝地。

设若⑧单单是有阳光，那也算不了出奇。请闭上眼睛⑨想：一个老城，有山有水，全在天底下晒着阳光，暖和⑩安适地睡着，只等春风来把它们唤醒，这是不是理想的境界？小山整把济南围了个圈儿⑪，只有北边缺着点口儿⑫。这一圈小山在冬天特别可爱，好像是把济南放在一个小摇篮里，它们安静不动地低声地说：“你们放心吧，这儿⑬准保暖和。”真的，济南的人们在冬天是面上含笑的。他们一看那些⑭小山，心中便觉得有了着落⑮，有了依靠。他们由天上看到山上，便不知不觉地想起：明天也许就是春天了吧？这样的温暖，今天夜里山草也许就绿起来了吧？就是这点儿⑯幻想不能一时实现，他们也并不着急⑰，因为⑱这样慈善的冬天，干什么⑲还希望别的呢！

最妙的是下点小雪呀。看吧，山上的矮松越发的青黑，树尖儿⑳上 // 顶着一髻儿㉑白花，好像日本看护㉒妇。山尖儿全白了，给蓝天镶上一道银边㉓。山坡上，有的地方雪厚点儿，有的地方草色还露㉔着；这样，一道儿㉕白，一道儿暗黄，给山们穿上一件带水纹儿㉖的花衣；看着看着，这件花衣好像被风儿㉗吹动，叫你希望看见一点儿更美的山的肌肤㉘。等到快日落的时候㉙，微黄的阳光斜射在山腰上，那点儿薄㉚雪好像忽然害羞，微微露出㉛点儿粉色。就是下小雪吧，济南是受不住大雪的，那些小山太秀气㉜。

节选自老舍《济南的冬天》

扫一扫听音频

语音提示

① 济南 Jǐnán
② 响晴 xiǎngqíng
③ 地方 dì · fang
④ 那么 nà · me
⑤ 有点儿 yǒudiǎnr
⑥ 害怕 hàipà
⑦ 得 děi
⑧ 设若 shèruò
⑨ 眼睛 yǎn · jing
⑩ 暖和 nuǎn · huo
⑪ 圈儿 quānr
⑫ （缺着）点口儿 diǎnrkǒur
⑬ 这儿 zhèr
⑭ 那些 nàxiē
⑮ 着落 zhuóluò
⑯ 这点儿 zhèdiǎnr (zhèidiǎnr)
⑰ 着急 zháojí
⑱ 因为 yīn · wèi
⑲ 干什么 gànshén · me
⑳ 树尖儿 shùjiānr
㉑ 一髻儿 yíjìr
㉒ 看护 kānhù
㉓ 银边 yínbiānr
㉔ 露 lòu
㉕ 一道儿 yídàor
㉖ 水纹儿 shuǐwénr
㉗ 风儿 fēng'ér
㉘ 肌肤 jīfū
㉙ 时候 shí · hou
㉚ 薄 báo
㉛ 露出 lùchū
㉜ 秀气 xiù · qi

作品 18 号

朗读提示 这是一篇抒发浓浓乡情的散文，朗读时声音要轻柔、甜美，充满对故乡的赞美之情，节奏要鲜明、舒缓。

纯朴的家乡村边有一条河，曲曲弯弯[1]，河中架一弯石桥，弓样的小桥横跨两岸。

每天，不管是鸡鸣晓月，日丽中天，还是月华泻地，小桥都印下串串足迹，洒落串串汗珠[2]。那是乡亲[3]为了追求多棱[4]的希望，兑现[5]美好的遐想[6]。弯弯小桥，不时荡过[7]轻吟[8]低唱，不时露出[9]舒心的笑容。

因而，我稚小的心灵，曾将心声献给小桥：你是一弯银色的新月，给人间普照光辉；你是一把闪亮的镰刀，割刈[10]着欢笑的花果；你是一根晃悠悠[11]的扁担[12]，挑起[13]了彩色的明天！哦，小桥走进我的梦中。

我在飘泊[14]他乡的岁月，心中总涌动[15]着故乡的河水，梦中总看到弓样的小桥。当我访南疆探北国，眼帘闯进座座雄伟的长桥时，我的梦变得丰满了，增添了赤橙黄绿青蓝紫。

三十多年过去，我带着满头霜花回到故乡，第一紧要的便是去看望小桥。

啊！小桥呢？它躲起来了？河中一道长虹，浴着朝霞[16]熠熠[17]闪光。哦，雄浑的大桥敞开胸怀，汽车的呼啸[18]、摩托的笛音、自行车的叮铃，合奏着进行交响乐；南来的钢筋、花布，北往的柑橙[19]、家禽，绘出交流欢悦图……

啊！蜕变[20]的桥，传递了家乡进步的消息[21]，透露[22]了家乡富裕的声音。时代的春风，美好的追求，我蓦地[23]记起儿时唱 // 给小桥的歌，哦，明艳艳的太阳照耀了，芳香甜蜜的花果捧来了，五彩斑斓[24]的岁月拉开了！

我心中涌动的河水，激荡起甜美的浪花。我仰望一碧蓝天，心底轻声呼喊：家乡的桥啊，我梦中的桥！

节选自郑莹《家乡的桥》

扫一扫听音频

语音提示

① 曲曲弯弯 qūqū-wānwān

② 汗珠 hànzhū

③ 乡亲 xiāngqīn

④ 多棱 duōléng

⑤ 兑现 duìxiàn

⑥ 遐想 xiáxiǎng

⑦ 荡过 dàngguò

⑧ 轻吟 qīngyín

⑨ 露出 lùchū

⑩ 割刈 gēyì

⑪ 晃悠悠 huàngyōuyōu

⑫ 扁担 biǎn · dan

⑬ 挑起 tiǎoqǐ

⑭ 漂泊 piāobó

⑮ 涌动 yǒngdòng

⑯ 朝霞 zhāoxiá

⑰ 熠熠 yìyì

⑱ 呼啸 hūxiào

⑲ 柑橙 gānchéng

⑳ 蜕变 tuìbiàn

㉑ 消息 xiāo · xi

㉒ 透露 tòulù

㉓ 蓦地 mòdì

㉔ 斑斓 bānlán

作品 19 号

朗读提示 本文通过建筑设计师莱伊恩的故事向读者讲述了一个深刻的哲理："恪守着自己的原则，哪怕遭遇到最大的阻力，也要想办法抵达胜利。"朗读时要分成两部分，前一部分是叙事部分，朗读时要平和自然，不必过于夸张。第二部分是最后一个自然段，要使用平稳、沉着的情感基调，不紧不慢地道出哲理来。

三百多年前，建筑设计师莱伊恩受命设计了英国温泽①市政府大厅。他运用工程力学的知识②，依据自己多年的实践，巧妙地设计了只用一根柱子支撑③的大厅天花板。一年以后，市政府权威人士进行工程验收时，却说只用一根柱子支撑天花板太危险，要求莱伊恩再多加几根柱子。

莱伊恩自信只要一根坚固的柱子足以保证大厅安全，他的"固执④"惹恼⑤了市政官员，险些被送上法庭。他非常苦恼，坚持自己原先的主张吧，市政官员肯定会另找人修改设计；不坚持吧，又有悖⑥自己为人⑦的准则。矛盾了很长一段时间，莱伊恩终于想出了一条妙计，他在大厅里增加了四根柱子，不过这些柱子并未与天花板接触⑧，只不过是装装⑨样子。

三百多年过去了，这个秘密始终没有被人发现。直到前两年，市政府准备修缮⑩大厅的天花板，才发现莱伊恩当年的"弄虚作假⑪"。消息⑫传出后，世界各国的建筑专家和游客云集，当地⑬政府对此也不加掩饰⑭，在新世纪到来之际，特意将大厅作为一个旅游景点⑮对外开放，旨在引导人们崇尚和相信科学。

作为一名建筑师，莱伊恩并不是最出色的。但作为一个人，他无疑非常伟大。这种 // 伟大表现在他始终恪守⑯着自己的原则，给高贵的心灵一个美丽的住所，哪怕是遭遇到最大的阻力，也要想办法抵达胜利。

节选自游宇明《坚守你的高贵》

扫一扫听音频

语音提示

① 温泽 Wēnzé

② 知识 zhī · shi

③ 支撑 zhīchēng

④ 固执 gù · zhi

⑤ 惹恼 rěnǎo

⑥ 悖 bèi

⑦ 为人 wéirén

⑧ 接触 jiēchù

⑨ 装装 zhuāng · zhuang

⑩ 修缮 xiūshàn

⑪ 弄虚作假 nòngxū-zuòjiǎ

⑫ 消息 xiāo · xi

⑬ 当地 dāngdì

⑭ 掩饰 yǎnshì

⑮ 景点 jǐngdiǎn

⑯ 恪守 kèshǒu

作品 20 号

朗读提示 本文讲了淘金者彼得·弗雷特以自己的勤劳和诚实获得“真金”的小故事。朗读前一部分时语气略带失望之情，朗读后一部分时要通过声音把主人公顿悟后的欣喜表现出来。

自从传言有人在萨文河畔[①]散步时无意发现了金子后，这里便常有来自四面八方的淘金者。他们都想成为富翁，于是寻遍了整个河床，还在河床上挖出很多大坑，希望借助它们找到更多的金子。的确[②]，有一些人找到了，但另外一些人因为[③]一无所得而只好扫兴归去。

也有不甘心落空的，便驻扎[④]在这里，继续寻找。彼得·弗[⑤]雷特就是其中一员。他在河床附近买了一块没人要的土地，一个人默默地工作。他为了找金子，已把所有的钱都押在这块土地上。他埋头苦干了几个月，直到土地全变成了坑坑洼洼[⑥]，他失望了——他翻遍了整块土地，但连一丁点儿[⑦]金子都没看见。

六个月后，他连买面包的钱都没有了。于是他准备离开这儿[⑧]到别处去谋生。

就在他即将[⑨]离去的前一个晚上，天下起了倾盆[⑩]大雨，并且一下就是三天三夜。雨终于停了，彼得走出小木屋，发现眼前的土地看上去好像和以前不一样：坑坑洼洼已被大水冲刷平整，松软的土地上长出一层绿茸茸[⑪]的小草。

“这里没找到金子，”彼得忽有所悟地说，“但这土地很肥沃，我可以用来种花，并且拿到镇上去卖给那些富人，他们一定会买些花装扮他们华丽的客厅。// 如果真是这样的话，那么[⑫]我一定会赚许多钱，有朝一日我也会成为富人……”

于是他留了下来。彼得花了不少精力培育花苗，不久田地里长满了美丽娇艳的各色鲜花。

五年以后，彼得终于实现了他的梦想——成了一个富翁。“我是唯一的一个找到真金的人！”他时常不无骄傲地告诉别人，“别人在这儿找不到金子后便远远地离开，而我的‘金子’是在这块土地里，只有诚实的人用勤劳才能采集到。”

节选自陶猛译《金子》

扫一扫听音频

语音提示

① 河畔 hépàn

② 的确 díquè

③ 因为 yīn · wèi

④ 驻扎 zhùzhā

⑤ 弗 fú

⑥ 坑坑洼洼 kēng · keng-wāwā

⑦ 一丁点儿 yìdīngdiǎnr

⑧ 这儿 zhèr

⑨ 即将 jíjiāng

⑩ 倾盆 qīngpén

⑪ 绿茸茸 lǜróngróng（口语一般读 lǜrōngrōng）

⑫ 那么 nà · me

作品 21 号

朗读提示 本篇叙述了作者在加拿大遇到过的两次募捐，行为质朴，感人至深。朗读时要把这种感人至深、令人难以忘怀的情感，融入娓娓道来的讲述之中。

我在加拿大学习期间遇到过[1]两次募捐，那情景至今使我难以忘怀。

一天，我在渥太华[2]的街上被两个男孩子拦住去路。他们十来岁，穿得整整齐齐，每人头上戴着个做工精巧、色彩鲜艳的纸帽，上面写着“为帮助患小儿麻痹[3]的伙伴募捐”。其中的一个，不由分说就坐在小凳上给我擦起皮鞋来，另一个则彬彬有礼地发问：“小姐，您是哪国人？喜欢[4]渥太华吗？”“小姐，在你们国家有没有小孩儿[5]患小儿麻痹？谁[6]给他们医疗费？”一连串的问题，使我这个有生以来头一次在众目睽睽[7]之下让别人擦鞋的异乡人，从近乎狼狈的窘态[8]中解脱出来。我们像朋友[9]一样聊起天儿[10]来……

几个月之后，也是在街上。一些十字路口处或车站坐着几位老人。他们满头银发，身穿各种老式军装，上面布满了大大小小形形色色的徽章、奖章，每人手捧一大束鲜花，有水仙、石竹、玫瑰[11]及叫不出名字[12]的，一色雪白。匆匆过往的行人纷纷止步，把钱投进这些老人身旁的白色木箱内，然后向他们微微鞠躬[13]，从他们手中接过[14]一朵花。我看了一会儿[15]，有人投一两元，有人投几百元，还有人掏出支票填好后投进木箱。那些老军人毫不注意人们捐多少钱，一直不 // 停地向人们低声道谢。同行的朋友告诉[16]我，这是为纪念二次大战中参战的勇士，募捐救济残废军人和烈士遗孀[17]，每年一次；认捐的人可谓踊跃[18]，而且秩序井然，气氛庄严。有些地方[19]，人们还耐心地排着队。我想，这是因为[20]他们都知道：正是这些老人们的流血[21]牺牲换来了包括他们信仰自由在内的许许多多。

我两次把那微不足道的一点儿[22]钱捧给他们，只想对他们说声“谢谢[23]”。

节选自青白《捐诚》

扫一扫听音频

语音提示

① 遇到过 yùdào · guo
② 渥太华 Wòtàihuá
③ 麻痹 mábì
④ 喜欢 xǐ · huan
⑤ 小孩儿 xiǎoháir
⑥ 谁 shéi (shuí)
⑦ 睽睽 kuíkuí
⑧ 窘态 jiǒngtài
⑨ 朋友 péng · you
⑩ 天儿 tiānr
⑪ 玫瑰 méi · guī
⑫ 名字 míng · zi
⑬ 鞠躬 jūgōng
⑭ 接过 jiē · guo
⑮ 一会儿 yíhuìr（口语中也读 yìhuǐr）
⑯ 告诉 gào · su
⑰ 遗孀 yíshuāng
⑱ 踊跃 yǒngyuè
⑲ 地方 dì · fang
⑳ 因为 yīn · wèi
㉑ 流血 liúxuè
㉒ 一点儿 yìdiǎnr
㉓ 谢谢 xiè · xie

作品 22 号

朗读提示 这是一篇描绘人与小鸟和谐共存且感情日趋笃厚的抒情散文，朗读时要以声传情，以情感人。

没有一片绿叶，没有一缕炊烟，没有一粒泥土，没有一丝花香，只有水的世界，云的海洋。

一阵台风袭过①，一只孤单的小鸟无家可归，落到被卷到洋里的木板上，乘②流而下，姗姗③而来，近了，近了！……

忽然，小鸟张开翅膀④，在人们头顶盘旋了几圈儿⑤，“噗啦⑥”一声落到了船上。许是累了？还是发现了“新大陆”？水手撵⑦它它不走，抓它，它乖乖地落在掌心。可爱的小鸟和善良的水手结成⑧了朋友⑨。

瞧，它多美丽，娇巧的小嘴，啄⑩理着绿色的羽毛，鸭子样的扁脚，呈现出春草的鹅黄。水手们把它带到舱里，给它“搭铺”，让它在船上安家落户，每天，把分到的一塑料⑪筒淡水匀给它喝，把从祖国带来的鲜美的鱼肉分给它吃，天长日久，小鸟和水手的感情日趋笃厚⑫。清晨，当第一束⑬阳光射进舷窗⑭时，它便敞开美丽的歌喉，唱啊唱，嘤嘤⑮有韵，宛如⑯春水淙淙⑰。人类给它以生命，它毫不悭吝⑱地把自己的艺术青春奉献给了哺育⑲它的人。可能都是这样？艺术家们的青春只会献给尊敬他们的人。

小鸟给远航生活蒙上了一层浪漫色调。返航时，人们爱不释手，恋恋不舍地想把它带到异乡。可小鸟憔悴⑳了，给水，不喝！喂肉，不吃！油亮的羽毛失去了光泽。是啊，我//们有自己的祖国，小鸟也有它的归宿，人和动物都是一样啊，哪儿㉑也不如故乡好！

慈爱的水手们决定放开它，让它回到大海的摇篮去，回到蓝色的故乡去。离别前，这个大自然的朋友与水手们留影纪念。它站在许多人的头上，肩上，掌上，胳膊㉒上，与喂养过它的人们，一起融进那蓝色的画面……

节选自王文杰《可爱的小鸟》

扫一扫听音频

语音提示

① 袭过 xíguò
② 乘 chéng
③ 姗姗 shānshān
④ 翅膀 chìbǎng
⑤ 圈儿 quānr
⑥ 噗啦 pūlā
⑦ 撵 niǎn
⑧ 结成 jiéchéng
⑨ 朋友 péng · you
⑩ 啄 zhuó
⑪ 塑料 sùliào
⑫ 笃厚 dǔhòu
⑬ 第一束 dìyīshù
⑭ 舷窗 xiánchuāng
⑮ 嘤嘤 yīngyīng
⑯ 宛如 wǎnrú
⑰ 淙淙 cóngcóng
⑱ 悭吝 qiānlìn
⑲ 哺育 bǔyù
⑳ 憔悴 qiáocuì
㉑ 哪儿 nǎr
㉒ 胳膊 gē · bo

作品 23 号

朗读提示 这篇文章通过“课不能停”这件事情，表达了主题：施舍的最高原则是保持受施者的尊严。朗读时要体会学校的良苦用心，节奏应是不紧不慢的，语调应是凝重深沉的。

纽约的冬天常有大风雪，扑面的雪花不但令人难以睁开眼睛①，甚至呼吸都会吸入冰冷的雪花。有时前一天晚上②还是一片晴朗，第二天拉开窗帘，却已经积雪盈尺，连门都推不开了。

遇到这样的情况，公司、商店常会停止上班，学校也通过广播，宣布停课。但令人不解的是，惟有公立小学，仍然③开放。只见黄色的校车，艰难地在路边接孩子，老师则一大早就口中喷着热气，铲去车子前后的积雪，小心翼翼地开车去学校。

据统计，十年来纽约的公立小学只因为④超级暴风雪停过⑤七次课。这是多么令人惊讶的事。犯得着⑥在大人都无须上班的时候⑦让孩子去学校吗？小学的老师也太倒霉了吧？

于是，每逢大雪而小学不停课时，都有家长打电话去骂。妙的是，每个打电话的人，反应⑧全一样——先是怒气冲冲地责问，然后满口道歉，最后笑容满面地挂上电话。原因是，学校告诉家长：

在纽约有许多百万富翁，但也有不少贫困的家庭。后者白天开不起暖气，供⑨不起午餐，孩子的营养全靠学校里免费的中饭，甚至可以多拿些回家当⑩晚餐。学校停课一天，穷孩子就受一天冻，挨⑪一天饿，所以老师们宁愿⑫自己苦一点儿⑬，也不能停 // 课。

或许有家长会说：何不让富裕的孩子在家里，让贫穷的孩子去学校享受暖气和营养午餐呢？

学校的答复是：我们不愿让那些穷苦的孩子感到他们是在接受救济，因为施舍的最高原则是保持受施者的尊严。

节选自（台湾）刘墉《课不能停》

扫一扫听音频

语音提示

① 眼睛 yǎn · jing

② 晚上 wǎn · shang

③ 仍然 réngrán

④ 因为 yīn · wèi

⑤ 停过 tíng · guo

⑥ 犯得着 fàn · dezháo

⑦ 时候 shí · hou

⑧ 反应 fǎnyìng

⑨ 供 gōng

⑩ 当 dàng

⑪ 挨 ái

⑫ 宁愿 nìngyuàn

⑬ 一点儿 yìdiǎnr

作品 24 号

朗读提示 本文是一篇表达中日人民友好的文章，语言通俗易懂，没有抽象的高谈阔论，所以朗读时声音要松弛，语气要自然亲切。

十年，在历史上不过是一瞬间①。只要稍加注意，人们就会发现：在这一瞬间里，各种事物都悄悄②经历了自己的千变万化。

这次重新访日，我处处感到亲切和熟悉，也在许多方面发觉了日本的变化。就拿奈良的一个角落来说吧，我重游了为③之感受很深的唐招提寺，在寺内各处匆匆走了一遍，庭院依旧，但意想不到还看到了一些新的东西④。其中之一，就是近几年从中国移植来的“友谊⑤之莲”。

在存放鉴真遗像的那个院子里，几株中国莲昂然挺立，翠绿的宽大荷叶正迎风而舞，显得十分愉快⑥。开花的季节已过，荷花朵朵已变为莲蓬⑦累累⑧。莲子⑨的颜色正在由青转紫，看来已经成熟⑩了。

我禁不住⑪想：“因”已转化为“果”。

中国的莲花开在日本，日本的樱花开在中国，这不是偶然。我希望这样一种盛况延续不衰。可能有人不欣赏花，但决不会有人欣赏落在自己面前的炮弹。

在这些日子里，我看到了不少多年不见的老朋友⑫，又结识⑬了一些新朋友。大家喜欢涉及的话题之一，就是古长安和古奈良。那还用得着⑭问吗，朋友们缅怀过去，正是瞩望⑮未来。瞩目于未来的人们必将获得未来。

我不例外，也希望一个美好的未来。

为 // 了中日人民之间的友谊，我将不浪费今后生命的每一瞬间。

节选自严文井《莲花和樱花》

扫一扫听音频

语音提示

① 瞬间 shùnjiān

② 悄悄 qiāoqiāo

③ 为 wèi

④ 东西 dōng · xi

⑤ 友谊 yǒuyì

⑥ 愉快 yúkuài

⑦ 莲蓬 lián · peng

⑧ 累累 léiléi

⑨ 莲子 liánzǐ

⑩ 成熟 chéngshú

⑪ 禁不住 jīn · búzhù

⑫ 朋友 péng · you

⑬ 结识 jiéshí

⑭ 用得着 yòng · dezháo

⑮ 瞩望 zhǔwàng

作品 25 号

朗读提示 本文描绘了梅雨潭“奇异”“醉人”的绿，字里行间洋溢着一种浓郁的诗味——诗的情感、诗的意境、诗的语言，所以朗读时语调要舒展柔和，饱含诗情画意。

梅雨潭闪闪的绿色招引着我们，我们开始追捉[1]她那离合的神光了。揪[2]着草，攀着乱石，小心探身下去，又鞠躬过了一个石穹[3]门，便到了汪汪一碧的潭边了。

瀑布在襟袖[4]之间，但是我的心中已没有瀑布了。我的心随潭水的绿而摇荡。那醉人的绿呀！仿佛[5]一张极大极大的荷叶铺着，满是奇异的绿呀。我想张开两臂[6]抱住她，但这是怎样一个妄想啊。

站在水边，望到那面，居然觉着有些远呢！这平铺着、厚积着的绿，着实[7]可爱。她松松地皱缬[8]着，像少妇拖着的裙幅[9]；她滑滑的明亮着，像涂了“明油”一般，有鸡蛋清那样软，那样嫩；她又不杂些尘滓[10]，宛然一块温润的碧玉，只清清的一色——但你却看不透她！

我曾见过[11]北京什刹海[12]拂地[13]的绿杨，脱不了鹅黄的底子，似乎[14]太淡了。我又曾见过杭州虎跑寺[15]近旁高峻[16]而深密的“绿壁”，丛叠着无穷的碧草与绿叶的，那又似乎太浓了。其余呢，西湖的波太明了，秦淮河的也太暗了。可爱的，我将什么[17]来比拟[18]你呢？我怎么[19]比拟得出呢？大约潭是很深的，故能蕴蓄[20]着这样奇异的绿；仿佛蔚蓝的天融了一块在里面似的[21]，这才这般的鲜润[22]啊。

那醉人的绿呀！我若能裁你以为[23]带，我将赠给那轻盈的 // 舞女，她必能临风飘举了。我若能挹[24]你以为眼，我将赠给那善歌的盲妹，她必明眸善睐[25]了。我舍不得你，我怎舍得你呢？我用手拍着你，抚摩[26]着你，如同一个十二三岁的小姑娘[27]。我又掬[28]你入口，便是吻着她了。我送你一个名字[29]，我从此叫你“女儿绿”，好吗？

第二次到仙岩的时候，我不禁[30]惊诧[31]于梅雨潭的绿了。

节选自朱自清《绿》

扫一扫听音频

语音提示

① 追捉 zhuīzhuō

② 揪 jiū

③ 穹 qióng

④ 襟袖 jīnxiù

⑤ 仿佛 fǎngfú

⑥ 两臂 liǎngbì

⑦ 着实 zhuóshí

⑧ 皱缬 zhòuxié

⑨ 裙幅 qúnfú

⑩ 尘滓 chénzǐ

⑪ 见过 jiàn · guo

⑫ 什刹海 Shíchàhǎi

⑬ 拂地 fúdì

⑭ 似乎 sìhū

⑮ 虎跑寺 Hǔpáosì

⑯ 高峻 gāojùn

⑰ 什么 shén · me

⑱ 比拟 bǐnǐ

⑲ 怎么 zěn · me

⑳ 蕴蓄 yùnxù

㉑ 似的 shì · de

㉒ 鲜润 xiānrùn

㉓ 以为 yǐwéi

㉔ 挹 yì

㉕ 明眸善睐 míngmóu-shànlài

㉖ 抚摩 fǔmó

㉗ 姑娘 gū · niang

㉘ 掬 jū

㉙ 名字 míng · zi

㉚ 不禁 bùjīn

㉛ 惊诧 jīngchà

作品 26 号

朗读提示 这篇文章用花生质朴的外表但有丰硕的果实来喻征着做人要学花生，不哗众取宠，老老实实本分地做一个有用的人。朗读时要注意角色的区分，父亲的话语重心长，孩子的话语质朴、活泼。

我们家的后园有半亩空地[1]，母亲说："让它荒着怪可惜的，你们那么[2]爱吃花生，就开辟出来种花生吧。"我们姐弟几个都很高兴，买种[3]，翻地，播种[4]，浇水，没过几个月，居然收获了。

母亲说："今晚我们过一个收获节，请你们父亲也来尝尝[5]我们的新花生，好不好？"我们都说好。母亲把花生做成了好几样食品，还吩咐就在后园的茅亭里过这个节。

晚上[6]天色不太好，可是父亲也来了，实在很难得。

父亲说："你们爱吃花生吗？"

我们争着答应[7]："爱！"

"谁能把花生的好处说出来？"

姐姐[8]说："花生的味[9]美。"

哥哥[10]说："花生可以榨油。"

我说："花生的价钱便宜[11]，谁都可以买来吃，都喜欢[12]吃。这就是它的好处。"

父亲说："花生的好处很多，有一样最可贵：它的果实埋在地里，不像桃子[13]、石榴[14]、苹果那样，把鲜红嫩绿的果实高高地挂在枝头上，使人一见就生爱慕之心。你们看它矮矮地长在地上，等到成熟[15]了，也不能立刻分辨出来它有没有果实，必须挖出来才知道。"

我们都说是，母亲也点点头。

父亲接下去说："所以你们要像花生，它虽然[16]不好看，可是很有用，不是外表好看而没有实用的东西[17]。"

我说："那么，人要做有用的人，不要做只讲体面，而对别人没有好处的人了。"//

父亲说："对。这是我对你们的希望。"

我们谈到夜深才散。花生做的食品都吃完了，父亲的话却深深地印在我的心上。

节选自许地山《落花生》

扫一扫听音频

语音提示

① 空地 kòngdì
② 那么 nà · me
③ 买种 mǎizhǒng
④ 播种 bōzhǒng
⑤ 尝尝 cháng · chang
⑥ 晚上 wǎn · shang
⑦ 答应 dā · ying
⑧ 姐姐 jiě · jie
⑨ 味 wèir
⑩ 哥哥 gē · ge
⑪ 便宜 piányi
⑫ 喜欢 xǐ · huan
⑬ 桃子 táo · zi
⑭ 石榴 shí · liu
⑮ 成熟 chéngshú
⑯ 虽然 suīrán
⑰ 东西 dōng · xi

作品 27 号

朗读提示 这篇文章通过老麻雀拯救小麻雀的故事，歌颂了一种伟大的力量——母爱。事情的经过写得细致入微，生动形象。朗读时要使用略显夸张的语气表现这场搏斗，从而渲染出伟大的母爱。最后两个自然段是作者的感受，要使用崇敬、沉着的语气读出来。

我打猎归来，沿着花园的林阴路走着。狗跑在我前边。

突然，狗放慢脚步，蹑足[①]潜行[②]，好像嗅[③]到了前边有什么野物。

我顺着林阴路望去，看见了一只嘴边还带黄色、头上生着柔毛的小麻雀。风猛烈地吹打着林阴路上的白桦树[④]，麻雀从巢[⑤]里跌落下来，呆呆地伏在地上，孤立无援地张开两只羽毛还未丰满的小翅膀。

我的狗慢慢向它靠近。忽然，从附近[⑥]一棵树上飞下一只黑胸脯的老麻雀，像一颗石子似的[⑦]落到狗的跟前。老麻雀全身倒竖[⑧]着羽毛，惊恐万状，发出绝望、凄惨的叫声，接着向露出[⑨]牙齿、大张着的狗嘴扑去。

老麻雀是猛扑下来救护幼雀的。它用身体掩护着自己的幼儿……但它整个小小的身体因恐怖而战栗[⑩]着，它小小的声音也变得粗暴嘶哑，它在牺牲自己！

在它看来，狗该是多么[⑪]庞大的怪物[⑫]啊！然而，它还是不能站在自己高高的、安全的树枝上……一种比它的理智更强烈的力量，使它从那儿[⑬]扑下身来。

我的狗站住了，向后退了退……看来，它也感到了这种力量。

我赶紧唤住惊慌失措的狗，然后我怀着崇敬的心情，走开了。

是啊，请不要见笑。我崇敬那只小小的、英勇的鸟儿[⑭]，我崇敬它那种爱的冲动和力量。

爱，我 // 想，比死和死的恐惧更强大。只有依靠它，依靠这种爱，生命才能维持下去，发展下去。

节选自［俄］屠格涅夫《麻雀》，巴金译

扫一扫听音频

语音提示

① 蹑足 nièzú

② 潜行 qiánxíng

③ 嗅 xiù

④ 白桦树 báihuàshù

⑤ 巢 cháo

⑥ 附近 fùjìn

⑦ 似的 shì · de

⑧ 倒竖 dàoshù

⑨ 露出 lùchū

⑩ 战栗 zhànlì

⑪ 多么 duō · me

⑫ 怪物 guài · wu

⑬ 那儿 nàr

⑭ 鸟儿 niǎo · ér

作品 28 号

朗读提示 朗读这篇文章时可分为两部分：前三个自然段为一部分，描写了迷路的小孩惊慌失措的样子，朗读时节奏感要紧凑，略带惊慌之情；后面为一部分，描写听到笛音的孩子好像找到了救星，朗读基调是欢快的。

那年我六岁。离我家仅一箭之遥的小山坡旁，有一个早已被废弃的采石场，双亲从来不准我去那儿[1]，其实那儿风景十分迷人。

一个夏季的下午，我随着一群小伙伴[2]偷偷上那儿去了。就在我们穿越了一条孤寂的小路后，他们却把我一个人留在原地，然后奔[3]向“更危险的地带”了。

等他们走后，我惊慌失措地发现，再也找不到要回家的那条孤寂[4]的小道了。像只无头的苍蝇[5]，我到处乱钻，衣裤上挂满了芒刺[6]。太阳已经落山，而此时此刻，家里一定开始吃晚餐了，双亲正盼着我回家……想着想着，我不由得背靠着一棵树，伤心地呜呜大哭起来……

突然[7]，不远处传来了声声柳笛。我像找到了救星，急忙循声[8]走去。一条小道边的树桩上坐着一位吹笛人，手里还正削[9]着什么[10]。走近细看，他不就是被大家称为“乡巴佬儿[11]”的卡廷[12]吗?

“你好，小家伙儿[13]，”卡廷说，“看天气多美，你是出来散步的吧?”

我怯生生[14]地点点头，答道：“我要回家了。”

“请耐心等上几分钟，”卡廷说，“瞧，我正在削一支柳笛，差不多就要做好了，完工后就送给你吧!”

卡廷边削边不时把尚未成形的柳笛放在嘴里试吹一下。没过多久，一支柳笛便递到我手中。我俩在一阵阵清脆悦耳的笛音 // 中，踏上了归途……

当时，我心中只充满感激，而今天，当我自己也成了祖父时，却突然领悟到他用心之良苦！那天当他听到我的哭声时，便判定我一定迷了路，但他并不想在孩子面前扮演“救星”的角色[15]，于是吹响柳笛以便让我能发现他，并跟着他走出困境！卡廷先生以乡下人的纯朴，保护了一个小男孩儿[16]强烈的自尊。

节选自唐若水译《迷途笛音》

扫一扫听音频

语音提示

① 那儿 nàr
② 小伙伴 xiǎohuǒbànr
③ 奔 bēn
④ 孤寂 gūjì
⑤ 苍蝇 cāng · ying
⑥ 芒刺 mángcì
⑦ 突然 tūrán
⑧ 循声 xúnshēng
⑨ 削 xiāo
⑩ 什么 shén · me
⑪ 乡巴佬儿 xiāng · balǎor
⑫ 卡廷 Kǎtíng
⑬ 小家伙儿 xiǎojiā · huor
⑭ 怯生生 qièshēngshēng
⑮ 角色 juésè
⑯ 小男孩儿 xiǎonánháir

作品 29 号

朗读提示 本文是一篇介绍我国文化遗产莫高窟的文章，作品中除了客观的介绍，还融入了赞美惊叹之情，所以在朗读时应该略带惊奇的语气、赞叹欣赏的口吻。

在浩瀚[1]无垠[2]的沙漠里，有一片美丽的绿洲，绿洲里藏着一颗闪光的珍珠。这颗珍珠就是敦煌莫高窟。它坐落在我国甘肃省敦煌市三危山和鸣沙山的怀抱中。

鸣沙山东麓[3]是平均高度为十七米的崖壁[4]。在一千六百多米长的崖壁上，凿有大小洞窟七百余个，形成了规模宏伟的石窟群。其中四百九十二个洞窟中，共有彩色塑像[5]两千一百余尊，各种壁画共四万五千多平方米。莫高窟是我国古代无数艺术匠师留给人类的珍贵文化遗产。

莫高窟的彩塑，每一尊都是一件精美的艺术品。最大的有九层楼那么高，最小的还不如一个手掌大。这些彩塑个性鲜明，神态各异。有慈眉善目的菩萨[6]，有威风凛凛的天王，还有强壮勇猛的力士……

莫高窟壁画的内容丰富多彩，有的是描绘古代劳动人民打猎、捕鱼[7]、耕田、收割的情景，有的是描绘人们奏乐、舞蹈、演杂技的场面，还有的是描绘大自然的美丽风光。其中最引人注目的是飞天。壁画上的飞天，有的臂[8]挎花篮，采摘鲜花；有的反弹琵琶[9]，轻拨银弦[10]；有的倒悬[11]身子，自天而降；有的彩带飘拂[12]，漫天遨游[13]；有的舒展着双臂，翩翩[14]起舞。看着这些精美动人的壁画，就像走进了 // 灿烂辉煌的艺术殿堂。

莫高窟里还有一个面积不大的洞窟——藏经洞。洞里曾藏有我国古代的各种经卷[15]、文书、帛画[16]、刺绣、铜像等共六万多件。由于清朝政府腐败无能，大量珍贵的文物被外国强盗掠走[17]。仅存的部分经卷，现在陈列于北京故宫等处。

莫高窟是举世闻名的艺术宝库。这里的每一尊彩塑、每一幅[18]壁画、每一件文物，都是中国古代人民智慧的结晶。

节选自小学《语文》第六册中《莫高窟》

扫一扫听音频

语音提示

① 浩瀚 hàohàn
② 无垠 wúyín
③ 东麓 dōnglù
④ 崖壁 yábì
⑤ 塑像 sùxiàng
⑥ 菩萨 pú · sà
⑦ 捕鱼 bǔyú
⑧ 臂 bì
⑨ 琵琶 pí · pa
⑩ 银弦 yínxián
⑪ 倒悬 dàoxuán
⑫ 飘拂 piāofú
⑬ 遨游 áoyóu
⑭ 翩翩 piānpiān
⑮ 经卷 jīngjuàn
⑯ 帛画 bóhuà
⑰ 掠走 lüèzǒu
⑱ 幅 fú

作品 30 号

朗读提示 这篇文章让我们感受到牡丹除了雍容华贵外，还有另一面：不随波逐流以及对生命执着的追求。作品文笔细腻，感情真挚，富有哲理，耐人寻味。朗读时语气要自然，声音要坚实厚重，节奏明朗，语速要始终如一，以便读出哲理来。

其实你在很久以前并不喜欢牡丹，因为[1]它总被人作为富贵膜拜[2]。后来你目睹了一次牡丹的落花，你相信所有的人都会为[3]之感动：一阵清风徐来，娇艳鲜嫩的盛期牡丹忽然整朵整朵地坠落，铺撒一地绚丽[4]的花瓣。那花瓣落地时依然鲜艳夺目，如同一只奉上祭坛[5]的大鸟脱落的羽毛，低吟[6]着壮烈的悲歌离去。

牡丹没有花谢花败之时，要么[7]烁[8]于枝头，要么归于泥土，它跨越萎顿[9]和衰老，由青春而死亡，由美丽而消遁[10]。它虽[11]美却不吝惜[12]生命，即使[13]告别也要展示给人最后一次的惊心动魄。

所以在这阴冷的四月里，奇迹不会发生。任凭游人扫兴和诅咒[14]，牡丹依然安之若素。它不苟且[15]、不俯就[16]、不妥协、不媚俗[17]，甘愿自己冷落自己。它遵循自己的花期自己的规律，它有权利为自己选择每年一度的盛大节日。它为什么[18]不拒绝寒冷?

天南海北的看[19]花人，依然络绎不绝[20]地涌入洛阳城。人们不会因牡丹的拒绝而拒绝它的美。如果它再被贬谪[21]十次，也许它就会繁衍[22]出十个洛阳牡丹城。

于是你在无言的遗憾中感悟到，富贵与高贵只是一字之差。同人一样，花儿[23]也是有灵性的，更有品位之高低。品位这东西[24]为[25]气为魂为 // 筋骨为神韵，只可意会。你叹服牡丹卓而不群[26]之姿，方知品位是多么[27]容易被世人忽略或是漠视的美。

节选自张抗抗《牡丹的拒绝》

扫一扫听音频

语音提示

① 因为 yīn · wèi

② 膜拜 móbài

③ 为 wéi

④ 绚丽 xuànlì

⑤ 祭坛 jìtán

⑥ 低吟 dīyín

⑦ 要么 yào · me

⑧ 烁 shuò

⑨ 萎顿 wěidùn

⑩ 消遁 xiāodùn

⑪ 虽 suī

⑫ 吝惜 lìnxī

⑬ 即使 jíshǐ

⑭ 诅咒 zǔzhòu

⑮ 苟且 gǒuqiě

⑯ 俯就 fǔjiù

⑰ 媚俗 mèisú

⑱ 为什么 wèishén · me

⑲ 看 kàn

⑳ 络绎不绝 luòyì-bùjué

㉑ 贬谪 biǎnzhé

㉒ 繁衍 fányǎn

㉓ 花儿 huā’ér

㉔ 东西 dōng · xi

㉕ 为 wéi

㉖ 卓尔不群 zhuó’ěr-bùqún

㉗ 多么 duō · me

作品 31 号

朗读提示 此文为说明文，朗读时要使用质朴连贯的语气、不紧不慢的语速，力求声音清晰，不宜有任何夸张的情感。

森林涵养①水源，保持水土，防止水旱灾害的作用非常大。据专家测算，一片十万亩面积的森林，相当于一个两百万立方米的水库，这正如农谚所说的：“山上多栽树，等于修水库。雨多它能吞，雨少它能吐②。”

说起森林的功劳，那还多得很。它除了为人类提供③木材及许多种生产、生活的原料之外，在维护生态环境方面也是功劳卓著④，它用另一种“能吞能吐”的特殊功能孕育了人类。因为⑤地球在形成之初，大气中的二氧化碳含量很高，氧气很少，气温也高，生物是难以生存的。大约在四亿年之前，陆地才产生了森林。森林慢慢将大气中的二氧化碳吸收，同时吐出新鲜氧气，调节⑥气温：这才具备了人类生存的条件，地球上才最终有了人类。

森林，是地球生态系统的主体，是大自然的总调度室⑦，是地球的绿色之肺。森林维护地球生态环境的这种“能吞能吐”的特殊功能是其他任何物体都不能取代的。然而，由于地球上的燃烧物增多，二氧化碳的排放量急剧增加，使得地球生态环境急剧恶化，主要表现为⑧全球气候变暖，水分⑨蒸发加快，改变了气流的循环，使气候变化加剧，从而引发热浪、飓风⑩、暴雨、洪涝及干旱。

为了 // 使地球的这个“能吞能吐”的绿色之肺恢复健壮，以改善生态环境，抑制⑪全球变暖，减少水旱等自然灾害，我们应该大力造林、护林，使每一座荒山都绿起来。

节选自《中考语文课外阅读试题精选》中《“能吞能吐”的森林》

扫一扫听音频

语音提示

① 涵养 hányǎng

② 吐 tǔ

③ 提供 tígōng

④ 卓著 zhuózhù

⑤ 因为 yīn · wèi

⑥ 调节 tiáojié

⑦ 调度室 diàodùshì

⑧ 为 wéi

⑨ 水分 shuǐfèn

⑩ 飓风 jùfēng

⑪ 抑制 yìzhì

作品 32 号

朗读提示 这是一篇带有作者感情的杂文，既有叙事，又有议论，叙事部分要读得自然朴实，议论部分要读得富有哲理，语调舒缓，声音沉稳。

朋友[1]即将[2]远行。

暮春时节，又邀了几位朋友在家小聚。虽然[3]都是极熟的朋友，却是终年难得一见，偶尔电话里相遇，也无非是几句寻常话。一锅小米稀饭，一碟大头菜，一盘自家酿制[4]的泡菜，一只巷口[5]买回的烤鸭，简简单单，不像请客，倒像[6]家人团聚。

其实，友情也好，爱情也好，久而久之都会转化为亲情。

说也奇怪，和新朋友会谈文学、谈哲学、谈人生道理等等，和老朋友却只话家常，柴米油盐，细细碎碎，种种琐事[7]。很多时候[8]，心灵的契合[9]已经不需要太多的言语来表达。

朋友新烫了个头，不敢回家见母亲，恐怕惊骇[10]了老人家，却欢天喜地来见我们，老朋友颇[11]能以一种趣味[12]性的眼光欣赏这个改变。

年少[13]的时候，我们差不多都在为别人而活，为苦口婆心的父母活，为循循善诱[14]的师长活，为许多观念、许多传统的约束[15]力而活。年岁逐增，渐渐挣脱[16]外在的限制与束缚[17]，开始懂得为自己活，照自己的方式做一些自己喜欢[18]的事，不在乎[19]别人的批评意见，不在乎别人的诋毁[20]流言，只在乎那一份随心所欲的舒坦[21]自然。偶尔，也能够纵容自己放浪一下，并且有一种恶作剧的窃喜。

就让生命顺其自然，水到渠成吧，犹如窗前的 // 乌桕[22]，自生自落之间，自有一份圆融丰满的喜悦。春雨轻轻落着，没有诗，没有酒，有的只是一份相知相属[23]的自在[24]自得。

夜色在笑语中渐渐沉落，朋友起身告辞，没有挽留，没有送别，甚至也没有问归期。

已经过了大喜大悲的岁月，已经过了伤感流泪的年华，知道了聚散原来是这样的自然和顺理成章，懂得这点，便懂得珍惜每一次相聚的温馨[25]，离别便也欢喜。

节选自（台湾）杏林子《朋友和其他》

扫一扫听音频

语音提示

① 朋友 péng · you
② 即将 jíjiāng
③ 虽然 suīrán
④ 酿制 niàngzhì
⑤ 巷口 xiàngkǒu
⑥ 倒像 dàoxiàng
⑦ 琐事 suǒshì
⑧ 时候 shí · hou
⑨ 契合 qìhé
⑩ 惊骇 jīnghài
⑪ 颇 pō
⑫ 趣味 qùwèi
⑬ 年少 niánshào
⑭ 循循善诱 xúnxún-shànyòu
⑮ 约束 yuēshù
⑯ 挣脱 zhèngtuō
⑰ 束缚 shùfù
⑱ 喜欢 xǐ · huan
⑲ 在乎 zài · hu
⑳ 诋毁 dǐhuǐ
㉑ 舒坦 shū · tan
㉒ 乌桕 wūjiù
㉓ 相属 xiāngzhǔ
㉔ 自在 zìzài
㉕ 温馨 wēnxīn

作品 33 号

朗读提示 这篇文章质朴清新，朗读时不必在声音上大加渲染，只需要用娓娓道来的口吻，稳健地读出来。

我们在田野散步：我，我的母亲，我的妻子和儿子。

母亲本不愿出来的。她老了，身体不好，走远一点儿①就觉得很累。我说，正因为②如此，才应该多走走③。母亲信服地点点头，便去拿外套。她现在很听我的话，就像我小时候④很听她的话一样。

这南方初春的田野，大块小块的新绿随意地铺着，有的浓，有的淡，树上的嫩芽也密了，田里的冬水也咕咕⑤地起着水泡。这一切都使人想着一样东西⑥——生命。

我和母亲走在前面，我的妻子和儿子走在后面。小家伙⑦突然叫起来："前面是妈妈⑧和儿子，后面也是妈妈和儿子。"我们都笑了。

后来发生了分歧：母亲要走大路，大路平顺；我的儿子要走小路，小路有意思⑨。不过，一切都取决于我。我的母亲老了，她早已习惯听从她强壮的儿子；我的儿子还小，他还习惯听从他高大的父亲；妻子呢，在外面，她总是听我的。一霎时⑩我感到了责任的重大。我想找一个两全的办法，找不出；我想拆散一家人，分成两路，各得其所，终不愿意。我决定委屈⑪儿子，因为我伴同他的时日还长。我说："走大路。"

但是母亲摸摸⑫孙儿⑬的小脑瓜⑭，变了主意⑮："还是走小路吧。"她的眼随小路望去：那里有金色的菜花，两行整齐的桑树，// 尽头一口水波⑯粼粼⑰的鱼塘。"我走不过去的地方⑱，你就背着我。"母亲对我说。

这样，我们在阳光下，向着那菜花、桑树和鱼塘走去。到了一处，我蹲下来，背起了母亲；妻子也蹲下来，背起了儿子。我和妻子都是慢慢地，稳稳地，走得很仔细，好像我背上的同她背上的加起来，就是整个世界。

节选自莫怀戚《散步》

扫一扫听音频

语音提示

① 一点儿 yìdiǎnr

② 因为 yīn · wèi

③ 走走 zǒu · zou

④ 时候 shí · hou

⑤ 咕咕 gūgū

⑥ 东西 dōng · xi

⑦ 小家伙 xiǎojiā · huo

⑧ 妈妈 mā · ma

⑨ 意思 yì · si

⑩ 一霎时 yíshàshí

⑪ 委屈 wěi · qu

⑫ 摸摸 mō · mo

⑬ 孙儿 sūn’ér

⑭ 脑瓜 nǎoguār

⑮ 主意 zhǔ · yi (zhú · yi)

⑯ 水波 shuǐbō

⑰ 粼粼 línlín

⑱ 地方 dì · fang

作品 34 号

朗诵提示 本文是说明文，朗读时要带有惊奇疑惑而又饶有兴趣的口吻。

地球上是否真的存在“无底洞”？按说地球是圆的，由地壳[1]、地幔[2]和地核三层组成，真正的“无底洞”是不应存在的，我们所看到的各种山洞、裂口、裂缝，甚至火山口也都只是地壳浅部的一种现象。然而中国一些古籍[3]却多次提到海外有个深奥莫测的无底洞。事实上地球上确实有这样一个“无底洞”。

它位于希腊亚各斯古城的海滨。由于濒临[4]大海，大涨潮[5]时，汹涌的海水便会排山倒海般地涌入洞中，形成一股湍湍[6]的急流。据测，每天流入洞内的海水量达三万多吨。奇怪的是，如此大量的海水灌入洞中，却从来没有把洞灌满。曾有人怀疑，这个“无底洞”，会不会就像石灰岩地区的漏斗、竖井、落水洞一类的地形。然而从二十世纪三十年代以来，人们就做了多种努力企图[7]寻找它的出口，却都是枉费心机[8]。

为了揭开这个秘密，一九五八年美国地理学会派出一支考察队，他们把一种经久不变的带色染料[9]溶解在海水中，观察染料是如何随着海水一起沉下去。接着又察看了附近海面以及岛上的各条河、湖，满怀希望地寻找这种带颜色的水，结果令人失望。难道是海水量太大把有色水稀释得太淡，以致无法发现？ //

至今谁也不知道为什么[10]这里的海水会没完没了[11]地“漏”下去，这个“无底洞”的出口又在哪里，每天大量的海水究竟都流到哪里去了？

节选自罗伯特·罗威尔《神秘的“无底洞”》

扫一扫听音频

语音提示

① 地壳 dìqiào

② 地幔 dìmàn

③ 古籍 gǔjí

④ 濒临 bīnlín

⑤ 涨潮 zhǎngcháo

⑥ 湍湍 tuāntuān

⑦ 企图 qǐtú

⑧ 枉费心机 wǎngfèi-xīnjī

⑨ 染料 rǎnliào

⑩ 为什么 wèishén · me

⑪ 没完没了 méiwán-méiliǎo

作品 35 号

朗读提示 这篇文章中作者把坟墓的朴素与坟墓主人的伟大进行强烈的对比，从而衬托出托尔斯泰伟大的人格魅力，朗读时要把作者的崇敬之情融入其中。

我在俄国见到的景物再没有比托尔斯泰墓更宏伟、更感人的。

完全按照托尔斯泰的愿望，他的坟墓成了世间最美的，给人印象最深刻的坟墓。它只是树林中的一个小小的长方形土丘，上面开满鲜花——没有十字架，没有墓碑，没有墓志铭，连托尔斯泰这个名字①也没有。

这位比谁都感到受自己的声名所累②的伟人，却像偶尔被发现的流浪汉，不为③人知的士兵，不留名姓地被人埋葬了。谁都可以踏进他最后的安息地，围在四周稀疏的木栅栏④是不关闭的——保护列夫 · 托尔斯泰得以安息的没有任何别的东西⑤，惟有人们的敬意；而通常，人们却总是怀着好奇，去破坏伟人墓地的宁静。

这里，逼人的朴素禁锢⑥住任何一种观赏的闲情，并且不容许你大声说话。风儿⑦俯临⑧，在这座无名者之墓的树木之间飒飒⑨响着，和暖的阳光在坟头⑩嬉戏⑪；冬天，白雪温柔地覆盖这片幽暗的土地。无论你在夏天或冬天经过这儿⑫，你都想像不到，这个小小的、隆起的长方体里安放着一位当代最伟大的人物。

然而，恰恰是这座不留姓名的坟墓，比所有挖空心思⑬用大理石和奢华⑭装饰建造的坟墓更扣人心弦⑮。在今天这个特殊的日子里，// 到他的安息地来的成百上千人中间，没有一个有勇气，哪怕仅仅从这幽暗的土丘上摘下一朵花留作纪念。人们重新⑯感到，世界上再没有比托尔斯泰最后留下的、这座纪念碑式的朴素坟墓，更打动人心的了。

节选自 [奥] 茨威格《世间最美的坟墓》，张厚仁译

扫一扫听音频

语音提示

① 名字míng · zi
② 累lěi
③ 为wéi
④ 栅栏zhà · lan
⑤ 东西dōng · xi
⑥ 禁锢jìngù
⑦ 风儿fēng · ér
⑧ 俯临fǔlín
⑨ 飒飒sàsà
⑩ 坟头féntóu
⑪ 嬉戏xīxì
⑫ 这儿zhèr
⑬ 心思xīn · si
⑭ 奢华shēhuá
⑮ 心弦xīnxián
⑯ 重新chóngxīn

作品 36 号

朗读提示 这是一篇写景说明文，表达了作者对苏州园林的眷恋和欣赏之情。朗读时语调要自然、明快，通过自己的声音把听者带入如诗如画的景色中。

我国的建筑，从古代的宫殿到近代的一般住房，绝大部分是对称①的，左边怎么样②，右边怎么样。苏州园林可绝不讲究对称，好像故意避免似的③。东边有了一个亭子或者一道回廊，西边决不会来一个同样的亭子或者一道同样的回廊。这是为什么④？我想，用图画来比方⑤，对称的建筑是图案画，不是美术画，而园林是美术画，美术画要求自然之趣⑥，是不讲究对称的。

苏州园林里都有假山和池沼⑦。

假山的堆叠⑧，可以说是一项艺术而不仅是技术。或者是重峦叠嶂⑨，或者是几座小山配合着竹子花木，全在乎⑩设计者和匠师们生平多阅历，胸中有丘壑⑪，才能使游览者攀登的时候忘却苏州城市，只觉得身在山间。

至于池沼，大多引用活水。有些园林池沼宽敞，就把池沼作为全园的中心，其他景物配合着布置。水面假如成河道模样⑫，往往安排桥梁。假如安排两座以上的桥梁，那就一座一个样，决不雷同。

池沼或河道的边沿很少砌齐整的石岸，总是高低屈曲⑬任其自然。还在那儿⑭布置几块玲珑的石头⑮，或者种些花草。这也是为了取得从各个角度看都成一幅⑯画的效果。池沼里养着金鱼或各色鲤鱼，夏秋季节荷花或睡莲开 // 放，游览者看“鱼戏莲叶间”，又是入画的一景。

节选自叶圣陶《苏州园林》

扫一扫听音频

语音提示

① 对称 duìchèn
② 怎么样 zěn · meyàng
③ 似的 shì · de
④ 为什么 wèishén · me
⑤ 比方 bǐ · fang
⑥ 趣 qù
⑦ 池沼 chízhǎo
⑧ 堆叠 duīdié
⑨ 重峦叠嶂 chóngluán-diézhàng
⑩ 在乎 zài · hu
⑪ 丘壑 qiūhè
⑫ 模样 múyàng
⑬ 屈曲 qūqū
⑭ 那儿 nàr
⑮ 石头 shí · tou
⑯ 幅 fú

作品 37 号

朗读提示 本文主要写了作者从老太太的言语中领悟出的人生哲理：态度创造快乐。朗读时要娓娓道来，语调要深沉、平稳。

一位访美中国女作家，在纽约遇到一位卖花的老太太①。老太太穿着②破旧，身体虚弱，但脸上的神情却是那样祥和兴奋③。女作家挑了一朵花说："看起来，你很高兴。"老太太面带微笑地说："是的，一切都这么④美好，我为什么⑤不高兴呢？""对烦恼，你倒真能看得开。"女作家又说了一句。没料到，老太太的回答更令女作家大吃一惊："耶稣在星期五被钉上⑥十字架时，是全世界最糟糕的一天，可三天后就是复活节。所以，当我遇到不幸时，就会等待三天，这样一切就恢复正常了。"

"等待三天"，多么⑦富于哲理的话语，多么乐观的生活方式。它把烦恼和痛苦抛下，全力去收获快乐。

沈从文在"文革"期间，陷入了非人的境地。可他毫不在意，他在咸宁时给他的表侄、画家黄永玉写信说："这里的荷花真好，你若来……"身陷苦难却仍⑧为荷花的盛开欣喜赞叹不已，这是一种趋于澄明⑨的境界，一种旷达⑩洒脱的胸襟，一种面临磨难⑪坦荡从容的气度，一种对生活童子般的热爱和对美好事物无限向往的生命情感。

由此可见，影响一个人快乐的，有时并不是困境及磨难，而是一个人的心态。如果把自己浸泡⑫在积极、乐观、向上的心态中，快乐必然会 // 占据你的每一天。

节选自《态度创造快乐》

扫一扫听音频

语音提示

① 老太太 lǎotài · tai
② 穿着 chuānzhuó
③ 兴奋 xīngfèn
④ 这么 zhè · me
⑤ 为什么 wèishén · me
⑥ 钉上 dìng · shàng
⑦ 多么 duō · me
⑧ 仍 réng
⑨ 澄明 chéngmíng
⑩ 旷达 kuàngdá
⑪ 磨难 mónàn
⑫ 浸泡 jìnpào

作品 38 号

朗读提示 这是一篇写景文章，描写了泰山的自然景观和人文景观的美丽。朗读时语气要朴实流畅，感情要饱满、真挚。

泰山极顶看日出，历来被描绘成十分壮观的奇景。有人说：登泰山而看不到日出，就像一出大戏没有戏眼，味儿[1]终究有点[2]寡淡[3]。

我去爬山那天，正赶上个难得的好天，万里长空，云彩丝儿[4]都不见。素常，烟雾腾腾的山头，显得眉目分明。同伴们都欣喜地说：“明天早晨准可以看见日出了。”我也是抱着这种想头[5]，爬上山去。

一路从山脚往上爬，细看山景，我觉得挂在眼前的不是五岳独尊的泰山，却像一幅[6]规模惊人的青绿山水画，从下面倒[7]展开来。在画卷[8]中最先露出[9]的是山根[10]底那座明朝建筑岱宗坊[11]，慢慢地便现出王母池、斗母宫[12]、经石峪。山是一层比一层深，一叠比一叠奇，层层叠叠，不知还会有多深多奇。万山丛[13]中，时而点染着极其工细的人物。王母池旁的吕祖殿里有不少尊明塑[14]，塑着吕洞宾等一些人，姿态神情是那样有生气，你看了，不禁[15]会脱口赞叹说：“活啦。”

画卷继续展开，绿阴森森的柏洞[16]露面[17]不太久，便来到对松山。两面奇峰对峙[18]着，满山峰都是奇形怪状的老松，年纪怕都有上千岁了，颜色竟那么[19]浓，浓得好像要流下来似的[20]。来到这儿[21]，你不妨[22]权当[23]一次画里的写意人物，坐在路旁的对松亭里，看看[24]山色，听听[25]流 // 水和松涛。

一时间，我又觉得自己不仅是在看画卷，却又像是在零零乱乱翻着一卷历史稿本。

节选自杨朔《泰山极顶》

扫一扫听音频

语音提示

① 味儿 wèir

② 有点 yǒudiǎnr

③ 寡淡 guǎdàn

④ 云彩丝儿 yún · caisīr

⑤ 想头 xiǎng · tou

⑥ 幅 fú

⑦ 倒 dào

⑧ 画卷 huàjuàn

⑨ 露出 lùchū

⑩ 山根 shāngēnr

⑪ 岱宗坊 Dàizōngfāng

⑫ 斗母宫 Dǒumǔgōng

⑬ 丛 cóng

⑭ 塑 sù

⑮ 不禁 bùjīn

⑯ 柏洞 bǎidòng

⑰ 露面 lòumiàn

⑱ 对峙 duìzhì

⑲ 那么 nà · me

⑳ 似的 shì · de

㉑ 这儿 zhèr

㉒ 不妨 bùfáng

㉓ 权当 quándàng

㉔ 看看 kàn · kan

㉕ 听听 tīng · ting

作品 39 号

朗读提示 本文记叙了陶行知利用四块糖果教育学生的故事，朗读时注意陶行知的言语，没有任何说教，亲切、友好、平等。

育才小学校长陶行知①在校园看到学生②王友用泥块砸自己班上的同学，陶行知当即③喝止④了他，并令他放学后到校长室⑤去。无疑，陶行知是要好好⑥教育这个“顽皮”的学生。那么⑦他是如何教育的呢?

放学后，陶行知来到校长室，王友已经等在门口准备挨训⑧了。可一见面，陶行知却掏出一块糖果送给王友，并说：“这是奖给你的，因为⑨你按时来到这里，而我却迟到了。”王友惊疑地接过⑩糖果。

随后，陶行知又掏出一块糖果放到他手里，说：“这第二块糖果也是奖给你的，因为当我不让你再打人时，你立即⑪就住手了，这说明你很尊重我，我应该奖你。”王友更惊疑了，他眼睛⑫睁得大大的。

陶行知又掏出第三块糖果塞到王友手里，说：“我调查过⑬了，你用泥块砸那些男生，是因为他们不守游戏规则，欺负⑭女生；你砸他们，说明你很正直善良，且有批评不良行为的勇气，应该奖励你啊！”王友感动极了，他流着眼泪后悔地喊道：“陶……陶校长你打我两下吧！我砸的不是坏人，而是自己的同学啊……”

陶行知满意地笑了，他随即掏出第四块糖果递给王友，说：“为你正确地认识⑮错误，我再奖给你一块糖果，只可惜我只有这一块糖果了。我的糖果 // 没有了，我看我们的谈话也该结束了吧！”说完，就走出了校长室。

节选自《教师博览·百期精华》中《陶行知的“四块糖果”》

扫一扫听音频

语音提示

① 陶行知 Táo Xíngzhī

② 学生 xué · sheng

③ 当即 dāngjí

④ 喝止 hèzhǐ

⑤ 校长室 xiàozhǎngshì

⑥ 好好 hǎohǎo（口语中多儿化，读 hǎohāor）

⑦ 那么 nà · me

⑧ 挨训 áixùn

⑨ 因为 yīn · wèi

⑩ 接过 jiē · guo

⑪ 立即 lìjí

⑫ 眼睛 yǎn · jing

⑬ 调查过 diàochá · guo

⑭ 欺负 qī · fu

⑮ 认识 rèn · shi

⑯ 结束 jiéshù

作品 40 号

朗读提示 本文用清新而又富有哲理的语言娓娓讲述幸福的含义，朗读时语调要自然，语速稍缓，语气中带有几分感慨和醒悟。

享受幸福是需要学习的，当它即将[①]来临的时刻需要提醒。人可以自然而然地学会感官的享乐，却无法天生地掌握幸福的韵律。灵魂的快意[②]同器官的舒适像一对孪生[③]兄弟，时而相傍相依，时而南辕北辙[④]。

幸福是一种心灵的震颤[⑤]。它像会倾听[⑥]音乐的耳朵[⑦]一样，需要不断地训练。

简而言之，幸福就是没有痛苦的时刻。它出现的频率[⑧]并不像我们想像的那样少。人们常常只是在幸福的金马车已经驶过去很远时，才拣起地上的金鬃毛[⑨]说，原来我见过[⑩]它。

人们喜爱回味幸福的标本，却忽略它披着[⑪]露水散发清香的时刻。那时候我们往往步履匆匆，瞻前顾后不知在忙着什么。

世上有预报台风的，有预报蝗灾的，有预报瘟疫的，有预报地震的。没有人预报幸福。

其实幸福和世界万物一样，有它的征兆。

幸福常常是朦胧的，很有节制地向我们喷洒甘霖。你不要总希望轰轰烈烈的幸福，它多半只是悄悄地扑面而来。你也不要企图把水龙头[⑫]拧[⑬]得更大，那样它会很快地流失。你需要静静地以平和之心，体验它的真谛[⑭]。

幸福绝大多数是朴素的。它不会像信号弹似的[⑮]，在很高的天际闪烁[⑯]红色的光芒。它披着本色的外 // 衣，亲切温暖地包裹起我们。

幸福不喜欢喧嚣浮华，它常常在暗淡中降临。贫困中相濡以沫[⑰]的一块糕饼，患难中心心相印的一个眼神，父亲一次粗糙的抚摸，女友一张温馨[⑱]的字条……这都是千金难买的幸福啊。像一粒粒缀在旧绸子上的红宝石，在凄凉中愈发[⑲]熠熠[⑳]夺目。

节选自毕淑敏《提醒幸福》

扫一扫听音频

语音提示

① 即将 jíjiāng
② 快意 kuàiyì
③ 孪生 luánshēng
④ 南辕北辙 nányuán-běizhé
⑤ 震颤 zhènchàn
⑥ 倾听 qīngtīng
⑦ 耳朵 ěr · duo
⑧ 频率 pínlǜ
⑨ 金鬃毛 jīnzōngmáo
⑩ 见过 jiàn · guo
⑪ 披着 pī · zhe
⑫ 水龙头 shuǐlóngtóu
⑬ 拧 nǐng
⑭ 真谛 zhēndì
⑮ 似的 shì · de
⑯ 闪烁 shǎnshuò
⑰ 相濡以沫 xiāngrúyǐmò
⑱ 温馨 wēnxīn
⑲ 愈发 yùfā
⑳ 熠熠 yìyì

作品 41 号

朗读提示 本文记叙了贝利小时候对足球执着追求的故事，叙述极为自然，朴实。朗读时要把小贝利的执着和为了报答教练而挖坑的感人至深的情感读出来。

在里约热内卢的一个贫民窟里，有一个男孩子，他非常喜欢[1]足球，可是又买不起，于是就踢塑料盒[2]，踢汽水瓶[3]，踢从垃圾箱里拣来的椰子壳[4]。他在胡同[5]里踢，在能找到的任何一片空地[6]上踢。

有一天，当他在一处干涸[7]的水塘里猛踢一个猪膀胱时，被一位足球教练看见了。他发现这个男孩儿[8]踢得很像是那么[9]回事，就主动提出要送给他一个足球。小男孩儿得到足球后踢得更卖劲[10]了。不久，他就能准确地把球踢进远处随意摆放的一个水桶里。

圣诞节到了，孩子的妈妈[11]说："我们没有钱买圣诞礼物送给我们的恩人，就让我们为他祈祷[12]吧。"

小男孩儿跟随妈妈祈祷完毕，向妈妈要了一把铲子便跑了出去。他来到一座别墅前的花园里，开始挖坑。

就在他快要挖好坑的时候[13]，从别墅里走出一个人来，问小孩儿在干什么[14]，孩子抬起满是汗珠的脸蛋儿[15]，说："教练，圣诞节到了，我没有礼物送给您，我愿给您的圣诞树挖一个树坑。"

教练把小男孩儿从树坑里拉上来，说，我今天得到了世界上最好的礼物。明天你就到我的训练场去吧。

三年后，这位十七岁的男孩儿在第六届足球锦标赛上独进二十一球，为巴西第一次捧回了金杯。一个原 // 来不为世人所知的名字[16]——贝利，随之传遍世界。

节选自刘燕敏《天才的造就》

扫一扫听音频

语音提示

① 喜欢 xǐ · huan
② 塑料盒 sùliàohér
③ 汽水瓶 qìshuǐpíng
④ 椰子壳 yē · zikér
⑤ 胡同 hútòngr
⑥ 空地 kòngdì
⑦ 干涸 gānhé
⑧ 男孩儿 nánháir
⑨ 那么 nà · me
⑩ 卖劲 màijìnr
⑪ 妈妈 mā · ma
⑫ 祈祷 qídǎo
⑬ 时候 shí · hou
⑭ 什么 shén · me
⑮ 脸蛋儿 liǎndànr
⑯ 名字 míng · zi

作品 42 号

朗诵提示 本文赞扬了伟大的母爱，朗读时语气是凝重的、沉缓的，语调略带悲伤，并充满了对母爱的由衷赞美之情。

记得我十三岁时，和母亲住在法国东南部的耐斯城。母亲没有丈夫①，也没有亲戚②，够清苦的，但她经常能拿出令人吃惊的东西③，摆在我面前。她从来不吃肉，一再说自己是素食者。然而有一天，我发现母亲正仔细地用一小块④碎面包擦那给我煎牛排用的油锅。我明白⑤了她称自己为⑥素食者的真正原因。

我十六岁时，母亲成了耐斯市美蒙⑦旅馆的女经理。这时，她更忙碌了。一天，她瘫在椅子上，脸色苍白，嘴唇发灰。马上找来医生，做出诊断⑧：她摄取⑨了过多的胰岛素。直到这时我才知道母亲多年一直对我隐瞒⑩的疾痛⑪——糖尿病。

她的头歪向枕头⑫一边，痛苦地用手抓挠⑬胸口。床架上方，则挂着一枚我一九三二年赢得耐斯市少年乒乓球冠军的银质奖章。

啊，是对我的美好前途的憧憬⑭支撑⑮着她活下去，为了给她那荒唐的梦至少加一点⑯真实的色彩，我只能继续努力，与时间竞争，直至一九三八年我被征入空军。巴黎很快失陷，我辗转⑰调到英国皇家空军。刚到英国就接到了母亲的来信。这些信是由在瑞士的一个朋友⑱秘密地转到伦敦，送到我手中的。

现在我要回家了，胸前佩带着醒目的绿黑两色的解放十字绶 // 带，上面挂着五六枚我终身难忘的勋章，肩上还佩带着军官肩章。到达旅馆时，没有一个人跟我打招呼⑲。原来，我母亲在三年半以前就已经离开人间了。

在她死前的几天中，她写了近二百五十封信，把这些信交给她在瑞士的朋友，请这个朋友定时寄给我。就这样，在母亲死后的三年半的时间里，我一直从她身上吸取着力量和勇气——这使我能够继续战斗到胜利那一天。

节选自［法］罗曼·加里《我的母亲独一无二》

扫一扫听音频

语音提示

① 丈夫 zhàng · fu

② 亲戚 qīn · qi

③ 东西 dōng · xi

④ 一小块 yìxiǎokuàir

⑤ 明白 míng · bai

⑥ 为 wéi

⑦ 美蒙 měiméng

⑧ 诊断 zhěnduàn

⑨ 摄取 shèqǔ

⑩ 隐瞒 yǐnmán

⑪ 疾痛 jítòng

⑫ 枕头 zhěn · tou

⑬ 抓挠 zhuā · nao

⑭ 憧憬 chōngjǐng

⑮ 支撑 zhīchēng

⑯ 一点 yìdiǎnr

⑰ 辗转 zhǎnzhuǎn

⑱ 朋友 péng · you

⑲ 招呼 zhāo · hu

作品 43 号

朗读提示 本文是以第一人称的口吻写的，表现了玛丽·居里对生活、事业坚韧不拔的信心，朗读时语调应自信、坚定。

生活对于任何人都非易事，我们必须有坚韧不拔的精神。最要紧的，还是我们自己要有信心。我们必须相信，我们对每一件事情[1]都具有天赋的才能，并且，无论付出任何代价，都要把这件事完成。当事情结束[2]的时候[3]，你要能问心无愧地说："我已经尽我所能了。"

有一年的春天，我因病被迫在家里休息[4]数周。我注视着我的女儿们所养的蚕正在结茧[5]，这使我很感兴趣[6]。望着这些蚕执著[7]地、勤奋地工作，我感到我和它们非常相似[8]。像它们一样，我总是耐心地把自己的努力集中在一个目标上。我之所以如此，或许是因为[9]有某种力量在鞭策着我——正如蚕被鞭策着去结茧一般。

近五十年来，我致力于科学研究，而研究，就是对真理的探讨。我有许多美好快乐的记忆。少女时期我在巴黎大学，孤独地过着求学的岁月；在后来献身科学的整个时期，我丈夫[10]和我专心致志，像在梦幻中一般，坐在简陋的书房里艰辛地研究，后来我们就在那里发现了镭[11]。

我永远追求安静的工作和简单的家庭生活。为了实现这个理想，我竭力保持宁静的环境，以免受人事的干扰和盛名的拖累[12]。

我深信，在科学方面我们有对事业而不 // 是对财富的兴趣。我的惟一奢望是在一个自由国家中，以一个自由学者的身份从事研究工作。

我一直沉醉于世界的优美之中，我所热爱的科学也不断增加它崭新的远景。我认定科学本身就具有伟大的美。

节选自 [波兰] 玛丽·居里《我的信念》，剑捷译

扫一扫听音频

语音提示

① 事情 shì · qing

② 结束 jiéshù

③ 时候 shí · hou

④ 休息 xiū · xi

⑤ 结茧 jiéjiǎn

⑥ 兴趣 xìngqù

⑦ 执著 zhízhuó

⑧ 相似 xiāngsì

⑨ 因为 yīn · wèi

⑩ 丈夫 zhàng · fu

⑪ 镭 léi

⑫ 拖累 tuōlěi

⑬ 奢望 shēwàng

作品 44 号

朗读提示 本文充满感情地阐述了“我”喜欢当老师的理由，语言质朴清新，毫无夸夸其谈之态，所以在朗读时宜娓娓道来，感情起伏不宜过于强烈。同时，语调自然之中要饱含对教师职业的热爱之情，这样才能把作者的感悟和心情淋漓尽致地表现出来。

我为什么①非要教书不可？是因为②我喜欢③当教师的时间安排表和生活节奏。七、八、九三个月给我提供④了进行回顾、研究、写作的良机，并将三者有机融合，而善于回顾、研究和总结正是优秀教师素质⑤中不可缺少的成分。

干这行给了我多种多样的“甘泉”去品尝，找优秀的书籍去研读，到“象牙塔”和实际世界里去发现。教学工作给我提供了继续学习的时间保证，以及多种途径、机遇和挑战。

然而，我爱这一行的真正原因，是爱我的学生⑥。学生们在我的眼前成长、变化。当教师意味着亲历“创造”过程的发生——恰似⑦亲手赋予⑧一团泥土以生命，没有什么比目睹它开始呼吸更激动人心的了。

权利我也有了：我有权利去启发诱导，去激发智慧的火花，去问费心思考的问题，去赞扬回答的尝试，去推荐书籍，去指点迷津⑨。还有什么别的权利能与之相比呢？

而且，教书还给我金钱和权利之外的东西⑩，那就是爱心。不仅有对学生的爱，对书籍的爱，对知识⑪的爱，还有教师才能感受到的对“特别”学生的爱。这些学生，有如冥顽不灵⑫的泥块，由于接受了老师的炽爱⑬才勃发了生机。

所以，我爱教书，还因为，在那些勃发生机的“特别”学 // 生身上，我有时发现自己和他们呼吸相通，忧乐与共。

节选自［美］彼得·基·贝得勒《我为什么当教师》

扫一扫听音频

语音提示

① 为什么 wèishén · me

② 因为 yīn · wèi

③ 喜欢 xǐ · huan

④ 提供 tígōng

⑤ 素质 sùzhì

⑥ 学生 xué · sheng

⑦ 恰似 qiàsì

⑧ 赋予 fùyǔ

⑨ 指点迷津 zhǐdiǎn-míjīn

⑩ 东西 dōng · xi

⑪ 知识 zhī · shi

⑫ 冥顽不灵 míngwán-bùlíng

⑬ 炽爱 chì'ài

作品 45 号

朗读提示 本文以说明文的形式介绍了西部的文化和西部的开发。朗读时应客观、沉稳，感情抑扬不明显。

中国西部我们通常是指黄河与秦岭相连一线①以西，包括西北和西南的十二个省、市、自治区。这块广袤②的土地面积为五百四十六万平方公里，占国土总面积的百分之五十七；人口二点八亿，占全国总人口的百分之二十三。

西部是华夏文明的源头。华夏祖先的脚步是顺着水边走的：长江上游出土过③元谋人牙齿化石，距今约一百七十万年；黄河中游出土过蓝田人头盖骨，距今约七十万年。这两处古人类都比距今约五十万年的北京猿人资格更老。

西部地区是华夏文明的重要发源地。秦皇汉武以后，东西方文化在这里交汇融合，从而有了丝绸之路的驼铃声声，佛院深寺的暮鼓晨钟。敦煌莫高窟是世界文化史上的一个奇迹，它在继承汉晋艺术传统的基础上，形成了自己兼收并蓄的恢宏④气度，展现出精美绝伦的艺术形式和博大精深的文化内涵。秦始皇兵马俑、西夏王陵、楼兰古国、布达拉宫、三星堆、大足石刻等历史文化遗产，同样为⑤世界所瞩目⑥，成为中华文化重要的象征。

西部地区又是少数民族及其文化的集萃地⑦，几乎⑧包括了我国所有的少数民族。在一些偏远的少数民族地区，仍⑨保留 // 了一些久远时代的艺术品种，成为珍贵的“活化石”，如纳西古乐、戏曲、剪纸、刺绣、岩画等民间艺术和宗教艺术。特色鲜明、丰富多彩，犹如一个巨大的民族民间文化艺术宝库。

我们要充分⑩重视和利用这些得天独厚的资源优势，建立良好的民族民间文化生态环境，为西部大开发做出贡献。

节选自《中考语文课外阅读试题精选》中《西部文化和西部开发》

扫一扫听音频

语音提示

① 一线 yíxiàn

② 广袤 guǎngmào

③ 出土过 chūtǔ · guo

④ 恢宏 huīhóng

⑤ 为 wéi

⑥ 瞩目 zhǔmù

⑦ 集萃地 jícuìdì

⑧ 几乎 jīhū

⑨ 仍 réng

⑩ 充分 chōngfèn

作品 46 号

朗读提示 本文写的是人生感悟，富有哲理和诗意。朗读时语调沉稳中要有感情的起伏，把作者的感悟通过自己的声音渲染出来。

高兴，这是一种具体的被看得到摸得着[1]的事物所唤起的情绪。它是心理的，更是生理的。它容易来也容易去，谁也不应该对它视而不见失之交臂[2]，谁也不应该总是做那些使自己不高兴也使旁人不高兴的事。让我们说一件最容易做也最令人高兴的事吧，尊重你自己，也尊重别人，这是每一个人的权利，我还要说这是每一个人的义务。

快乐，它是一种富有概括性的生存状态、工作状态。它几乎[3]是先验的，它来自生命本身的活力，来自宇宙、地球和人间的吸引，它是世界的丰富、绚丽[4]、阔大、悠久的体现。快乐还是一种力量，是埋在地下的根脉。消灭一个人的快乐比挖掘掉一棵大树的根要难得多。

欢欣，这是一种青春的、诗意的情感。它来自面向着未来伸开双臂奔跑的冲力，它来自一种轻松而又神秘、朦胧而又隐秘的激动，它是激情即将[5]到来的预兆，它又是大雨过后的比下雨还要美妙得多也久远得多的回味……

喜悦，它是一种带有形而上[6]色彩的修养和境界。与其说它是一种情绪，不如说它是一种智慧、一种超拔、一种悲天悯人[7]的宽容和理解，一种饱经沧桑的充实和自信，一种光明的理性，一种坚定 // 的成熟[8]，一种战胜了烦恼和庸俗的清明澄澈[9]。它是一潭清水，它是一抹朝霞[10]，它是无边的平原，它是沉默的地平线。多一点儿、再多一点儿喜悦吧，它是翅膀，也是归巢[11]。它是一杯美酒，也是一朵永远开不败的莲花。

节选自王蒙《喜悦》

扫一扫听音频

语音提示

① 摸得着 mō · dezháo

② 失之交臂 shīzhījiāobì

③ 几乎 jīhū

④ 绚丽 xuànlì

⑤ 即将 jíjiāng

⑥ 形而上 xíng'érshàng

⑦ 悲天悯人 bēitiān-mǐnrén

⑧ 成熟 chéngshú

⑨ 澄澈 chéngchè

⑩ 朝霞 zhāoxiá

⑪ 归巢 guīcháo

作品 47 号

朗读提示 本文描写了香港最贵的一棵树，文章一开头就给了读者一个悬念，朗读时，语调要有起伏，语势可稍作夸张，然后一步步地揭示答案，让读者明白其中的缘由，朗读第一部分，语调要平稳而不失惊奇。

在湾仔①，香港最热闹②的地方③，有一棵榕树，它是最贵的一棵树，不光在香港，在全世界，都是最贵的。

树，活的树，又不卖何言其贵？只因它老，它粗，是香港百年沧桑的活见证，香港人不忍看着它被砍伐，或者被移走，便跟要占用这片山坡的建筑者谈条件：可以在这儿④建大楼盖商厦，但一不准砍树，二不准挪树，必须把它原地精心养起来，成为香港闹市中的一景。太古大厦的建设者最后签了合同⑤，占用这个大山坡建豪华商厦的先决条件是同意保护这棵老树。

树长在半山坡上，计划将树下面的成千上万吨山石全部掏空取走，腾出地方来盖楼，把树架在大楼上面，仿佛⑥它原本是长在楼顶上似的⑦。建设者就地⑧造了一个直径十八米、深十米的大花盆，先固定好这棵老树，再在大花盆底下盖楼。光这一项就花了两千三百八十九万港币，堪称⑨是最昂贵的保护措施了。

太古大厦落成之后，人们可以乘滚动扶梯一次到位，来到太古大厦的顶层，出后门，那儿⑩是一片自然景色。一棵大树出现在人们面前，树干有一米半粗，树冠⑪直径足有二十多米，独木成林，非常壮观，形成一座以它为中心的小公园，取名叫“榕圃⑫”。树前面 // 插着铜牌，说明缘由。此情此景，如不看铜牌的说明，绝对想不到巨树根底下还有一座宏伟的现代大楼。

节选自舒乙《香港：最贵的一棵树》

扫一扫听音频

语音提示

① 湾仔 Wānzǎi

② 热闹 rè · nao

③ 地方 dì · fang

④ 这儿 zhèr

⑤ 合同 hé · tong

⑥ 仿佛 fǎngfú

⑦ 似的 shì · de

⑧ 就地 jiùdì

⑨ 堪称 kānchēng

⑩ 那儿 nàr

⑪ 树冠 shùguān

⑫ 榕圃 róngpǔ

作品 48 号

朗读提示 本文描写了作者两次观赏大榕树的情景，而且两次的印象有些不同，朗读时要区别对待，朗读前一部分时要用欣喜的语调、舒缓的节奏表现出对大榕树的赞美之情；朗读中间过渡时语调要略含失望、遗憾；朗读后一部分时语调要畅快欢喜——终于看到鸟啦！

我们的船渐渐地逼近榕树了。我有机会看清它的真面目：是一棵大树，有数不清的丫枝[1]，枝上又生根，有许多根一直垂到地上，伸进泥土里。一部分树枝垂到水面，从远处看，就像一棵大树斜躺在水面上一样。

现在正是枝繁叶茂的时节。这棵榕树好像在把它的全部生命力展示给我们看。那么[2]多的绿叶，一簇[3]堆在另一簇的上面，不留一点儿[4]缝隙[5]。翠绿的颜色明亮地在我们的眼前闪耀，似乎[6]每一片树叶上都有一个新的生命在颤动，这美丽的南国的树！

船在树下泊[7]了片刻，岸上很湿，我们没有上去。朋友[8]说这里是“鸟的天堂”，有许多鸟在这棵树上做窝，农民不许人去捉它们。我仿佛[9]听见几只鸟扑翅的声音，但是等到我的眼睛[10]注意地看那里时，我却看不见一只鸟的影子。只有无数的树根立在地上，像许多根木桩。地是湿的，大概涨潮[11]时河水常常冲上岸去。“鸟的天堂”里没有一只鸟，我这样想到。船开了，一个朋友拨着船，缓缓地流到河中间去。

第二天，我们划[12]着船到一个朋友的家乡去，就是那个有山有塔的地方[13]。从学校出发，我们又经过那“鸟的天堂”。

这一次是在早晨，阳光照在水面上，也照在树梢[14]上。一切都 // 显得非常光明。我们的船也在树下泊了片刻。

起初四周围非常清静。后来忽然起了一声鸟叫。我们把手一拍，便看见一只大鸟飞了起来，接着又看见第二只，第三只。我们继续拍掌，很快地这个树林就变得很热闹[15]了。到处都是鸟声，到处都是鸟影。大的，小的，花的，黑的，有的站在枝上叫，有的飞起来，在扑翅膀。

节选自巴金《小鸟的天堂》

扫一扫听音频

语音提示

① 丫枝 yāzhī
② 那么 nà · me
③ 簇 cù
④ 一点儿 yìdiǎnr
⑤ 缝隙 fèngxì
⑥ 似乎 sìhū
⑦ 泊 bó
⑧ 朋友 péng · you
⑨ 仿佛 fǎngfú
⑩ 眼睛 yǎn · jing
⑪ 涨潮 zhǎngcháo
⑫ 划 huá
⑬ 地方 dì · fang
⑭ 树梢 shùshāo
⑮ 热闹 rè · nao

作品 49 号

朗读提示 本文饱含激情地描写了种子的力量，开头便留有悬念，朗读时语气要自然轻松而不是好奇，接着文中又具体描写了种子力量之大，朗读时要洋溢着新奇和对种子顽强不息力量的赞美之情。

有这样一个故事[1]。

有人问：世界上什么[2]东西[3]的气力最大？回答纷纭得很，有的说“象”，有的说“狮”，有人开玩笑似的[4]说：是“金刚”，金刚有多少气力，当然大家全不知道。

结果[5]，这一切答案完全不对，世界上气力最大的，是植物的种子。一粒种子所可以显现出来的力，简直是超越一切。

人的头盖骨，结合得非常致密与坚固，生理学家和解剖[6]学者用尽了一切的方法，要把它完整地分出来，都没有这种力气[7]。后来忽然有人发明了一个方法，就是把一些植物的种子放在要剖析[8]的头盖骨里，给它以温度与湿度，使它发芽。一发芽，这些种子便以可怕的力量，将一切机械力[9]所不能分开的骨骼，完整地分开了。植物种子的力量之大，如此如此。

这，也许特殊了一点儿[10]，常人不容易理解。那么[11]，你看见过[12]笋的成长吗？你看见过被压在瓦砾[13]和石块下面的一棵小草的生长吗？它为着向往阳光，为着达成它的生之意志，不管上面的石块如何重，石与石之间如何狭，它必定要曲曲折折[14]地，但是顽强不屈地透到地面上来。它的根往土壤钻[15]，它的芽往地面挺，这是一种不可抗拒的力，阻止它的石块，结果也被它掀翻，一粒种子的力量之大，如 // 此如此。

没有一个人将小草叫做“大力士”，但是它的力量之大，的确[16]是世界无比。这种力是一般人看不见的生命力。只要生命存在，这种力就要显现。上面的石块，丝毫不足以阻挡。因为[17]它是一种“长期抗战”的力；有弹性，能屈能伸的力；有韧性，不达目的不止的力。

节选自夏衍《野草》

扫一扫听音频

语音提示

① 故事 gù · shi

② 什么 shén · me

③ 东西 dōng · xi

④ 似的 shì · de

⑤ 结果 jiéguǒ

⑥ 解剖 jiěpōu

⑦ 力气 lì · qi

⑧ 剖析 pōuxī

⑨ 机械力 jīxièlì

⑩ 一点儿 yìdiǎnr

⑪ 那么 nà · me

⑫ 看见过 kàn · jiàn · guo

⑬ 瓦砾 wǎlì

⑭ 曲曲折折 qūqū-zhézhé

⑮ 钻 zuān

⑯ 的确 díquè

⑰ 因为 yīn · wèi

作品 50 号

朗读提示 作者把空灵的时间形象化，又加之一系列抒情的疑问句，流露出内心自我斗争、自我剖白的痛苦，可看出他徘徊中的执着追求。朗读时声调要抑扬顿挫，感情要饱满、真挚。

燕子去了，有再来的时候[①]；杨柳枯了，有再青的时候；桃花谢了，有再开的时候。但是，聪明的，你告诉[②]我，我们的日子为什么[③]一去不复返呢？——是有人偷了他们罢[④]：那是谁[⑤]？又藏在何处呢？是他们自己逃走了罢：现在又到了哪里呢？

去的尽管[⑥]去了，来的尽管来着；去来的中间，又怎样地匆匆呢？早上我起来的时候，小屋里射进两三方斜斜的太阳。太阳他有脚啊，轻轻悄悄地挪移了；我也茫茫然跟着旋转[⑦]。于是——洗手的时候，日子从水盆里过去[⑧]；吃饭的时候，日子从饭碗里过去；默默时，便从凝然的双眼前过去。我觉察他去的匆匆了，伸出手遮挽时，他又从遮挽着的手边过去；天黑时，我躺在床上，他便伶伶俐俐地从我身上跨过，从我脚边飞去了。等我睁开眼和太阳再见，这算又溜走了一日。我掩着面叹息。但是新来的日子的影儿[⑨]又开始在叹息里闪过了。

在逃去如飞的日子里，在千门万户的世界里的我能做些什么呢？只有徘徊[⑩]罢了，只有匆匆罢了；在八千多日的匆匆里，除徘徊外，又剩些什么呢？过去的日子如轻烟，被微风吹散了，如薄雾，被初阳蒸融了；我留着些什么痕迹呢？我何曾留着像游丝样的痕迹呢？我赤裸裸来 // 到这世界，转眼间也将赤裸裸的回去罢？但不能平的，为什么偏白白走这一遭啊？

你聪明的，告诉我，我们的日子为什么一去不复返呢？

节选自朱自清《匆匆》

扫一扫听音频

语音提示

① 时候 shí · hou

② 告诉 gào · su

③ 为什么 wèi shén · me

④ 罢（旧同“吧”）ba

⑤ 谁 shéi (shuí)

⑥ 尽管 jǐnguǎn

⑦ 旋转 xuánzhuǎn

⑧ 过去 guò · qù

⑨ 影儿 yǐng’ér

⑩ 徘徊 páihuái

作品 51 号

朗读提示 本文讲述了一个感人而又美丽的故事。朗读时，要把整篇文章浓浓的爱意表现出来。最后一句为画龙点睛之笔，读时语气舒缓，语调稳健，耐人寻味，感人至深。

有个塌鼻子的小男孩儿①，因为②两岁时得过③脑炎，智力受损，学习起来很吃力。打个比方④，别人写作文能写二三百字，他却只能写三五行。但即便⑤这样的作文，他同样能写得很动人。

那是一次作文课，题目是《愿望》。他极其认真地想了半天，然后极认真地写，那作文极短。只有三句话：我有两个愿望，第一个是，妈妈⑥天天笑眯眯地看着我说："你真聪明，"第二个是，老师天天笑眯眯地看着我说："你一点儿⑦也不笨。"

于是，就是这篇作文，深深地打动了他的老师，那位妈妈式的老师不仅给了他最高分，在班上带感情地朗读了这篇作文，还一笔一画地批道：你很聪明，你的作文写得非常感人，请放心，妈妈肯定会格外喜欢⑧你的，老师肯定会格外喜欢你的，大家肯定会格外喜欢你的。

捧着作文本，他笑了，蹦蹦跳跳地回家了，像只喜鹊。但他并没有把作文本拿给妈妈看，他是在等待，等待着一个美好的时刻。

那个时刻终于到了，是妈妈的生日——一个阳光灿烂的星期天：那天，他起得特别早，把作文本装在一个亲手做的美丽的大信封里，等着妈妈醒来。妈妈刚刚睁眼醒来，他就笑眯眯地走到妈妈跟前说："妈妈，今天是您的生日，我要 // 送给您一件礼物。"

果然，看着这篇作文，妈妈甜甜地涌出了两行热泪，一把搂住小男孩儿，搂得很紧很紧。

是的，智力可以受损，但爱永远不会。

节选自张玉庭《一个美丽的故事》

扫一扫听音频

语音提示

① 小男孩儿 xiǎonánháir

② 因为 yīn · wèi

③ 得过 dé · guo

④ 比方 bǐ · fang

⑤ 即便 jíbiàn

⑥ 妈妈 mā · ma

⑦ 一点儿 yìdiǎnr

⑧ 喜欢 xǐ · huan

作品 52 号

朗读提示 这是一篇充满浓浓怀念之情的回忆录，语言清新自然，没有大起大落的感情起伏，所以朗读时语气要舒缓，声音要柔婉，仿佛回到那令人回味无穷、难以忘怀的情景之中。

小学的时候[1]，有一次我们去海边远足，妈妈[2]没有做便饭，给了我十块钱买午餐。好像走了很久，很久，终于到海边了，大家坐下来便吃饭，荒凉的海边没有商店，我一个人跑到防风林外面去，级任[3]老师要大家把吃剩的饭菜分给我一点儿[4]。有两三个男生留下一点儿给我，还有一个女生，她的米饭拌了酱油，很香。我吃完的时候，她笑眯眯地看着我，短头发，脸圆圆的。

她的名字[5]叫翁香玉。

每天放学的时候，她走的是经过我们家的一条小路，带着一位比她小的男孩儿[6]，可能是弟弟[7]。小路边是一条清澈[8]见底的小溪，两旁竹阴覆盖，我总是远远地跟在她后面，夏日的午后特别炎热，走到半路她会停下来，拿手帕[9]在溪水里浸湿[10]，为小男孩儿擦脸。我也在后面停下来，把肮脏[11]的手帕弄[12]湿了擦脸，再一路远远跟着她回家。

后来我们家搬到镇上去了，过几年我也上了中学。有一天放学回家，在火车上，看见斜对面一位短头发[13]、圆圆脸的女孩儿[14]，一身素净[15]的白衣黑裙。我想她一定不认识[16]我了。火车很快到站了，我随着人群挤向门口，她也走近了，叫我的名字。这是她第一次和我说话。

她笑眯眯的，和我一起走过月台。以后就没有再见过[17] // 她了。

这篇文章收在我出版的《少年心事》这本书里。

书出版后半年，有一天我忽然收到出版社转来的一封信，信封上是陌生[18]的字迹，但清楚[19]地写着我的本名。

信里面说她看到了这篇文章心里非常激动，没想到在离开家乡，漂泊[20]异地这么[21]久之后，会看见自己仍然[22]在一个人的记忆里，她自己也深深记得这其中的每一幕，只是没想到越过遥远的时空，竟然另一个人也深深记得。

节选自苦伶《永远的记忆》

扫一扫听音频

语音提示

① 时候 shí · hou
② 妈妈 mā · ma
③ 级任 jírèn
④ 一点儿 yìdiǎnr
⑤ 名字 míng · zi
⑥ 男孩儿 nánháir
⑦ 弟弟 dì · di
⑧ 清澈 qīngchè
⑨ 手帕 shǒupà
⑩ 浸湿 jìnshī
⑪ 肮脏 āngzāng
⑫ 弄 nòng
⑬ 头发 tóu · fa
⑭ 女孩儿 nǚháir
⑮ 素净 sù · jing
⑯ 认识 rèn · shi
⑰ 见过 jiàn · guo
⑱ 陌生 mòshēng
⑲ 清楚 qīng · chu
⑳ 漂泊 piāobó
㉑ 这么 zhè · me
㉒ 仍然 réngrán

作品 53 号

朗读提示 本文通过一件小事，让我们感受到语言的魅力，朗读时可以分为两部分：一是叙事部分，用沉着稳健的语调把故事娓娓动听地讲述出来；二是最后一个自然段的抒情部分，要用感叹的语调读出来。

在繁华的巴黎大街的路旁，站着一个衣衫褴褛[①]、头发[②]斑白、双目失明的老人。他不像其他乞丐[③]那样伸手向过路行人乞讨，而是在身旁立一块木牌，上面写着：“我什么[④]也看不见！”街上过往的行人很多，看了木牌上的字都无动于衷，有的还淡淡一笑，便姗姗[⑤]而去了。

这天中午，法国著名诗人让·彼浩勒也经过这里。他看看[⑥]木牌上的字，问盲老人：“老人家，今天上午有人给你钱吗？”

盲老人叹息着回答：“我，我什么也没有得到。”说着，脸上的神情非常悲伤。

让·彼浩勒听了，拿起笔悄悄地在那行字的前面添[⑦]上了“春天到了，可是”几个字，就匆匆地离开了。

晚上[⑧]，让·彼浩勒又经过这里，问那个盲老人下午的情况。盲老人笑着回答说：“先生[⑨]，不知为什么，下午给我钱的人多极了！”让·彼浩勒听了，摸着胡子满意地笑了。

“春天到了，可是我什么也看不见！”这富有诗意的语言，产生这么[⑩]大的作用，就在于它有非常浓厚的感情色彩。是的，春天是美好的，那蓝天白云，那绿树红花，那莺歌燕舞，那流水人家，怎么[⑪]不叫人陶醉呢？但这良辰美景，对于一个双目失明的人来说，只是一片漆黑。当人们想到这个盲老人，一生中竟连万紫千红的春天 // 都不曾看到，怎能不对他产生同情之心呢？

节选自小学《语文》第六册中《语言的魅力》

扫一扫听音频

语音提示

① 褴褛 lánlǚ
② 头发 tóu · fa
③ 乞丐 qǐgài
④ 什么 shén · me
⑤ 姗姗 shānshān
⑥ 看看 kàn · kan
⑦ 添 tiān
⑧ 晚上 wǎn · shang
⑨ 先生 xiān · sheng
⑩ 这么 zhè · me
⑪ 怎么 zěn · me

作品 54 号

朗读提示 本文是一篇关于养生之道的小杂文，朗读时使用平稳、深沉的语调，不紧不慢地娓娓道出养生四味长寿药的内涵和实质。

有一次，苏东坡的朋友[1]张鹗[2]拿着一张宣纸[3]来求他写一幅[4]字，而且希望他写一点儿[5]关于养生方面的内容。苏东坡思索了一会儿[6]，点点头说："我得到了一个养生长寿古方，药只有四味，今天就赠给你吧。"于是，东坡的狼毫在纸上挥洒起来，上面写着："一曰无事以当[7]贵，二曰早寝[8]以当[9]富，三曰安步以当[10]车，四曰晚食以当[11]肉。"

这哪里有药？张鹗一脸茫然地问。苏东坡笑着解释说，养生长寿的要诀[12]，全在这四句里面。

所谓"无事以当贵"，是指人不要把功名利禄、荣辱过失考虑得太多，如能在情志上潇洒大度，随遇而安，无事以求，这比富贵更能使人终其天年。

"早寝以当富"，指吃好穿好、财货充足，并非就能使你长寿。对老年人来说，养成良好的起居习惯，尤其是早睡早起，比获得任何财富更加宝贵。

"安步以当车"，指人不要过于讲求安逸、肢体不劳，而应多以步行来替代骑马乘车[13]，多运动才可以强健体魄，通畅气血[14]。

"晚食以当肉"，意思是人应该用已饥方食[15]、未饱先止代替对美味佳肴[16]的贪吃无厌。他进一步解释，饿了以后才进食，虽然[17]是粗茶淡饭，但其香甜可口会胜过山珍；如果饱了还要勉强[18]吃，即使[19]美味佳肴摆在眼前也难以 // 下咽。

苏东坡的四味"长寿药"，实际上是强调了情志、睡眠、运动、饮食四个方面对养生长寿的重要性，这种养生观点即使在今天仍然[20]值得借鉴。

节选自蒲昭和《赠你四味长寿药》

扫一扫听音频

语音提示

① 朋友 péng · you
② 张鹗 Zhāng È
③ 宣纸 xuānzhǐ
④ 幅 fú
⑤ 一点儿 yìdiǎnr
⑥ 一会儿 yíhuìr（口语中也读 yìhuǐr）
⑦ 当 dàng
⑧ 寝 qǐn
⑨ 当 dàng
⑩ 当 dàng
⑪ 当 dàng
⑫ 要诀 yàojué
⑬ 乘车 chéngchē
⑭ 气血 qìxuè
⑮ 已饥方食 yǐjīfāngshí
⑯ 佳肴 jiāyáo
⑰ 虽然 suīrán
⑱ 勉强 miǎnqiǎng
⑲ 即使 jíshǐ
⑳ 仍然 réngrán

作品 55 号

朗读提示 本文是关于人生哲理的小品文，朗读时语气要坚实、从容，语调要平稳。

人活着，最要紧的是寻觅①到那片代表着生命绿色和人类希望的丛林②，然后选一高高的枝头站在那里观览人生，消化痛苦，孕育歌声，愉悦世界！

这可真是一种潇洒的人生态度，这可真是一种心境爽朗的情感风貌。

站在历史的枝头微笑，可以减免许多烦恼。在那里，你可以从众生相③所包含的甜酸苦辣、百味人生中寻找你自己；你境遇中的那点儿④苦痛，也许相比之下，再也难以占据一席之地；你会较⑤容易地获得从不悦中解脱灵魂的力量，使之不致变得灰色。

人站得高些，不但能有幸早些领略到希望的曙光，还能有幸发现生命的立体的诗篇。每一个人的人生，都是这诗篇中的一个词、一个句子或者一个标点。你可能没有成为一个美丽的词，一个引人注目的句子，一个惊叹号，但你依然是这生命的立体诗篇中的一个音节、一个停顿、一个必不可少的组成部分⑥。这足以使你放弃前嫌⑦，萌生为人类孕育新的歌声的兴致，为世界带来更多的诗意。

最可怕的人生见解，是把多维的生存图景看成平面。因为⑧那平面上刻下的大多是凝固了的历史——过去的遗迹⑨；但活着的人们，活得却是充满着新生智慧的，由 // 不断逝去的“现在”组成的未来。人生不能像某些鱼类躺着游，人生也不能像某些兽类爬着走，而应该站着向前行，这才是人类应有的生存姿态。

节选自［美］本杰明·拉什《站在历史的枝头微笑》

扫一扫听音频

语音提示

① 寻觅 xúnmì

② 丛林 cónglín

③ 众生相 zhòngshēngxiàng

④ 点儿 diǎnr

⑤ 较 jiào

⑥ 部分 bù · fen

⑦ 前嫌 qiánxián

⑧ 因为 yīn · wèi

⑨ 遗迹 yíjì

作品 56 号

朗读提示 本文介绍了中国宝岛——台湾的概貌，具有客观性，但又融入了作者对宝岛台湾的赞美热爱之情，在朗读时要使用稳健的语调，同时又饱含着热爱的感情。

中国的第一大岛、台湾省的主岛台湾，位于中国大陆架的东南方，地处[1]东海和南海之间，隔着台湾海峡和大陆相望。天气晴朗的时候[2]，站在福建沿海较[3]高的地方[4]，就可以隐隐约约地望见岛上的高山和云朵。

台湾岛形状狭长，从东到西，最宽处只有一百四十多公里；由南至北，最长的地方约有三百九十多公里。地形像一个纺织用的梭子[5]。

台湾岛上的山脉纵贯南北，中间的中央山脉犹如全岛的脊梁[6]。西部为[7]海拔近四千米的玉山山脉，是中国东部的最高峰。全岛约有三分之一的地方是平地，其余为山地。岛内有缎带般的瀑布，蓝宝石似的[8]湖泊[9]，四季常青的森林和果园，自然景色十分优美。西南部的阿里山和日月潭，台北市郊的大屯山风景区，都是闻名世界的游览胜地。

台湾岛地处热带和温带之间，四面环海，雨水充足，气温受到海洋的调剂[10]，冬暖夏凉，四季如春，这给水稻和果木生长提供[11]了优越的条件。水稻、甘蔗[12]、樟脑是台湾的“三宝”。岛上还盛产鲜果和鱼虾。

台湾岛还是一个闻名世界的“蝴蝶王国”。岛上的蝴蝶共有四百多个品种，其中有不少是世界稀有的珍贵品种。岛上还有不少鸟语花香的蝴 // 蝶谷，岛上居民利用蝴蝶制作的标本和艺术品，远销许多国家。

节选自《中国的宝岛——台湾》

扫一扫听音频

语音提示

① 处 chǔ

② 时候 shí · hou

③ 较 jiào

④ 地方 dì · fang

⑤ 梭子 suō · zi

⑥ 脊梁 jǐ · liang

⑦ 为 wéi

⑧ 似的 shì · de

⑨ 湖泊 húpō

⑩ 调剂 tiáojì

⑪ 提供 tígōng

⑫ 甘蔗 gān · zhe

作品 57 号

朗读提示 本文赞美了牛的品格：永远沉沉实实的，默默地工作，平心静气。朗读时要让声音发出浓郁的生活气息，并充满了对牛的赞美、尊敬之情，但不能太夸张，要把握好分寸，做到恰到好处。

对于中国的牛，我有着一种特别尊敬的感情。

留给我印象最深的，要算在田垄[1]上的一次“相遇”。

一群朋友[2]郊游，我领头在狭窄的阡陌[3]上走，怎料迎面来了几头耕牛，狭道容不下人和牛，终有一方要让路。它们还没有走近，我们已经预计斗不过畜牲[4]，恐怕难免踩到田地泥水里．弄[5]得鞋袜又泥又湿了。正踟蹰[6]的时候[7]，带头的一头牛，在离我们不远的地方[8]停下来，抬起头看看[9]，稍迟疑一下，就自动走下田去。一队耕牛，全跟着它离开阡陌，从我们身边经过。

我们都呆了，回过头来，看着深褐色的牛队，在路的尽头消失，忽然觉得自己受了很大的恩惠。

中国的牛，永远沉默地为人做着沉重的工作。在大地上，在晨光或烈日下，它拖着沉重的犁，低头一步又一步，拖出了身后一列又一列松土，好让人们下种[10]。等到满地金黄或农闲时候，它可能还得担当搬运负重的工作；或终日绕着石磨，朝同一方向，走不计程的路。

在它沉默的劳动中，人便得到应得的收成[11]。

那时候，也许，它可以松一肩重担[12]，站在树下，吃几口嫩草。偶尔摇摇[13]尾巴[14]，摆摆[15]耳朵[16]，赶走飞附[17]身上的苍蝇[18]，已经算是它最闲适的生活了。

中国的牛，没有成群奔跑的习 // 惯，永远沉沉实实的，默默地工作，平心静气。这就是中国的牛！

节选自小思《中国的牛》

扫一扫听音频

语音提示

① 田垄 tiánlǒng
② 朋友 péng · you
③ 阡陌 qiānmò
④ 畜牲 chù · sheng
⑤ 弄 nòng
⑥ 踟蹰 chíchú
⑦ 时候 shí · hou
⑧ 地方 dì · fang
⑨ 看看 kàn · kan
⑩ 下种 xiàzhǒng
⑪ 收成 shōu · cheng
⑫ 重担 zhòngdàn
⑬ 摇摇 yáo · yao
⑭ 尾巴 wěi · ba
⑮ 摆摆 bǎi · bai
⑯ 耳朵 ěr · duo
⑰ 附 fù
⑱ 苍蝇 cāng · ying

作品 58 号

朗读提示 这是一篇充满诗情画意的随笔散文，朗读时要展开想象的翅膀，用甜美的声音，富有韵律而又稍有夸张的语调，表现出作者的梦想来。

不管我的梦想能否成为[1]事实，说出来总是好玩儿[2]的：

春天，我将要住在杭州。二十年前，旧历的二月初，在西湖我看见了嫩柳与菜花[3]，碧浪与翠竹。由我看到的那点儿[4]春光，已经可以断定，杭州的春天必定会教[5]人整天生活在诗与图画之中。所以，春天我的家应当是在杭州。

夏天，我想青城山应当算作最理想的地方[6]。在那里，我虽然[7]只住过十天，可是它的幽静已拴住了我的心灵。在我所看见过[8]的山水中，只有这里没有使我失望。到处都是绿，目之所及，那片淡而光润的绿色都在轻轻地颤动，仿佛[9]要流入空中与心中似的[10]。这个绿色会像音乐，涤[11]清了心中的万虑。

秋天一定要住北平。天堂是什么[12]样子，我不知道，但是从我的生活经验去判断，北平之秋便是天堂。论天气，不冷不热。论吃的，苹果、梨、柿子、枣儿[13]、葡萄，每样都有若干种。论花草，菊花种类之多，花式之奇，可以甲天下。西山有红叶可见，北海可以划船——虽然荷花已残，荷叶可还有一片清香。衣食住行，在北平的秋天，是没有一项不使人满意的。

冬天，我还没有打好主意[14]，成都或者相当得合适，虽然并不怎样和暖[15]，可是为了水仙，素心腊梅，各色的茶花，仿佛就受一点儿寒 // 冷，也颇值得去了。昆明的花也多，而且天气比成都好，可是旧书铺与精美而便宜[16]的小吃远不及成都那么[17]多。好吧，就暂[18]这么[19]规定：冬天不住成都便住昆明吧。

在抗战中，我没能发国难财。我想，抗战胜利以后，我必能阔起来。那时候[20]，假若飞机减价，一二百元就能买一架的话，我就自备一架，择黄道吉日慢慢地飞行。

节选自老舍《住的梦》

扫一扫听音频

语音提示

① 成为 chéngwéi

② 好玩儿 hǎowánr

③ 菜花 càihuā (càihuār)

④ 点儿 diǎnr

⑤ 教 jiào

⑥ 地方 dì · fang

⑦ 虽然 suīrán

⑧ 看见过 kàn · jiàn · guo

⑨ 仿佛 fǎngfú

⑩ 似的 shì · de

⑪ 涤 dí

⑫ 什么 shén · me

⑬ 枣儿 zǎor

⑭ 主意 zhǔ · yi (zhú · yi)

⑮ 和暖 hénuǎn

⑯ 便宜 pián · yi

⑰ 那么 nà · me

⑱ 暂 zàn

⑲ 这么 zhè · me

⑳ 时候 shí · hou

作品 59 号

朗读提示 这是一篇写景散文，朗读时注意区分眼前情景与回忆情景。眼前情景美丽无比，朗读时要用轻快、愉悦而又赞美的语调；在朗读回忆情景时语调要低沉些，略有遗憾之情。

我不由得停住了脚步。

从未见过[1]开得这样盛的藤萝[2]，只见一片辉煌的淡紫色，像一条瀑布，从空中垂下，不见其发端，也不见其终极，只是深深浅浅的紫，仿佛[3]在流动，在欢笑，在不停地生长。紫色的大条幅[4]上，泛着点点银光，就像迸溅[5]的水花。仔细看时，才知那是每一朵紫花中的最浅淡的部分[6]，在和阳光互相挑逗。

这里除了光彩，还有淡淡的芳香。香气似乎[7]也是浅紫色的，梦幻一般轻轻地笼罩着我。忽然记起十多年前，家门外也曾有过[8]一大株紫藤萝，它依傍[9]一株枯槐爬得很高，但花朵从来都稀落，东一穗西一串伶仃[10]地挂在树梢，好像在察颜观色，试探什么[11]。后来索性连那稀零的花串也没有了。园中别的紫藤花架也都拆掉，改种了果树。那时的说法是，花和生活腐化有什么必然关系[12]。我曾遗憾地想：这里再看不见藤萝花了。

过了这么[13]多年，藤萝又开花了，而且开得这样盛，这样密，紫色的瀑布遮住了粗壮的盘虬[14]卧龙般的枝干，不断地流着，流着，流向人的心底。

花和人都会遇到各种各样的不幸，但是生命的长河是无止境的。我抚摸[15]了一下那小小的紫色的花舱，那里满装了生命的酒酿[16]，它张满了帆，在这 // 闪光的花的河流上航行。它是万花中的一朵，也正是由每一个一朵，组成了万花灿烂的流动的瀑布。

在这浅紫色的光辉和浅紫色的芳香中，我不觉加快了脚步。

节选自宗璞《紫藤萝瀑布》

扫一扫听音频

语音提示

① 见过 jiàn · guo
② 藤萝 téngluó
③ 仿佛 fǎngfú
④ 条幅 tiáofú
⑤ 迸溅 bèngjiàn
⑥ 部分 bù · fen
⑦ 似乎 sìhū
⑧ 有过 yǒu · guo
⑨ 依傍 yībàng
⑩ 伶仃 língdīng
⑪ 什么 shén · me
⑫ 关系 guān · xi
⑬ 这么 zhè · me
⑭ 盘虬 pánqiú
⑮ 抚摸 fǔmō
⑯ 酒酿 jiǔniàng

作品 60 号

朗读提示 这是一篇保护生态环境的文章，文中既有对事件的讲述，又有对客观事实的说明。朗读时要加以区别：朗读事件讲述时语调充满好奇，并略有起伏；而朗读客观事实说明时，要沉稳、坚实。

在一次名人访问中，被问及上个世纪最重要的发明是什么①时，有人说是电脑，有人说是汽车，等等。但新加坡的一位知名人士却说是冷气机。他解释，如果没有冷气，热带地区如东南亚国家，就不可能有很高的生产力，就不可能达到今天的生活水准。他的回答实事求是，有理有据。

看了上述报道，我突发奇想：为什么没有记者问："二十世纪最糟糕的发明是什么？"其实二〇〇二年十月中旬，英国的一家报纸就评出了"人类最糟糕的发明"。获此"殊荣"的，就是人们每天大量使用的塑料②袋。

诞生于上个世纪三十年代的塑料袋，其家族包括用塑料制成的快餐饭盒③、包装纸、餐用杯盘、饮料瓶④、酸奶杯、雪糕杯等等。这些废弃物形成的垃圾⑤，数量多、体积大、重量轻、不降解⑥，给治理工作带来很多技术难题和社会问题。

比如，散落在田间、路边及草丛⑦中的塑料餐盒，一旦被牲畜⑧吞食，就会危及健康甚至导致死亡。填埋废弃塑料袋、塑料餐盒的土地，不能生长庄稼⑨和树木，造成土地板结⑩，而焚烧⑪处理⑫这些塑料垃圾，则会释放出多种化学有毒气体，其中一种称为⑬二噁英⑭的化合物，毒性极大。

此外，在生产塑料袋、塑料餐盒的 // 过程中使用的氟利昂⑮，对人体免疫系统和生态环境造成的破坏也极为严重。

节选自林光如《最糟糕的发明》

扫一扫听音频

语音提示

① 什么 shén · me

② 塑料 sùliào

③ 饭盒 fànhé (fànhér)

④ 饮料瓶 yǐnliàopíngr

⑤ 垃圾 lājī

⑥ 降解 jiàngjiě

⑦ 草丛 cǎocóng

⑧ 牲畜 shēngchù

⑨ 庄稼 zhuāng · jia

⑩ 板结 bǎnjié

⑪ 焚烧 fénshāo

⑫ 处理 chǔlǐ

⑬ 称为 chēngwéi

⑭ 二噁英 èr'èyīng

⑮ 氟利昂 fúlì'áng

第四章
命题说话

第一节 命题说话的要求

命题说话的测试目的是测查应试人在无文字凭借的情况下说普通话的水平，重点测查语音标准程度、词汇语法规范程度和自然流畅程度。说话话题从《普通话水平测试用话题》中选取，应试人从给定的两个话题中选定一个话题，连续说一段话。

（一）无文字凭借

命题说话为应试人单向说话。命题说话时完全无文字凭借，不允许应试者将与命题说话的话题有关的资料带进考场。应试者对即将发出的音节无法充分准备，一边说话，一边斟酌发音，一边考虑说话的内容，组织恰当的语句，这样更容易导致语音错误和语音缺陷。没有了文字凭借，应试者更接近平时的语言状态，语音错误和缺陷也更容易暴露出来。

（二）语音标准

应试者应试时，普通话的声、韵、调要正确；变调、儿化、轻声以及语气词“啊”音变要恰当；语调平稳自然；能够按照普通话的口语语调来说话，不带有朗读和背诵的腔调。

（三）词汇语法规范

命题说话虽然预先有一定的时间准备，但仍属于即兴说话。在没有文字凭借的情况下，应试者一方面要注意语音是否标准，另一方面又要注意词汇语法的规范，的确有些难度。而普通话水平测试命题说话中必须要测查应试者的语法、词汇是否符合普通话的规范，应试者只能根据要求来准备说话的内容，使用普通话的词汇和语法格式，不使用典型的方言词汇和方言语法格式。

（四）自然流畅

要求应试者语言自然流畅，口语化，语言连贯、不生硬，没有背稿子的表现。有的应试者说话时找不到合适的词语，话语不清晰，不流畅，结结巴巴，断断续续。还有应试者提前将话题内容写成文稿背下来。这些情况都是会被扣分的，在应试中应该尽量避免。

（五）说满 3 分钟

说满 3 分钟，并且要有一定信息量。说话不足 3 分钟，是要酌情扣分的。有些应试者由于准备不充分，命题说话时没有具体内容，或者只开了个头就无话可说了，只好东拉西扯或简单重复相同的内容。比如，有应试者就“童年的记忆”说话：“我的童年有许多事情使我至今难忘。小时候，我的奶奶给我讲了个故事：从前有座山，山上有座庙，庙里有个老和尚，老和尚说：从前有座山，山上有座庙……”还有些应试者实在说不下去，干脆放弃。这些情况都会被大量扣分。

第二节　命题说话常见问题

一、命题说话的重要性

命题说话是普通话测试中的关键环节，分值高，难度大，容易暴露应试者自身的缺点，也是失分最多的一项，一向是测试培训辅导的重中之重。命题说话是对应试人心理素质、普通话准确程度、熟练程度和规范程度的综合考查。

为了深入了解命题说话项的评测情况，笔者对全国上万名测试对象在该项的测试情况进行了细致的分析。结果显示：非语音失误比例达到了 47.6%，也就是说有近一半应试人因非语音失误而被扣分，这个比例非常高，很大程度上影响了应试人的最终成绩。如果能减少非语音失误，那么很多应试人就能够取得理想成绩。

二、命题说话非语音失误分析

在普通话水平测试中，命题说话常见非语音失误如下：

（一）词汇、语法不规范

1. 滥用网络流行语言

如今的网络十分发达，各种流行语言、网络语言和缩略语层出不穷，很多应试人时常使用。比如：针对话题“购物（消费）的感受”，有考生说买的“东东”快递很“给力”。还有诸如“盘它（他）”（出自相声《文玩》）、“柠檬精”（指喜欢嫉妒别人的人）、“雨女无瓜”（“与你无关”的谐音）、“996”（互联网企业加班文化）、“上头”（表达某一事物让人产生冲动、惊讶等情绪）等网络词语。虽然有些网络用语在社会上使用广，为大众普遍接受，但是绝大多数是没有生命力的，是不规范的用语，还需要时间的检验，所以应该尽量少用或者不用。

2. 误用方言

比如话题“我最尊敬的人”，有应试人说：“我老爸会烧许多菜，好吃的来！”像这种上海方言中的典型语法结构其实是病句。又如话题“我喜爱的动物（或植物）”，有应试人说：“我养了一只狗，实在是逗人爱！”像这种长沙方言中的典型词汇，在测试中是要被扣分的。

（二）语言表达不够自然流畅

自然流畅主要体现在两个方面，一是指表达要口语化，没有书面色彩和背稿子的表现；

二是指语流顺畅、语言连贯、语调不生硬。在所有的非语音失误中，自然流畅度的扣分是较多的。主要问题表现为以下几个方面：

1. 背稿

有一些应试人往往“有背而来”，直接背稿子，结果就把命题说话变成了背诵稿子。这是不可取的。普通话水平测试评分细则中关于命题说话的评分中有这样一条规则：（自然流畅程度中第二档）语言基本流畅，口语化较差，有背文本的语调，扣 0.5 分、1 分。

2. 雷同

很多应试人喜欢从网上搜索话题资料，网上的很多范文资料大同小异，避免雷同的方法是现身说法，说自己的经历、故事、见解，这样还能避免忘词，比强行记忆背诵别人的文章容易得多。

3. 书面语

例如，有应试人抽到话题“我喜爱的书刊”，就说：“书的海洋，真可谓是五彩缤纷，琳琅满目，有的人喜欢读往圣先贤的经典著作，有的人喜欢充满思辨性、浪漫性的文学书籍，有的人喜欢严肃的历史书籍，而我则喜欢博采中外、荟萃精华、启迪思想、开阔眼界的《读者》。”这段话虽然语句连贯，思路顺畅，但书卷味十足，不够口语化，使“说话”听起来极不自然。

4. 口头语

口头语不等于口语化，更不是口头禅。有的应试人在说话的过程中，加上一些“嗯嗯啊啊”之类的口头禅，或是拿腔拿调，以为这样就比较口语化，这是不可取的。

5. 语速不当

命题说话需要连续不断地说满 3 分钟，很多应试人没有这么多话语来填充这“漫长”的 3 分钟。有的在电脑面前控制不住自己的语速，紧张之下越说越快，以至于原本 3 分钟的话题内容，2 分钟就说完了，导致失误频繁出现，最终以缺时结束。有的应试人为了说满 3 分钟，故意放慢语速，甚至几个字一停顿，以至于见字不见篇，虽说时间凑够了 3 分钟，但是出现了语音不流畅的问题。这都是要被大量扣分的。

（三）缺时

命题说话评分标准规定，说话不足 3 分钟，酌情扣分。有的应试人紧张或准备不充分，导致没能说满 3 分钟，有的应试人为了“凑满”3 分钟，在说话过程中多处非正常语流停顿，断续缺时，其实这种断续缺时也是要累计时间的，而且停顿多了也会影响说话整体的流畅度。

（四）离题

比如，有应试人抽到话题“我最尊敬的人”，就说：“我最尊敬的人是我的爸爸，我爸爸很会烧菜，我最喜欢的一道菜是红烧狮子头……”然后就开始详细介绍红烧狮子头是怎么做出来的。这种生硬的过渡衔接，最终会被判定为离题。

（五）无效话语

无效话语主要是指出现与测试话题不相关的话语、多次简单重复相同的语句、内容信息量太低等情况。比如曾有应试人在“难忘的旅行”中说道：“我和我爸爸、我和我妈妈、我和我爸爸的同事、我和我妈妈的同事、我和我哥哥的同学……”然后一直简单重复类似的称谓，一直到最后几秒结尾：“……我们一起去黄山旅行。”这些都是应试人认识存在误区、准备不充分导致的。

（六）操作失误

部分应试人在面对电脑时紧张，加之对测试程序、测试规则不够熟悉，导致不必要的失误。

第三节　命题说话应试策略

（一）有序组织语言，注意口语化表达

首先，应试人要树立正确的认识，命题说话不是命题作文，也不是测试口才。命题说话重点测查语音标准程度、词汇语法规范程度和自然流畅程度。因此，简单的口语表达即可。

词汇方面应使用口语化表达。例如：书面语称呼“父亲”“母亲”“祖父”“祖母”，口语中一般称呼“爸爸”“妈妈”“爷爷”“奶奶”。

句式的要求：命题说话作为文学语言的口语形式，具有谈话体的特点，应避免繁杂句式的使用，多用短句、简单句。

语篇的构成：口语语体中，应试人在说话过程中宜采用“直线型”“流水账”的策略。比如，在说到“我的学习生活”这一题目时，应试人可以从小学一直说到大学，进行流水型的叙述。再如，说到“我喜爱的季节”时，应试人可从春季说到冬季。

（二）灵活把握题目，不要过于拘谨

普通话水平测试用的 30 个话题，大体可以分为叙述描写、介绍说明、议论评说三类。这 30 个题目涵盖内容广，但都很生活化，一个说话材料可以出现在多个话题中，即很多话题可以使用同一个材料。一般来说，叙述型的话题表达起来相对简单一些，议论型的话题难一些，应试人可以将议论型话题巧妙地转换成叙述型，以降低难度。比如：“谈谈个人修养”“谈谈社会公德”“谈谈对环境保护的认识”“谈谈卫生与健康”这几个话题就可以用故事、用叙述的方式说出来。如“谈谈个人修养”这一话题，应试人可以先发几句议论，然后转换成叙述：“个人修养对一个人来说十分重要。具有良好修养的人，才会被人们尊重。我有个朋友，他的个人修养就很高。有一次……还有一次……”

（三）列提纲，打腹稿

无论是说人、说事，还是说景、说物，或者议论评说的话题，都可以先列一个提纲，再围绕提纲，打一个腹稿。这样就可以有效避免逻辑混乱、没有头绪的问题。用提纲加腹稿的方式组合材料，可以丰富说话内容，增强说话流畅度。

主体结构框架：**是什么，为什么，怎么样**

话题材料要素：**何人（Who）、何时（When）、何地（Where）、何事（物）（What）、为何（Why）、如何（How）**。教材把它们概括为“5W+1H”。如果把这些要素串起来，概括成一句话，就是一个通俗易懂的句子，如果展开叙述，就是一个完整的话题。下面就以“我最尊敬的人”这个话题为例，介绍说话的提纲：

1. 是什么：我最尊敬的人是我的妈妈。（Who）

2. 为什么：妈妈聪明睿智、坚强勇敢，所以我尊敬她。（Why）

3. 怎么样：妈妈的聪明睿智、坚强勇敢怎么体现；我是怎么尊敬她的。讲故事：小学时……初中时……有一次……还有一次……（How）

4. 总结收尾：……妈妈，你就是我最尊敬的人。

把以上提纲概括成一句话：我最尊敬的人是我的妈妈，因为她是一位聪明睿智、坚强勇敢的妈妈。所以妈妈就是我最尊敬的人。

如果稍稍展开叙述，就可以扩展成下面这段话：

从小到大，在我接触的人中，我最尊敬的人就是我的妈妈。

她是一位聪明睿智的妈妈。记得上小学的时候，我有一道题不明白，就去问妈妈。妈妈给我仔细讲解了解题过程，然后告诉我要举一反三，这样以后遇到类似的题目就会做了。记得初中刚学习化学时，我感觉记忆化学方程式好难，妈妈会给我从元素周期表开始讲解，让我先记住这些元素，然后联想它们发生的化学反应，这样梳理下来，竟然也觉得很有趣味。

她还是一位坚强勇敢的妈妈。上小学时，爷爷奶奶去世，爸爸生了大病，妈妈就一边照顾爸爸一边照顾我跟妹妹。那时我 8 岁，妹妹才 5 岁。在那些艰苦的日子里，妈妈让我知道了什么是勇敢坚强。

妈妈，你就是我最尊敬的人。

提示：在命题说话时，应试人不必拘泥于特定顺序，可以根据自己的实际情况灵活把握结构，组合材料，丰富说话内容。

（四）用第一人称讲故事

在命题说话时，应试人要使用第一人称讲述，这样便于直接表达内容；说自己生活中的事思路会更清晰，表达更流畅。例如：遇到“童年的记忆”“我的成长之路”“我最尊敬的人”“我的朋友”这几个话题，可以谈谈童年时的一段经历，比如小时候有一次感冒发烧，妈妈带着我去医院看病的经历。

（五）熟练掌握测试流程，避免操作失误

普通话测试站对参加测试的人员在测前都进行考前培训辅导。可以先了解一下普通话水平测试的全过程，做好相应准备，到考场上不至于因为某个环节和预想的情况不一致而手忙脚乱无所适从。

附录 8　命题说话参考提纲

（一）我的愿望

1. 我的愿望是做一名教师。

2. 一是能实现自己的社会价值；二是能同时教导自己的孩子；三是教师有许多业余时间，可以做自己想做的事情……

3. 小学时……初中时……有一次……还有一次……（讲故事）

（二）我的学习生活

1. 我的学习生活是有滋有味、丰富多彩的。

2. 高中时……大学时……学习普通话……学习英语……（讲故事）

3. ……这就是我有滋有味、丰富多彩的学习生活。

（三）我尊敬的人

1. 我最尊敬的人是我的语文老师。

2. 他充满正能量、学识渊博、个人修养很高、很关心学生……

3. 有一次……还有一次……（讲故事）

（四）我最喜爱的动物（或植物）

1. 我最喜爱的动物是狗。

2. 样子可爱，是我生活中的好朋友……

3. 与狗有关的趣事……（讲故事）

（五）童年的记忆

1. 每个人都有自己的童年时光，我的童年是快乐、温暖的……

2. 爸爸妈妈、爷爷奶奶、童年一起玩耍的小伙伴……

3. 爸爸妈妈带我旅行，与小伙伴玩游戏……（讲故事）

（六）我喜爱的职业（可参考“我的愿望”）

（七）难忘的旅行

1. 从小到大我去过很多地方旅行，最难忘的一次是……

2. 旅行中的人、景物、发生的故事……

3. 旅行过程中的经历、感受……

（八）我的朋友

1. 我的朋友是……外貌、性格、爱好、修养……

2. 为什么成为我的朋友。我与他（她）的故事：学习上……生活中……

3. ……他（她）就是我的朋友，一个活泼开朗、乐于助人的朋友。

（九）我喜爱的文学（或其他）艺术形式

1. 我喜爱的文学（或其他）艺术形式是小说、电影……

2. 为什么喜爱：有趣、好看、吸引人……

3. 特别是其中的人物、故事、情节……（讲故事）

（十）谈谈卫生与健康

1. 卫生与健康是紧密相关的，讲卫生是拥有健康身体的前提……

2. 生活习惯、食品卫生、环境卫生如何影响健康……（举例子）

3. 从个人卫生到环境卫生，全民爱国卫生运动……（讲故事）

（十一）我的业余生活

1. 我的业余生活主要是看书、游戏、逛街、旅游……
2. 有时候……偶尔……（讲故事）
3. ……我的业余生活非常充实，也很有意义。

（十二）我喜爱的季节（或天气）

1. 我喜爱的季节（或天气）是：春、夏、秋、冬（阴、晴、雨、雪）。
2. 为什么喜爱，有什么特点……
3. 这个季节（或天气）让我想起了什么事情……

（十三）学习普通话的体会

1. 我的体会是：简单（困难）、方法很重要、多听多读……
2. 我是如何学习普通话的，真实感受是什么……（举例子）
3. 敢于开口，掌握科学方法，循序渐进坚持练习，就一定能学好普通话。

（十四）谈谈服饰

1. 服饰是装饰人体的物品总称，包括服装、鞋、帽、袜子、手套、围巾、领带、配饰等。
2. 服饰对人的重要性。常言道：人靠衣装马靠鞍。
3. 服饰分类：按性别、年龄分类；按着装方式分类；按用途分类。
4. 服饰搭配技巧，举例子……

（十五）我的假日生活（可参考“我的业余生活”）

（十六）我的成长之路

1. 我的成长之路可以用一句话概括：在成长中学习，在学习中成长。
2. 求学之路：从小学到大学。成长之路：从记事时到今天。
3. 学习、成长的故事、经历……

（十七）谈谈科技发展与社会生活

1. 科技发展与社会生活的关系：科技让生活更美好！
2. 吃、穿、住、行、用……（举例子）
3. 过去……现在……未来……

（十八）我知道的风俗

1. 我知道的风俗有哪些：节日、婚俗、丧葬等。
2. 从古至今，中国、外国，不同地区、不同民族……
3. 除夕吃年夜饭、祭祀和守岁等；端午赛龙舟、吃粽子。
4. 讲自己的亲身经历。记得有一次……

（十九）我和体育

1. 我从小就喜欢体育，我喜欢的体育项目有篮球、足球……
2. 这些体育项目中，我经常参加的有……
3. 小学、中学、大学；春天、夏天、秋天、冬天；室内、户外、体育馆、运动场……
4. ……积极锻炼，强身健体，我和体育结下了不解之缘。

（二十）我的家乡（或熟悉的地方）

1. 我的家乡在日喀则，那里有条美丽的河……

2. 地理状况、历史沿革等。

3. 山水风光、风土人情、科教文化、经济情况……

（二十一）谈谈美食

1. 美食，顾名思义就是美味的食物……

2. 宫保鸡丁、夫妻肺片、干炒牛河、葱爆羊肉……

3. 美食色香味如何……如何烹饪……

（二十二）我喜爱的节日

1. 我喜爱的节日是：春节、元宵节、劳动节、国庆节……

2. 为什么喜欢：休闲旅游、吃喝玩乐、享受乐趣、放松身心……

3. 某年的某个节日，有一件事……（讲故事）

（二十三）我所在的集体（学校、机关、公司等）

1. 我所在的集体是什么：学校、机关、公司……

2. 我所在的集体怎么样：团结、友爱、互助、温暖……

3. 我所在的集体发生的故事：有一次……还有一次……

（二十四）谈谈社会公德（或职业道德）

1. 社会公德（或职业道德）的重要性。良好的社会秩序需要每一个人营造。

2. 内容丰富：见义勇为、诚实守信、孝老爱亲；医德、师德……

3. 举例子：正面……反面……

4. 有一次……还有一次……（讲故事）

（二十五）谈谈个人修养

1. 个人修养对一个人来说十分重要。一个人只有具有良好的个人修养，才会被他人尊重。

2. 我有个朋友，他的个人修养就很高。有一次……还有一次……

3. 反面：有一次……还有一次……

（二十六）我喜爱的明星（或其他知名人士）

1. 我喜爱的明星（或其他知名人士）是……

2. 为什么喜爱：学识、品德、技艺等。

3. 他的某些行为让人印象深刻。有一次……

（二十七）我喜爱的书刊

1. 我喜爱的书刊是……

2. 为什么喜爱，有哪些优点。朴实无华，充满了睿智和浓郁的人情味……

3. 特别是其中……（讲故事）

（二十八）谈谈对环境保护的认识

1. 随着科学技术的不断进步，现代工业日益发展，地球生态环境不断恶化，环境污染已越来越严重，给人类身体健康造成了极大的危害，保护环境已成为全人类共同关注的问题。

2. 举例子：气候变暖、空气污染、雾霾等。

3. 让我们行动起来吧！为了你、我、他的身体健康，让我们共同创造一个绿色的家园。

（二十九）我向往的地方

1. 我向往的地方是……

2. 为什么向往：那里的山美、水美、人美……生活方式……

3. 有一次……有一个地方……（讲故事）

（三十）购物（消费）的感受

1. 购物（消费）的感受是……（累，爽，刺激）

2. 为什么有这样的感受。选择商品费时；购买商品费钱；退换商品费事。

3. 有一次……还有一次……（讲故事）

第五章

国家普通话水平测试试卷 30 套（全真模拟）

考试说明

普通话水平测试测查应试人的普通话规范程度、熟练程度，认定其普通话水平等级，属于标准参考性考试。近几年，语音识别技术得到迅猛发展，普通话水平测试进入计算机辅助测试的新阶段，计算机对前三题立即评分，第四题则由省级以上测试员评分，两部分分值之和即是考生的总分，普通话水平智能测试使测试工作更加科学化、规范化和标准化。普通话水平测试全程采用读、说等口语表达方式进行，测试的内容包括有文字凭借的和没有文字凭借的两部分，涵盖普通话语音、词汇和语法。

测试程序

在普通话测试的报名、缴费、身份验证、信息采集、试音、测试、查询成绩、领取证书各个环节中，不同的测试点可能会有一些差异。

普通话测试的一般程序是：应试者进入试场后，出示准考证，身份证刷卡验证，采集指纹照片，抽签确定试卷，登录试音，按试卷内容逐一进行测试。

测试注意事项

☑ 请插上带麦克风的耳机大声朗读，这样测试效果最好

☑ 请避免环境噪声的干扰

☑ 请不要说与试卷无关的内容

☑ 第一题读单音节字词、第二题读多音节词语，请横向朗读

☑ 完成一题后，请点击“下一题”按钮，进入下一部分的测试

☑ 第四题“命题说话”答题开头建议为：我选择的命题说话的题目是……

常见问题

在上机进行智能测试的过程中，会出现测试失败的情况，主要原因是：

（1）考生不熟悉电脑或考试系统的操作，造成耳机佩戴错误、话筒关闭；

（2）考生在试音或正式考试时音量太小或太大，导致试音或评测失败；

（3）考生读完一题不主动点击“下一题”，造成测试时间过长，录入空白杂音影响成绩；

（4）个别考生在读字词时速度不均匀，有漏行错行现象；

（5）考生第四题“命题说话”的答题时间不足 3 分钟；

（6）计算机在考试过程中突然发生故障，造成测试失败。

因此有必要在考前培训中加强对测试流程和测试操作的熟练，安排考生在参加正式考试之前进行模拟测试，模拟的内容包括测试环境、计算机操作、测试系统的操作等。

普通话水平智能测试的备考流程和考试流程，考前培训可以有针对性地列出注意事项，如：

（1）耳机佩戴好之后不要用手扶或握住话筒，耳机线上的话筒开关也不要随意关闭；

（2）试音时应保持较洪亮的声音和正常的语速，并且跟测试过程中的音量保持一致；

（3）测试过程中不要说与测试内容无关的话，“说话”题要等到系统结束测试才能停止；

（4）结束离场时要马上安静地离开，不能与同场考生交流或大声喧哗，以免影响他人的正常测试。

样　卷

扫一扫听示范录音

一、读单音节字词（100 个音节，共 10 分，限时 3.5 分钟）

床	根	直	云	娘	德	蹿	拽	抹	队
觉	应	填	门	朵	每	落	夫	太	亩
若	丝	标	收	好	丢	中	躺	瓶	瓮
花	扔	从	春	秦	理	奏	铝	凡	观
奴	越	劝	屯	价	非	讲	薄	啐	小
腿	史	乘	夏	二	切	瓦	顶	块	熊
满	渍	空	塞	即	磷	乎	水	辨	旗
感	咧	折	超	筐	刚	单	求	嗤	幸
崽	揪	斋	冯	续	航	咂	损	滨	穷
篇	脓	筏	瞥	篆	选	广	赠	爪	量

二、读多音节词语（100 个音节，共 20 分，限时 2.5 分钟）

裁军	错综复杂	卓越	豪华	衰弱
怎么	半空	撒谎	祈求	墨汁儿
相似	尖端	炯炯	引水	临终
认定	耗费	体操	共产党	偏旁
跳高儿	去年	吞没	侄女	开春儿
乡下	绷带	短缺	清静	鬼脸
和谐	马褂	丰富	广场	子女
安定	哲学	假日	水土	专长
衰败	自称	劝慰	生产力	识别
投标	富翁	门口儿		

三、朗读短文（400 个音节，共 30 分，限时 4 分钟）

作品 15 号

四、命题说话（请在下列话题中任选一个，共 40 分，限时 3 分钟）

1. 我的假日生活　　2. 我喜爱的职业

范例：我的假日生活

由于工作的原因，假日对于我来说，比那些朝九晚五的上班族要多得多。因而，我的假日生活的安排也就可以更为从容。按季节来说的话，一般春天我会比较多地安排一些旅游的时间。俗话说，一年之计在于春。春天是一年中最好的季节，但是往往春天到来的时候，中国北方还处于春寒料峭之中，而中国的南方则是繁花似锦，暖风熏得游人醉了。所以，在这个季节，到中国南方的一些地方去走一走，看一看，感受春意如酒，无边春色，实在是一件赏心悦目的事情。所以每到这个季节，我总是喜欢去南方的一些小城市旅游，在那里小住几天，走一走，逛一逛，尝一尝地方的美食，体验一下地方的民俗风情，为这个漫长的冬天而积累下来的单调臃肿的心情放一个假。紧随着春天而来的是夏天。没有比炎热的夏天在海边吹着海风，吃着海鲜更惬意的事情了。所以每到夏天，我会选择去海边度假。夏天的海充满了魅力，夏天的海滩是无数人向往的地方。光着脚丫走在松软的沙滩上，耳边听着声声海浪，海鸥在海上飞来飞去，蔚蓝的天空，碧蓝的海，惬意的游人，凉爽而舒适。秋天是北京一年四季中最迷人、最有魅力的季节。在秋天，我会选择在假日去爬山。北京的香山是著名的红叶之山，秋天爬香山几乎成了大家约定俗成的一件事情了。边爬山边欣赏着满山的红叶。阳光在红叶上投射出迷人的光斑，让人觉得时光就像水一样，在心里激起动人的涟漪。另外，秋天是收获的季节。在秋天有假期的时候，我会选择回到家乡，回到那个从小一直生活成长的地方，在感受一下收获的喜悦以及农作物的清香，仿佛又回到了遥远的童年时代，心中充满欢喜。北京的冬天很舒服，因为北京有暖气，所以在冬天的时候，我一般假期都会窝在家里看一看自己喜欢的电影、书籍，欣赏音乐，或者是自己动手做一些美食。总而言之，冬天是一个适合宅在家里享受的季节。当然，这里还有一个问题，那就是你还要提防会发胖。好了，这就是我的假日生活，也希望大家都有一个美好的假日。

试卷一

一、读单音节字词（100 个音节，共 10 分，限时 3.5 分钟）

涡	纵	详	舜	管	孙	特	松	晒	敛
儿	测	筏	线	独	扣	镁	群	艇	黑
讽	佑	蝶	耀	焚	葱	访	次	缩	字
摹	蛙	蛋	乃	恰	拿	帽	伤	怒	乖
陈	辱	踹	辽	耗	盘	拘	贬	抓	村
训	水	绒	柳	捐	鼓	翁	甲	破	七
羽	胎	贼	刚	承	瞥	蹦	远	蕊	雄
灭	头	猛	盈	袋	晚	昂	准	寝	腔
略	亡	巴	是	比	堆	砍	糟	黄	窘
杂	招	尺	临	恩	奎	爽	决	踢	细

二、读多音节词语（100 个音节，共 20 分，限时 2.5 分钟）

纯粹	公有制	隔壁	下面	存在
特征	发表	被窝儿	富翁	佛经
运输	填充	大娘	爽快	毛驴儿
开放	成果	物品	消息	强盗
主张	窘迫	袋子	冷水	落日
搜刮	进口	安全	蛋黄儿	男女
奋勇	机械化	逃窜	然而	缓解
人群	别扭	恐龙	医学	类似
明确	纳闷儿	亏损	恰当	平原
未曾	作怪	船台	超额	

三、朗读短文（400 个音节，共 30 分，限时 4 分钟）

作品 8 号

四、命题说话（请在下列话题中任选一个，共 40 分，限时 3 分钟）

1. 我喜欢的季节（或天气）　2. 学习普通话的体会

试卷二

一、读单音节字词（100 个音节，共 10 分，限时 3.5 分钟）

逆	塘	播	频	姓	蹄	篾	匹	窜	伟
雄	尺	摘	祥	鳖	穷	宇	德	务	准
院	嗓	卦	决	贩	水	褐	往	氨	磁
柬	川	劝	仰	修	驼	坑	脑	牧	蕊
均	晒	表	僧	料	双	嘴	坤	耳	至
刷	尘	滚	摸	授	捣	辣	听	纵	龙
越	藕	层	踹	居	碗	鸭	谜	窟	婶
牛	张	很	熔	擦	柔	窝	兰	错	黑
噙	消	内	损	辈	枫	拐	鞭	瞧	责
纺	云	缕	偏	夏	犊	嫩	扯	渠	愁

二、读多音节词语（100 个音节，共 20 分，限时 2.5 分钟）

大多	恰好	基本功	倒挂	宣传
唱歌儿	扭曲	门槛儿	雄伟	亏损
佛寺	眼前	群众	觉得	男女
上层	才能	增长	弹簧	月亮
划分	抽空儿	坏人	修改	养活
然而	钢铁	面临	博爱	小瓮儿
配合	村庄	手法	咖啡	理解
外科	平行	靠不住	标准	募捐
专家	麦子	时日	裸体	东欧
岁数	频率	风起云涌		

三、朗读短文（400 个音节，共 30 分，限时 4 分钟）

作品 11 号

四、命题说话（请在下列话题中任选一个，共 40 分，限时 3 分钟）

1. 学习普通话的体会　　2. 难忘的旅行

试卷三

一、读单音节字词（100 个音节，共 10 分，限时 3.5 分钟）

抓	词	免	波	很	蹿	窘	川	簇	损
墩	唱	遵	略	州	逃	组	仍	滤	末
北	您	抖	瓮	雏	用	奎	糟	艘	蟹
云	登	块	柑	伐	缺	愁	诚	庵	仿
牙	栋	坪	拐	僻	额	貂	死	源	剑
活	犬	梭	氦	苯	驱	咧	礁	世	铃
征	坟	闭	抬	民	推	陪	宰	鹿	牛
戒	凝	二	寡	怯	闻	享	茬	下	米
勺	黑	效	筐	皖	畔	肿	天	者	军
一	腔	拟	耗	软	捻	朽	让	线	壶

二、读多音节词语（100 个音节，共 20 分，限时 2.5 分钟）

通讯	清楚	调和	悄声	补丁
上下	拥有	虐待	逃窜	帮忙
难怪	科学家	场所	钢铁	另外
从小	人影儿	分配	仍然	将军
感慨	妇女	崩溃	因而	一直
必须	窘迫	挨个儿	打倒	木偶
权力	门洞儿	硫酸	别扭	双亲
黄昏	脸盘儿	榨取	眉头	千瓦
佛像	笼子	操作	疲倦	遵照
维持	金丝猴	周年	抓获	

三、朗读短文（400 个音节，共 30 分，限时 4 分钟）

作品 9 号

四、命题说话（请在下列话题中任选一个，共 40 分，限时 3 分钟）

1. 我的家乡（或熟悉的地方）　　2. 谈谈美食

试卷四

一、读单音节字词（100 个音节，共 10 分，限时 3.5 分钟）

而	蹭	牌	跳	选	航	纱	犁	毁	持
汪	署	穷	粗	甩	烈	驳	闰	凝	逼
免	靠	嗓	纵	皖	跤	笨	丢	骗	膜
子	家	治	磁	夏	腔	爽	舰	孔	箱
叙	蒸	仪	跌	费	源	汝	秋	俗	剧
歌	秒	退	眨	鬓	昏	容	歪	团	贼
掠	秆	稻	添	景	飘	探	东	尹	搜
法	群	沟	拿	呕	抓	昂	碰	果	份
钞	踩	女	捶	奶	跪	文	锁	云	糠
雄	扯	瘫	板	劳	扔	桦	眸	起	曰

二、读多音节词语（100 个音节，共 20 分，限时 2.5 分钟）

夸张	程序	烟卷儿	频率	画面
维生素	白净	恰当	坏人	下列
飞跃	穷苦	力量	传统	从而
往日	男女	握手	佛教	厚道
旁听	转悠	追求	虐待	责怪
天体	循环	小丑儿	保存	虽然
太平	审美	放射	解脱	伯母
宣布	底子	封锁	大娘	军事
纳闷儿	功用	其次	状况	轻音乐
红润	展览	作恶	挨个儿	

三、朗读短文（400 个音节，共 30 分，限时 4 分钟）

作品 13 号

四、命题说话（请在下列话题中任选一个，共 40 分，限时 3 分钟）

1. 我的学习生活　　2. 谈谈服饰

试卷五

一、读单音节字词（100 个音节，共 10 分，限时 3.5 分钟）

家	彼	剩	展	霸	栓	曼	尤	沁	摘
我	修	娘	染	砌	池	末	屯	傲	塔
呆	眸	封	榜	坤	逃	恐	蔫	闯	焦
仍	鸥	溺	儿	垦	胸	弱	巢	锅	芽
兑	哲	却	窖	浑	均	狠	酥	北	宗
颇	穗	祖	肥	饼	蹬	贡	跌	敛	根
女	元	精	团	选	寸	赏	财	嗓	劣
次	瓶	撬	流	蛙	粮	搔	您	子	围
爬	略	宠	侧	乖	运	食	放	耍	苗
竖	慌	拄	外	追	严	米	奏	许	欠

二、读多音节词语（100 个音节，共 20 分，限时 2.5 分钟）

高尚	共产党	疲倦	热闹	品种
虐待	好转	参观	佛典	会计
耕作	训练	夸张	蜜枣儿	河流
丰盛	学者	被窝儿	图案	亏损
舌头	主人翁	滥用	农村	迈进
窘迫	阳光	标语	刷新	没词儿
军队	两边	幼年	撒谎	情怀
儿童	出圈儿	狂笑	接洽	时候
遵守	镇压	饲料	撇开	大娘
屈服	日程	方兴未艾		

三、朗读短文（400 个音节，共 30 分，限时 4 分钟）

作品 19 号

四、命题说话（请在下列话题中任选一个，共 40 分，限时 3 分钟）

1. 我喜爱的动物（或植物）　　2. 我的假日生活

试卷六

一、读单音节字词（100 个音节，共 10 分，限时 3.5 分钟）

诗	策	窘	雾	浇	日	洼	棋	胎	全
虚	简	热	踢	月	居	俏	尝	痛	美
歌	朽	帆	荣	招	乏	外	芽	饥	娘
咧	云	洒	垫	儿	准	踹	含	轨	孟
选	辉	万	柯	烫	窄	踱	训	呆	拔
抵	吠	礼	橙	祝	栏	眨	足	宝	渔
念	谋	雇	聋	偶	您	袄	抓	垦	穗
戳	广	贴	墙	蕊	僧	瘦	摸	洽	胸
傍	磁	馆	宇	酸	饼	丢	谎	颇	沉
略	延	舜	才	邓	瞟	抄	平	叩	怎

二、读多音节词语（100 个音节，共 20 分，限时 2.5 分钟）

策略	中外	主人翁	恰当	灾难
佛法	盎然	压力	大伙儿	规格
作者	孙女	水鸟	消灭	政权
荒谬	面孔	宣布	客气	英雄
挂帅	牛顿	悲哀	群体	钻头
收成	串联	开会	根据	国王
花瓶	办公室	审美	新娘	坎肩儿
日益	窘迫	军粮	月份	嫂子
而且	叫好儿	图钉儿	思考	先生
拼凑	引导	出类拔萃		

三、朗读短文（400 个音节，共 30 分，限时 4 分钟）

作品 21 号

四、命题说话（请在下列话题中任选一个，共 40 分，限时 3 分钟）

1. 我喜爱的职业　　2. 我和体育

试卷七

一、读单音节字词（100 个音节，共 10 分，限时 3.5 分钟）

忘	酸	粤	兜	悬	扯	弓	喂	从	眨
叹	绞	忠	咧	腥	泛	驱	袄	踱	迁
项	佐	后	蜂	谬	拔	用	耍	疗	厂
拿	生	而	孙	许	掐	碰	嘴	瓮	裙
其	至	疼	垮	隔	摘	测	贼	君	蒋
侵	踹	您	呆	饱	浑	古	伶	缓	掠
该	次	鼻	末	跟	饶	恐	台	艘	谎
炎	说	团	润	窟	外	壤	下	蠢	瞥
窘	博	粪	袁	贬	髻	脸	设	恩	募
堪	水	宇	眯	碾	丢	阵	胚	住	迟

二、读多音节词语（100 个音节，共 20 分，限时 2.5 分钟）

授予	难怪	力量	责任感	今日
苍穹	少女	名牌儿	窘迫	疼痛
温带	部分	换算	侦察	健全
花瓶儿	恰巧	风格	半导体	报废
红娘	谬误	国王	悲哀	吵嘴
诚恳	从而	侵略	火苗儿	卤水
佛教	未遂	牛犊	似的	旋转
快乐	西欧	意思	发狂	掌管
血液	小说儿	仍然	爪子	电压
存在	均匀	后面	编写	

三、朗读短文（400 个音节，共 30 分，限时 4 分钟）

作品 32 号

四、命题说话（请在下列话题中任选一个，共 40 分，限时 3 分钟）

1. 我的假日生活　　2. 谈谈对环境保护的认识

试卷八

一、读单音节字词（100 个音节，共 10 分，限时 3.5 分钟）

溺	胚	狼	逛	决	锅	贼	典	项	童
藕	陈	砂	而	米	云	历	堆	晒	元
撰	酉	瓮	斩	芽	女	闰	叠	宫	层
善	寻	注	雄	剂	蕊	沁	高	坏	踱
误	巴	乃	塘	腮	氧	遮	缓	怯	组
荒	垮	冒	剖	吻	平	子	擦	岸	粉
狗	持	歪	整	双	渴	救	叼	法	词
箔	肿	加	肯	瑟	艇	料	师	写	松
戳	穷	亏	劝	编	愣	居	昂	芯	柄
笨	衡	末	团	腹	牢	洼	陶	缺	壤

二、读多音节词语（100 个音节，共 20 分，限时 2.5 分钟）

案子	恰如	公民	虐待	光照
旦角儿	撇开	佛像	荒谬	红包儿
波谷	另外	分泌	存在	捐款
占用	老爷	配合	主人翁	上层
党委	快乐	增长	掉价儿	青蛙
落日	从而	冠军	天体	胶片
邮戳儿	线圈	咳嗽	大娘	土匪
昂首	沙发	火车	西欧	死板
刷新	传染病	群众	闺女	亏损
英雄	区域	海市蜃楼		

三、朗读短文（400 个音节，共 30 分，限时 4 分钟）

作品 1 号

四、命题说话（请在下列话题中任选一个，共 40 分，限时 3 分钟）

1. 购物（消费）的感受　　2. 我喜欢的明星（或其他知名人士）

试卷九

一、读单音节字词（100 个音节，共 10 分，限时 3.5 分钟）

啃	蝶	波	囊	餐	耳	白	讲	跟	险
持	惧	闯	彭	内	乳	浙	摸	黯	则
诉	睁	敛	黑	踹	导	厘	广	投	景
随	奉	存	懂	笙	用	诊	词	胀	牙
丙	柔	洽	艇	热	穷	女	箭	稳	铭
浦	舜	鸥	窈	心	垮	曹	袜	脂	辣
弓	洒	盒	滥	歪	退	穴	篾	条	再
元	滨	选	耗	熏	爬	日	乌	枪	运
拴	裂	说	脓	吼	姬	附	肠	果	泛
宽	淌	丢	子	篇	察	拔	囚	酸	胞

二、读多音节词语（100 个音节，共 20 分，限时 2.5 分钟）

镇压	玩耍	拉链儿	宣传	拇指
安慰	探索	无穷	有劲儿	席卷
挫折	于是	陡坡	繁荣	家长
何尝	可以	然而	胸脯	开窍儿
盗贼	豪华	亏损	框子	后天
农村	怀抱	荧光屏	灭亡	打嗝儿
收藏	迅速	烧饼	人群	钢铁
佛经	虐待	成本	闺女	强调
侵略	能量	外面	四周	矮小
你们	做梦	非法	留声机	

三、朗读短文（400 个音节，共 30 分，限时 4 分钟）

作品 36 号

四、命题说话（请在下列话题中任选一个，共 40 分，限时 3 分钟）

1. 我喜爱的动物（或植物）　2. 我的家乡（或熟悉的地方）

试卷十

一、读单音节字词（100 个音节，共 10 分，限时 3.5 分钟）

呕	锐	蛇	啃	罚	浪	选	末	穷	搬
弥	枪	簧	梭	晚	军	而	综	矩	星
刊	料	纯	泛	脓	杯	傍	奶	篮	改
来	者	蒸	遍	搜	恒	免	四	攀	找
柔	赴	拐	祥	乌	迟	恩	逛	由	歉
翁	立	洒	穆	纸	颇	权	括	文	槽
运	篇	滑	恰	拟	拔	语	缎	甲	笨
戳	嗅	刷	准	薛	杠	公	尊	梅	窘
黑	次	抵	凑	摔	隐	蜂	软	钓	野
亭	嘴	贴	送	暖	术	您	讨	盆	疼

二、读多音节词语（100 个音节，共 20 分，限时 2.5 分钟）

艺术家	恰好	缩短	外国	口述
饼子	旋转	雨点儿	捐赠	临床
窘迫	针鼻儿	确定	荒谬	附庸
挖潜	日历	摧毁	抖擞	含糊
战略	通常	侧面	因而	大娘
况且	挎包	心思	佛经	分成
主人翁	遵循	率领	优良	挨个儿
高昂	跳蚤	撇开	描写	苍白
女工	世纪	温暖	仍旧	胚胎
煤炭	看法	群众	线轴儿	

三、朗读短文（400 个音节，共 30 分，限时 4 分钟）

作品 3 号

四、命题说话（请在下列话题中任选一个，共 40 分，限时 3 分钟）

1. 我向往的地方　　2. 谈谈科技发展与社会生活

试卷十一

一、读单音节字词（100 个音节，共 10 分，限时 3.5 分钟）

柴	有	家	悦	贼	控	川	恒	尊	拔
此	滩	虫	土	瓢	瑟	托	耳	堆	挡
捷	胎	撤	拈	癖	原	朵	放	滚	歪
雄	判	眉	自	码	赛	皇	卧	嘘	耐
绺	恩	射	皿	池	香	指	绳	捆	夏
帛	枪	鳞	松	膜	袄	瘸	稿	凝	蔗
槽	负	刁	软	赵	翁	驯	亏	某	桩
瞥	既	耍	用	群	尚	柔	耕	蚕	眨
盆	碧	猪	垮	练	蕊	肾	膺	娶	另
碗	踹	根	户	期	犯	缰	垒	绢	灰

二、读多音节词语（100 个音节，共 20 分，限时 2.5 分钟）

眷恋	贫穷	舌头	分工	配合
定律	红军	创造	开业	人群
上吊	剥削	空子	哈密瓜	佛经
地层	安排	舒坦	然而	支持
谬论	元素	苟且	纳粹	稳当
区别	小瓮儿	思索	妇女	夏天
麻花儿	南方	总额	家乡	紧缺
垂危	被窝儿	柔软	封闭	王后
啄木鸟	线轴儿	应用	扭转	率领
快乐	高昂	抑扬顿挫		

三、朗读短文（400 个音节，共 30 分，限时 4 分钟）

作品 41 号

四、命题说话（请在下列话题中任选一个，共 40 分，限时 3 分钟）

1. 我喜爱的职业　　2. 购物（消费）的感受

试卷十二

一、读单音节字词（100 个音节，共 10 分，限时 3.5 分钟）

靶	桌	饱	蹭	明	匪	快	奖	胸	圃
撅	取	迟	润	焉	信	腮	莫	冯	稻
瘟	镭	嫩	云	炙	袍	用	族	访	梁
米	烤	糖	洒	航	根	融	税	儿	旅
狂	瓮	丢	泣	语	愣	您	谷	贫	摊
梨	穿	秒	下	抠	摆	捐	四	搓	帐
软	烘	灭	臻	田	鸭	始	抓	位	拿
波	德	庵	攥	我	妇	惨	训	拐	跷
穴	铁	荒	躲	笨	爽	辙	钧	癌	砂
揍	卿	垮	评	忌	恒	派	全	吹	次

二、读多音节词语（100 个音节，共 20 分，限时 2.5 分钟）

累赘	发愣	外面	酒盅儿	似乎
怎么	赔偿	勘察	妨碍	辨别
调整	少女	做活儿	完全	霓虹灯
疯狂	从而	入学	夸奖	回去
篡夺	秧歌	夏季	钢铁	佛典
沙尘	存在	请求	国王	今日
虐待	花瓶儿	难怪	产品	掉头
遭受	露馅儿	人群	压力	材料
窘迫	亏损	翱翔	永远	一辈子
通讯	敏感	不速之客		

三、朗读短文（400 个音节，共 30 分，限时 4 分钟）

作品 50 号

四、命题说话（请在下列话题中任选一个，共 40 分，限时 3 分钟）

1. 我喜欢的明星（或其他知名人士）　2. 我向往的地方

试卷十三

一、读单音节字词（100 个音节，共 10 分，限时 3.5 分钟）

杯	藻	惩	演	脓	掠	戳	惯	衡	手
谜	画	饶	选	穷	日	峦	帕	返	苍
闯	薪	嘴	锋	洒	瓶	伞	腔	怎	靠
两	群	征	圆	甩	内	梢	德	标	谬
雄	豆	糊	抠	窈	波	盆	丢	耳	滨
罚	伸	习	这	他	渺	来	拣	跃	囊
快	瞻	次	寡	卖	吻	突	嗓	吴	恩
甜	聚	耍	翁	膜	闰	烘	恰	鹅	氯
岁	禀	攥	惨	鸭	竭	翡	粗	脊	妆
鞋	盾	师	拱	电	国	四	徽	运	准

二、读多音节词语（100 个音节，共 20 分，限时 2.5 分钟）

钢铁	来不及	扯皮	钉子	棉花
财产	战略	双亲	个别	奔跑
如下	关卡	累赘	疯狂	胸脯
首尾	折磨	婴儿	逗乐儿	安全
大娘	作品	佛寺	工程师	送信儿
仍然	谬论	坎肩儿	质量	杀害
农村	穷人	虐待	吹牛	侨眷
摧毁	在乎	完备	怀念	允许
骄傲	群众	以外	夸张	跳高儿
富翁	畅所欲言	黄桃		

三、朗读短文（400 个音节，共 30 分，限时 4 分钟）

作品 60 号

四、命题说话（请在下列话题中任选一个，共 40 分，限时 3 分钟）

1. 谈谈科技发展与社会生活　　2. 我知道的风俗

试卷十四

一、读单音节字词（100 个音节，共 10 分，限时 3.5 分钟）

爸	期	谬	粉	俗	标	茶	胸	懂	沟
斜	府	菊	训	踱	仓	屡	您	笨	毛
裤	婚	团	稳	圣	草	憋	暖	艘	恩
瞒	窘	羹	赚	痒	绕	王	宇	旷	北
潜	略	庄	壤	科	沈	彻	袍	掉	吹
耳	固	此	贤	耍	培	摄	牙	隶	准
聂	捐	醉	绒	案	领	税	领	增	挪
典	跳	摸	桨	圆	凤	霜	吼	下	擎
海	批	伞	揪	月	抓	淮	吃	直	破
趋	脸	歪	堂	擦	台	酸	寝	云	秒

二、读多音节词语（100 个音节，共 20 分，限时 2.5 分钟）

胡琴	傍晚	虐待	许久	手工业
佛教	正好	人群	耳垂儿	转脸
强大	矿产	宣布	冻疮	定额
亏损	构成	丧葬	男女	略微
村子	红领巾	夏天	拥挤	电能
挨个儿	愉快	青蛙	彼此	坍塌
窘迫	云彩	谬误	权力	超过
分配	老实	消费	夸张	核算
扇面儿	假若	作怪	撇开	富翁
蜜枣儿	着重	新娘	日后	

三、朗读短文（400 个音节，共 30 分，限时 4 分钟）

作品 23 号

四、命题说话（请在下列话题中任选一个，共 40 分，限时 3 分钟）

1. 我的学习生活　　2. 我喜欢的节日

试卷十五

一、读单音节字词（100 个音节，共 10 分，限时 3.5 分钟）

程	丝	权	稍	云	黑	唇	拐	怜	摸
决	碰	斩	奉	牙	啮	款	倍	吃	怒
袍	震	而	妥	潭	弃	环	恩	彻	汞
暑	猜	挪	辆	法	弥	笨	霖	麦	肌
农	婚	律	贼	塌	下	村	房	谬	磁
热	须	扰	刷	统	匆	纱	我	枪	瑞
版	眸	杜	腮	串	丢	窘	破	挖	选
绳	纸	催	影	锹	走	越	反	训	巅
涩	广	跌	岩	畏	昂	踹	嘴	胸	桃
滚	条	垒	痕	框	渴	仓	谨	笔	荆

二、读多音节词语（100 个音节，共 20 分，限时 2.5 分钟）

成为	交流	私人	念叨	财政
打击	辩驳	科学家	土匪	坚持
定律	小瓮儿	干脆	少女	佛像
双重	战略	嗓子	奇怪	红润
话筒	谬论	亲切	命运	群体
望远镜	赔偿	超额	罚款	婴儿
老头儿	收购	主宰	障碍	她们
繁殖	奔涌	妥当	马匹	新娘
核算	豆芽儿	撇开	做活儿	衰弱
线圈	八卦	层出不穷		

三、朗读短文（400 个音节，共 30 分，限时 4 分钟）

作品 7 号

四、命题说话（请在下列话题中任选一个，共 40 分，限时 3 分钟）

1. 我喜爱的书刊　　2. 谈谈对环境保护的认识

试卷十六

一、读单音节字词（100 个音节，共 10 分，限时 3.5 分钟）

溺	胚	狼	逛	决	锅	贼	典	项	童
藕	陈	砂	而	米	云	历	堆	晒	元
撰	酉	瓮	斩	芽	女	闰	叠	宫	层
善	寻	注	雄	剂	蕊	沁	高	坏	踱
误	巴	乃	塘	腮	氧	遮	缓	怯	组
荒	垮	冒	剖	吻	平	子	擦	岸	粉
狗	持	歪	整	双	渴	救	叨	法	词
箔	肿	加	肯	瑟	艇	料	师	写	松
戳	穷	亏	劝	编	愣	居	昂	芯	笨
衡	末	团	腹	牢	洼	陶	缺	柄	壤

二、读多音节词语（100 个音节，共 20 分，限时 2.5 分钟）

案子	恰如	公民	虐待	光照
旦角儿	撇开	佛像	荒谬	红包儿
波谷	另外	分泌	存在	捐款
占用	老爷	配合	主人翁	上层
党委	快乐	增长	掉价儿	青蛙
落日	从而	冠军	天体	胶片
邮戳儿	线圈	咳嗽	大娘	土匪
昂首	沙发	火车	西欧	死板
刷新	传染病	群众	闺女	亏损
英雄	区域	海市蜃楼		

三、朗读短文（400 个音节，共 30 分，限时 4 分钟）

作品 10 号

四、命题说话（请在下列话题中任选一个，共 40 分，限时 3 分钟）

1. 难忘的旅行　　2. 谈谈服饰

试卷十七

一、读单音节字词（100 个音节，共 10 分，限时 3.5 分钟）

廊	踩	葬	唇	甲	坠	栋	烤	抓	院
怀	袄	云	伙	坝	纠	犁	缺	伍	襟
掉	趴	草	瞥	括	粗	填	蹿	穷	黑
范	夕	井	涉	评	北	型	四	绒	氨
洛	雨	圣	偷	暮	晚	字	争	筹	碟
粪	棱	均	特	栽	抵	膜	钓	峰	盆
厢	褶	恰	胎	臣	拐	粤	荡	慌	算
砷	永	如	捺	魂	款	绪	潮	伞	浓
巧	王	买	流	娶	鼻	吃	准	骗	娘
广	日	波	选	鬓	霜	耳	刮	防	嘴

二、读多音节词语（100 个音节，共 20 分，限时 2.5 分钟）

昂贵	缺乏	快板儿	频率	花鸟
内外	贩子	价值	怎么	刷新
大娘	爱好	小瓮儿	感慨	临床
猫头鹰	拱桥	循环	钢铁	咳嗽
舞蹈	佛典	被窝儿	权利	终身
扭转	破坏	宾主	军队	融合
根据地	挫折	汹涌	成名	意思
疲倦	清爽	仍旧	棉球儿	虽说
病人	天下	节日	粗略	早春
善良	存在	不言而喻		

三、朗读短文（400 个音节，共 30 分，限时 4 分钟）

作品 17 号

四、命题说话（请在下列话题中任选一个，共 40 分，限时 3 分钟）

1. 我喜爱的文学（或其他）艺术形式　　2. 我的朋友

试卷十八

一、读单音节字词（100 个音节，共 10 分，限时 3.5 分钟）

跷	慎	兵	对	挖	窄	赎	攻	爽	沿
丛	歪	臂	末	甫	盼	软	胸	去	埂
蚕	汪	奏	勺	篾	坟	掠	娘	等	联
拐	派	犹	下	扭	旦	纬	畦	惹	而
若	挥	眨	寻	恩	权	很	遵	控	昌
考	洪	疯	凝	丑	颇	池	靶	军	垒
购	两	内	泽	煎	梅	雪	梦	倾	腻
奎	义	铝	鳖	影	周	策	辛	我	条
故	唐	谎	逃	枝	材	窘	抓	价	篇
帐	鳃	额	筋	远	自	蹿	墓	四	洒

二、读多音节词语（100 个音节，共 20 分，限时 2.5 分钟）

累赘	发愣	外面	酒盅儿	似乎
怎么	赔偿	勘察	妨碍	辨别
调整	少女	做活儿	完全	霓虹灯
疯狂	从而	入学	夸奖	回去
篡夺	秧歌	夏季	钢铁	佛典
沙尘	存在	请求	国王	今日
虐待	花瓶儿	难怪	产品	掉头
遭受	露馅儿	人群	压力	材料
窘迫	亏损	翱翔	永远	一辈子
通讯	敏感	不速之客		

三、朗读短文（400 个音节，共 30 分，限时 4 分钟）

作品 30 号

四、命题说话（请在下列话题中任选一个，共 40 分，限时 3 分钟）

1. 童年的记忆　　2. 谈谈卫生与健康

试卷十九

一、读单音节字词（100 个音节，共 10 分，限时 3.5 分钟）

靶	桌	饱	蹭	明	匪	快	奖	胸	圃
撅	取	迟	润	焉	信	腮	莫	冯	稻
瘟	镭	嫩	云	炙	袍	用	族	访	梁
米	烤	糖	洒	航	根	融	税	儿	旅
狂	瓮	丢	泣	语	愣	您	谷	贫	摊
梨	穿	秒	下	抠	摆	捐	四	搓	帐
软	烘	灭	臻	田	鸭	始	抓	位	拿
波	德	庵	攥	我	妇	惨	训	拐	跷
穴	铁	荒	躲	笨	爽	辙	钧	癌	砂
揍	卿	垮	评	忌	恒	派	全	吹	次

二、读多音节词语（100 个音节，共 20 分，限时 2.5 分钟）

贵宾	门铃儿	财政	佛典	探讨
柔软	生长	决议	少女	琵琶
骄傲	爽快	营养	关卡	连累
人群	外地	口腔	笑话儿	成本
细菌	富翁	方法论	产品	下午
窘迫	虐待	然而	公司	未曾
宣传	盗贼	苍白	随后	挨个儿
反省	贴切	那么	荒谬	大战
抓阄儿	处于	亏损	年轻	合作社
原料	挪用	自始至终		

三、朗读短文（400 个音节，共 30 分，限时 4 分钟）

作品 16 号

四、命题说话（请在下列话题中任选一个，共 40 分，限时 3 分钟）

1. 我喜爱的职业　　2. 我的家乡（或熟悉的地方）

试卷二十

一、读单音节字词（100 个音节，共 10 分，限时 3.5 分钟）

逆	塘	播	频	姓	蹄	篾	匹	窜	伟
雄	尺	摘	祥	鳖	穷	字	德	务	准
院	嗓	卦	决	贩	水	褐	往	氨	磁
柬	川	劝	仰	修	驼	坑	脑	牧	蕊
均	晒	表	僧	料	双	嘴	坤	耳	至
刷	尘	滚	摸	授	捣	辣	听	龙	越
藕	层	踹	居	碗	鸭	谜	婶	牛	张
很	熔	擦	柔	窝	兰	黑	噙	消	内
损	辈	枫	拐	鞭	责	纺	云	缕	偏
夏	犊	嫩	扯	愁	纵	窟	错	瞧	渠

二、读多音节词语（100 个音节，共 20 分，限时 2.5 分钟）

大多	恰好	基本功	倒挂	宣传
唱歌儿	扭曲	门槛儿	雄伟	亏损
佛寺	眼前	群众	觉得	男女
上层	才能	增长	弹簧	月亮
划分	抽空儿	坏人	修改	养活
然而	钢铁	面临	博爱	小瓮儿
配合	村庄	手法	咖啡	理解
外科	平行	靠不住	标准	募捐
专家	麦子	时日	裸体	东欧
岁数	频率	风起云涌		

三、朗读短文（400 个音节，共 30 分，限时 4 分钟）

作品 1 号

四、命题说话（请在下列话题中任选一个，共 40 分，限时 3 分钟）

1. 谈谈社会公德（或职业道德）　2. 我的学习生活

试卷二十一

一、读单音节字词（100 个音节，共 10 分，限时 3.5 分钟）

邓	歌	瓦	国	制	巾	灌	堆	染	月
砍	滨	甩	滑	拐	军	刘	梦	雄	骚
昂	偏	投	午	喉	翁	朽	翻	儒	腻
原	啮	徒	猫	肺	松	导	而	砖	柄
控	选	述	缓	庞	腔	吮	肉	许	哀
瘠	带	能	谎	插	蠢	播	腿	擦	怎
莫	舔	揍	买	份	掐	晾	井	庙	则
它	惨	嫩	肿	聊	趋	辨	品	泪	凝
炼	云	憋	程	穷	耍	回	趁	丝	状
绝	瑟	旗	禹	湿	爬	廓	押	锡	词

二、读多音节词语（100 个音节，共 20 分，限时 2.5 分钟）

即日	饭盒儿	撇开	富翁	苍白
信仰	聪明	光泽	牛顿	通讯
老头儿	英勇	人口	打算	能耐
健全	学校	包涵	傀儡	编纂
昂贵	率领	群体	灭亡	沉重
手绢儿	佛像	稳妥	成就	利落
愉快	天下	贫穷	自治区	敏感
症状	角色	按照	博得	傻瓜
熔点	纳闷儿	恰好	标准化	似乎
纯粹	分配	独一无二		

三、朗读短文（400 个音节，共 30 分，限时 4 分钟）

作品 51 号

四、命题说话（请在下列话题中任选一个，共 40 分，限时 3 分钟）

1. 我尊敬的人　　2. 我和体育

试卷二十二

一、读单音节字词（100 个音节，共 10 分，限时 3.5 分钟）

终	棒	活	养	瓢	洼	挪	皿	琼	捐
滩	许	情	可	敌	鸭	寺	歪	常	窃
肉	商	漫	首	枯	总	抓	床	啃	绳
纲	瑞	妖	攫	振	弥	卵	烧	踹	闪
洒	范	铂	岁	虹	匪	初	乍	绺	宋
逢	君	枉	规	题	该	掠	悬	抖	鹤
脸	攥	寻	举	仍	猜	墨	趴	业	壕
领	捏	尔	您	本	赐	高	部	谬	贼
素	滚	偷	时	捧	柴	队	袄	浑	跳
营	凶	启	翅	恩	擦	窖	签	嫁	饷

二、读多音节词语（100 个音节，共 20 分，限时 2.5 分钟）

连日	作坊	群众	照片	柔软
率领	定律	轮流	闺女	佛法
医院	用途	科学家	而且	总统
饭盒儿	关押	旋转	嘴唇	修改
养活	脑髓	虐待	小瓮儿	相似
灭亡	穷人	快速	维持	波及
南北	麦子	抓紧	外宾	哈密瓜
场所	配套	霜期	上层	生存
大腕儿	东欧	面条儿	情况	将军
政党	安排	奋不顾身		

三、朗读短文（400 个音节，共 30 分，限时 4 分钟）

作品 2 号

四、命题说话（请在下列话题中任选一个，共 40 分，限时 3 分钟）

1. 谈谈科技发展与社会生活　　2. 我尊敬的人

试卷二十三

一、读单音节字词（100 个音节，共 10 分，限时 3.5 分钟）

踩	葬	唇	甲	坠	栋	烤	抓	廊	院
怀	袄	云	伙	坝	纠	犁	缺	伍	掉
趴	草	瞥	括	粗	填	蹿	穷	范	夕
井	涉	评	北	型	四	线	洛	雨	圣
偷	暮	晚	字	争	筹	碟	粪	棱	均
特	栽	抵	膜	钩	峰	盆	厢	褶	恰
胎	臣	拐	粤	荡	慌	算	砷	永	如
捺	魂	款	绪	潮	伞	浓	巧	王	买
流	娶	鼻	吃	准	骗	娘	广	日	波
选	鬓	霜	耳	襟	黑	氨	刮	防	嘴

二、读多音节词语（100 个音节，共 20 分，限时 2.5 分钟）

病人	天下	节日	粗略	早春
善良	昂贵	缺乏	快板儿	频率
花鸟	内外	贩子	价值	怎么
刷新	大娘	爱好	小瓮儿	感慨
临床	猫头鹰	拱桥	循环	钢铁
咳嗽	舞蹈	佛典	被窝儿	权利
终身	扭转	破坏	宾主	军队
融合	根据地	挫折	汹涌	成名
意思	疲倦	清爽	仍旧	棉球儿
虽说	存在	不言而喻		

三、朗读短文（400 个音节，共 30 分，限时 4 分钟）

作品 40 号

四、命题说话（请在下列话题中任选一个，共 40 分，限时 3 分钟）

1. 我喜爱的职业　　2. 购物（消费）的感受

试卷二十四

一、读单音节字词（100 个音节，共 10 分，限时 3.5 分钟）

条	怪	您	矫	瑞	楼	安	示	层	劣
勺	掌	极	遵	洽	葛	踹	捏	壤	拴
笨	霉	册	偏	芽	谎	代	锁	沟	腊
彩	吨	遣	徐	尺	迸	堵	挥	澳	戳
耸	皱	酸	儿	郭	自	酚	虹	攥	买
穷	超	民	选	巴	蜜	响	爬	锭	筐
委	波	磁	黑	群	害	扰	硫	追	棚
蛙	扣	桩	蛋	纺	运	凝	温	团	键
书	筒	摸	垮	录	趋	穴	彼	孵	砍
蹄	整	锈	窘	厥	漾	尝	远	酉	亡

二、读多音节词语（100 个音节，共 20 分，限时 2.5 分钟）

商标	戏曲	佛像	主人翁	同伴
收回	厌倦	撇开	画家	走访
因而	身边	拐弯儿	下游	轻快
多么	奥秘	亏损	状况	军事
太阳能	虐待	英雄	牛顿	冲刷
大伙儿	今日	流传	面前	谬误
灯泡儿	从此	扫帚	贯彻	土匪
看法	哥们儿	篡改	圈套	群体
效率	思维	窘迫	给以	战略
昂然	分别	祖宗	凉爽	

三、朗读短文（400 个音节，共 30 分，限时 4 分钟）

作品 11 号

四、命题说话（请在下列话题中任选一个，共 40 分，限时 3 分钟）

1. 我喜欢的节日　　2. 我的业余生活

试卷二十五

一、读单音节字词（100 个音节，共 10 分，限时 3.5 分钟）

狂	跟	索	扔	巡	塔	辉	伞	刮	藻
梦	自	庄	律	颇	吏	矛	春	缓	购
陡	您	莫	磁	涩	栽	统	债	敢	澳
堂	震	风	鸟	唱	荣	订	尺	掠	汪
凑	准	盲	榨	窘	善	白	苦	就	床
踹	凭	辨	局	知	码	租	勤	押	我
膘	饿	勺	爹	巧	央	则	掩	廷	接
浦	戚	侯	两	雷	弯	测	虫	锦	夫
选	催	穷	端	垮	嫩	朽	碑	钱	夏
房	甩	运	贴	瑞	雪	儿	僧	原	腰

二、读多音节词语（100 个音节，共 20 分，限时 2.5 分钟）

抓获	疮疤	开垦	作战	新娘
学说	青霉素	跟前	排斥	政策
军用	佛经	挨个儿	课程	上层
明天	窘迫	疟疾	十燥	地球
打算	下马	少年	手工业	夸张
退化	村庄	蛋黄儿	飞快	飘然
意思	深奥	病榻	小丑	因而
人员	日历	胡同儿	牛顿	爽朗
训练	围嘴儿	恰当	完全	妇女
麦子	不良	旅馆	外界	

三、朗读短文（400 个音节，共 30 分，限时 4 分钟）

作品 25 号

四、命题说话（请在下列话题中任选一个，共 40 分，限时 3 分钟）

1. 学习普通话的体会　　2. 谈谈美食

试卷二十六

一、读单音节字词（100 个音节，共 10 分，限时 3.5 分钟）

程	丝	权	稍	云	黑	唇	拐	怜	摸
决	碰	斩	奉	牙	啮	款	倍	吃	怒
袍	震	而	妾	潭	弃	环	恩	彻	汞
暑	猜	挪	辆	法	弥	笨	霖	麦	肌
农	婚	律	贼	塌	下	村	房	谬	磁
热	须	扰	刷	统	匆	纱	我	枪	瑞
版	眸	杜	腮	串	丢	窘	破	挖	选
绳	纸	催	影	锹	走	越	反	训	巅
涩	广	跌	岩	畏	昂	踹	嘴	胸	桃
滚	条	垒	痕	框	渴	仓	谨	笔	荆

二、读多音节词语（100 个音节，共 20 分，限时 2.5 分钟）

纯粹	公有制	隔壁	下面	存在
特征	发表	被窝儿	富翁	佛经
运输	填充	大娘	爽快	毛驴儿
开放	成果	物品	消息	强盗
主张	窘迫	袋子	冷水	落日
搜刮	进口	安全	蛋黄儿	男女
奋勇	机械化	逃窜	然而	缓解
人群	别扭	恐龙	医学	类似
明确	纳闷儿	亏损	恰当	平原
未曾	作怪	船台	超额	

三、朗读短文（400 个音节，共 30 分，限时 4 分钟）

作品 18 号

四、命题说话（请在下列话题中任选一个，共 40 分，限时 3 分钟）

1. 我喜欢的季节（或天气）　2. 我的家乡（或熟悉的地方）

试卷二十七

一、读单音节字词（100 个音节，共 10 分，限时 3.5 分钟）

倾	瓦	农	涩	鬼	逊	添	踹	衍	醉
膘	朽	耐	选	蛮	拥	北	能	字	而
枕	材	鸟	制	雪	杂	闹	酸	傻	赔
君	咧	凑	俄	津	驴	蜕	拙	丑	弱
临	股	宅	赏	太	杭	虾	哨	复	藤
掠	槽	款	擦	鳍	波	死	束	梯	面
羽	抓	耿	端	渴	批	篝	赶	文	江
热	尊	亮	捐	陈	方	赤	法	掐	缓
沾	拐	皆	琴	葱	儒	爽	夺	爹	维
液	昂	鬓	萍	有	凳	穷	坤	并	莫

二、读多音节词语（100 个音节，共 20 分，限时 2.5 分钟）

观光	弱点	由于	渗透	妇女
半道儿	红润	老爷	飘带	上层
拼命	夸张	媒人	白色	荒谬
群体	花脸	佛学	挨个儿	匪徒
锥子	操纵	大娘	侵占	显微镜
持久	宾客	钢铁	破坏	开外
寻找	恩情	从而	生产力	无穷
恰当	砂轮儿	核算	丰满	疟疾
表演	加工	手绢儿	英雄	质量
选举	创作	一丝不苟		

三、朗读短文（400 个音节，共 30 分，限时 4 分钟）

作品 43 号

四、命题说话（下列话题任选一个，共 40 分，限时 3 分钟）

1. 学习普通话的体会　　2. 我的愿望（或理想）

试卷二十八

一、读单音节字词（100 个音节，共 10 分，限时 3.5 分钟）

挖	伞	究	房	戳	碗	厅	爽	惠	吃
缆	容	开	而	昭	泽	裹	僻	门	凑
非	谬	昂	水	颠	绝	纱	拟	崩	穷
越	甩	气	蹲	我	搏	自	插	钙	短
袍	羽	舟	草	夏	影	碰	腿	四	刷
合	块	贫	壤	寻	烤	互	享	群	工
民	胸	凝	之	条	奖	镀	险	败	缸
毙	杂	本	填	珍	闯	拎	偶	罪	锁
腊	噎	肋	捐	窃	卤	末	藤	润	浓
举	从	掐	喉	院	除	钓	僧	饭	沉

二、读多音节词语（100 个音节，共 20 分，限时 2.5 分钟）

恰好	人们	光明	策略	挽回
分别	群众	没谱儿	专用	衰败
长城	夸张	痞子	波涛	挨个儿
往返	外国	总之	孙女	所以
创作	小瓮儿	思考	佛典	厉害
而且	夏季	方案	土壤	音响
南瓜	谬论	劳动者	迅速	妖精
催化	同学	深层	贫穷	黑板
落款儿	日见	全局	辩证法	右手
大娘	问卷	得天独厚		

三、朗读短文（400 个音节，共 30 分，限时 4 分钟）

作品 47 号

四、命题说话（下列话题任选一个，共 40 分，限时 3 分钟）

1. 我的学习生活　　2. 我尊敬的人

试卷二十九

一、读单音节字词（100 个音节，共 10 分，限时 3.5 分钟）

洒	端	牙	眯	惨	飘	却	汪	庙	疼
廓	宾	怯	久	贝	拢	涩	椎	镭	吃
改	云	写	前	桂	筛	闰	吹	越	彼
而	秆	磷	宗	脖	睁	候	捐	纳	挥
捆	稻	花	铝	杀	拂	仿	津	管	踹
你	屯	脸	获	裁	党	凿	康	自	萍
歪	碳	疯	雄	寡	穷	我	四	绺	抻
盆	氧	志	膜	妆	圆	耕	虎	搓	袄
熔	下	厅	渠	箭	贼	训	德	顺	表
瀑	码	神	特	喘	浓	鸥	独	讲	幸

二、读多音节词语（100 个音节，共 20 分，限时 2.5 分钟）

收缩	沉重	邮戳儿	即日	逃窜
佛法	缅怀	另外	疲倦	类似
啄木鸟	展览	定律	小瓮儿	学科
判决书	存款	在场	铺盖	亏损
新娘	配偶	方便	实用	追求
这么	区别	总称	穷人	后头
铁轨	状况	波峰	男女	瓜瓤儿
下午	灯泡儿	设备	才能	挎包
围剿	恰当	权利	影子	均匀
因而	好歹	大相径庭		

三、朗读短文（400 个音节，共 30 分，限时 4 分钟）

作品 6 号

四、命题说话（下列话题任选一个，共 40 分，限时 3 分钟）

1. 童年的记忆　　2. 我喜爱的职业

试卷三十

一、读单音节字词（100 个音节，共 10 分，限时 3.5 分钟）

磁	韵	昭	您	灭	僧	愧	袄	戳	软
决	阵	停	准	仍	凑	赏	清	逢	春
昂	潘	园	币	陪	选	务	描	弓	缕
松	拐	船	附	价	米	牵	洗	抬	踹
港	声	蕊	躯	爽	杂	苦	兜	辆	儿
喊	纠	势	敛	卫	巧	军	材	柜	岭
赫	凝	莫	挖	档	筛	字	雄	笨	扯
货	雹	端	池	罢	丢	废	怎	芽	窘
曹	宾	斜	粤	弦	三	孔	腔	特	养
拈	驼	瞥	你	颇	卢	内	沙	谎	别

二、读多音节词语（100 个音节，共 20 分，限时 2.5 分钟）

我们	恰巧	加入	怀念	森林
群众	亲切	食用	矿产	疲倦
创作	毛驴儿	后悔	遵守	决心
脑瓜儿	谬论	干脆	胖子	波段
痛快	英雄	富翁	渺小	黄色
太阳能	平均	保险	佛法	烈日
冲刷	怪物	飞行	然而	激昂
体育馆	大娘	刀刃儿	挺拔	政策
邮戳儿	不安	生存	笔者	累赘
思索	课程	全身	虐待	

三、朗读短文（400 个音节，共 30 分，限时 4 分钟）

作品 5 号

四、命题说话（下列话题任选一个，共 40 分，限时 3 分钟）

1. 我喜爱的文学（或其他）艺术形式　　2. 我的朋友

后　　记

本书共分四部分，各部分的编者分别为：

第一部分：何炜、李东明、张帆；

第二部分：白云松、王文娟；

第三部分：任乾佳、李泽鹏；

第四部分：温春燕、张俊、周卉。

白云松、王文娟、何炜担任本书主编；温春艳、李东明、张帆、李泽鹏、任乾佳、张俊、周卉担任本书副主编。

本书在编写过程中，得到了全国多省市语委、高校普通话水平测试专家、学者的大力支持，在此表示衷心的感谢！

我们真诚期待读者提出宝贵的意见与建议，也期待与普通话测试教学领域的专家、学者有更深入的合作。在此提供联系邮箱 wendechuban@163.com，欢迎大家与我们沟通交流。

图书在版编目（CIP）数据

普通话训练考级专用教材 / 普通话水平测试研究中心编著；白云松，王文娟，何炜主编. --北京：中国人民大学出版社，2023.7

ISBN 978-7-300-31186-9

Ⅰ.①普… Ⅱ.①普… ②白… ③王… ④何… Ⅲ.①普通话—水平考试—教材 Ⅳ.①H102

中国版本图书馆 CIP 数据核字（2022）第 206406 号

普通话训练考级专用教材

编著 普通话水平测试研究中心

主编 白云松 王文娟 何 炜

Putonghua Xunlian Kaoji Zhuanyong Jiaocai

出版发行	中国人民大学出版社		
社　　址	北京中关村大街 31 号	**邮政编码**	100080
电　　话	010-62511242（总编室）		010-62511770（质管部）
	010-82501766（邮购部）		010-62514148（门市部）
	010-62515195（发行公司）		010-62515275（盗版举报）
网　　址	http:// www. crup. com. cn		
经　　销	新华书店		
印　　刷	天津中印联印务有限公司		
开　　本	787 mm × 1092 mm 1/16	**版　　次**	2023 年 7 月第 1 版
印　　张	23	**印　　次**	2023 年 7 月第 1 次印刷
字　　数	527 000	**定　　价**	68.00 元